艾未未

千年悲歡

艾未未 著

AI WEIWEI
1000 YEARS OF JOYS AND SORROWS

A MEMOIR

時報出版

本書謹獻給
我的父母與兒子

仿佛有駝隊穿城而過
人聲喧嚷裡夾著駝鈴
依然是熱鬧的街市
車如流水馬如龍

不，豪華的宮闕
已化為一片廢墟
千年的悲歡離合
找不到一絲痕跡

活著的人好好地活著吧
別指望大地會留下記憶

——艾青，〈交河故城遺址〉，一九八〇年

目次

中文版前言

我開始動筆寫《千年悲歡》這本書，是在二〇一一年六月二十二日被釋放之後。在被祕密監禁的八十一天之中，我意識到有些還沒做完的事情。讓我感覺遺憾的第一件事，是我對我父親的了解並不完整；儘管我在他身邊長大，也一起經歷過很多難忘的歲月，但實際上，我對他的了解是很淺的。這是我的一大遺憾，但是這個遺憾很難彌補。我對我父親始終具有巨大的好奇心，想知道在他身上曾經發生過什麼，因為在他身上發生過的什麼，毫無疑問地，也關聯到我自己是如何被認定為國家敵人的。我們兩個人都被指控了同一類的罪名；我父親一九三二年被監禁在國民黨監獄時，被指控擾亂社會治安、進行共產主義宣傳，而我二〇一一年被指控「煽動顛覆國家政權」。所以，我沒有辦法越過我父親的經歷，來看待我今天的處境。另一件在監禁期間感到遺憾的事，則是當我有機會出獄的時候，可能已經不認識我的兒子了；當時，我被告知可能會處以十年以上的徒刑，而我的兒子才兩歲。在他最需要我的時候我人在獄中，等到我出來的時候，我們將會成為彼此的陌生人。

所以，在我被釋放之後，我的第一個想法就是，將我父親一九一〇年出生之後直到二〇〇九年我兒子出生之間共九十九年的歷史，通過我的方式敘述一遍，可以給我的兒子留下一個紀錄；作為我來說，這是一份責任。基於這個想法，我開始寫這本叫做《千年悲歡》的書。這本書實際上寫了十年之久，比我想像的還要更加困難，因為書中敘事一半的時間、長達五十年的歷史，跟我並沒有直接的關係，而是我父親那一代人的歷史。在這一百年中，中國經歷了清朝覆亡之後非常大的動盪，之後共產黨取得政權，而我父親從一個詩人，變成了「右派分子」，一個「反黨、反社會主義、反人民」的人，經過了近二十年的流放；我父親一九五七年落難的時候正是我出生的時候，我和他共同經歷了流放期間的生活。之後我去了美國，在美國待了十二年之後再次返回中國。回去之後，在中國住了二十二年，直到二〇一五年再次離開中國，來到歐洲。我現在仍然生活在歐洲。

這本書是我以中文寫作完成的，之後被翻譯成英語和另外二十多種語言。在台灣出版社的支持下，我的書最終得以用中文出版，與說漢語的讀者見面，讓我感到欣慰；這個中文版本是我最關心和在意的。這本書有自己的一些特質，首先，書的語言是由我這麼一個生長在所謂的毛澤東時代的人，用我的知識和語言結構完成的。一九四九年以後，中國社會發生了很大的變化，實際上已經完全地切斷了中國的歷史和文化，而出現了一種新式的、政治化的、專制性的語言體系，基本上抹去了個人情感，和個人的、個性化的表達。從這本書中可以清楚地感受到，這是極為偏頗的一種敘事，不可避免地具有某種地區和某個時期的文化特徵，與中國的傳統文化和從西方引進的文化，都不具有很強烈的關聯性。

並非我自覺地要這樣做，而是我不得不這樣做，因為我不具有別的可能性。儘管我已經意識到這種語言的缺陷和偏頗，但我還是得用我的方式，誠實地敘述出來，成為一個真實的紀錄。我盡量地陳述事實，減弱我個人情感的表述，還原為一個歷史原型的基礎性表述，這構成了這本書的基本特徵。

在我的寫作過程中也意識到了一些其他的面向。首先，我是個藝術家，主要的表達方式是通過視覺，同時，我也在網路上表達，接受了很多採訪。受到我父親的影響，我始終認為詩歌是人類最高層次的一種表達，當然，好的詩歌並不多。中文這麼一個巨大的文化的載體，經受了五四運動之後的那種新文化的衝擊，尤其在一九四九年以後暴風驟雨般政治風暴的洗滌，剩下的是非常破碎和類似於廢墟般的場景。

同時我也意識到，中文作為一個載體，眼前仍然面臨著一個滅絕的語言環境。首先是因為語言的生態，中國仍然處在一種高度專制和意識形態審查的社會，在那裡，基本上可以說是寸草不生。在台灣，由於政治和社會的特殊處境，語言生長的環境同樣面臨著局限性和挑戰性。今天，以中文為載體的思想、藝術，甚至簡單的日常語言，都仍然處於非常艱辛的時期，需要重新培育和生長。現在看來，這樣的政治和文化環境並不會很快地結束。所以，我們仍然存在於文化和語言的戰亂時期，我們都是文化和語言的難民。

對這本書而言，無論是內容或是質量，當然都還是要由讀者來鑑定的，我非常高興《千年悲歡》能在台灣首次與中文讀者見面。這本書顯然不可能在中國大陸出版或者以其他方式傳播；在中國，我的名字和存在仍然是一個禁區。對我來說，能夠在台灣、以中文出版，是一件非常重大的事，也是一個今時今日中文世界裡不同政治環境和生活境況下的歷史事件，讓我們能夠更深一步地思考一種文化和一種語言的過去、現在，以及即將面臨的不可知的未來。

二〇二二年五月二十五日寫於劍橋

第一章

透明的夜

闊笑在田堤上煽起……
一群酒徒，離了沉睡的村，
向沉睡的田野嘩然的走去……
夜，透明的夜

——〈透明的夜〉，一九三二年，父親在上海看守所裡寫的一首詩

我一九五七年出生，那是「新中國」建立後的第八年，當時我的父親四十七歲。在我成長的日子裡，我父親很少談及過去。過去發生的一切都籠罩在政治敘述濃重的迷霧中，對事實的追問往往會帶來難以想像的危險。為了維持一個新的政權，整個民族喪失了精神世界認知和誠實敘述的能力。

直到半個世紀之後我才開始意識到這一點。二〇一一年四月三日，從北京首都機場出境時，我被幾個便衣警察帶走，之後的八十一天，我彷彿掉進了一個黑洞。在祕密監禁

中，我開始反思過去，首先想到的是我父親，想像在八十年前，他在國民黨監獄中服刑的情形，意識到我對他的了解甚微，從來沒有主動地關心在他的身上發生過什麼。在那個年代，意識形態像一道強光，個人記憶就像是無影燈下的影子一樣不存在。記憶是一種負累，最好不要記住什麼，人們不僅沒有要記住什麼的願望，同樣也喪失了記憶的能力。昨天、今天和明天融為一體，模糊不清。除去可能帶來的危險，記憶再沒有其他意義。

我的那些早期記憶是撕裂的。當我是小孩時，對我來說世界是一個分割畫面：一面是美帝國主義者，穿著燕尾服，戴著禮帽，手拿文明棍，昂首闊步，身後跟隨著他們的走狗：英、法、德、義、日，以及那些盤踞在台灣島上的國民黨反動派和正在蛻變為修正主義的蘇聯；另一面，我們的領袖毛澤東和圍繞著他的一朵朵向日葵，那是遭受帝國主義和殖民主義壓迫，尋求獨立、解放的亞、非、拉丁美洲人民，而我們代表了光明與未來。在宣傳圖片中，頭戴斗笠的越南兒女用手中的步槍瞄準了空中的美國飛賊。

那是資訊匱乏的時代，人的意志選擇只是順流而下的浮萍，夢一樣虛幻和失去依託，抽去了情趣眷戀的水分，直到斷裂和破碎。正所謂「只有解放全人類才能最終解放自己」，中國在經歷了變革的動盪之後，個人的真實情感和記憶化為微小的碎片，被鬥爭和不斷革命的話語所取代。

所幸父親是位作家，他用他的詩句記錄了內心深處的感受，它們像一股純淨、率真的溪流，一次次被政治洪流沖斷。今天我還能做到的是撿起那些殘片，試著用它們拼出一幅畫面，儘管裡面有歷數不盡的缺憾。

我出生那年，毛澤東發起了一場反右政治風暴，用以清除對政府做出批評的知識分子，父親深深地捲入其中。毫無疑問的是，這股漩流顛覆了我的整個人生，可以說，我再也沒有從中走出來。父親作為中國作家中的頭號「右派」分子，被下放到邊疆地區進行勞動改造，結束了他自一九四九年新政權成立後的養尊處優的日子。起初我們被驅逐到遙遠東北的冰天雪地的荒山野嶺中，後來又轉去了新疆天山腳下的小城石河子。像一艘風暴中的小船有了一個避風港，我們蜷縮在那裡，直到政治風暴再次改變方向。

那是一九六七年，毛澤東認為以往的鬥爭無濟於事，而一場「文化大革命」才能夠解決他的困境。我的父親再一次被視為資產階級文藝的代表，列入了托派、叛徒、反黨分子的名單。那年我十歲，開始記事兒了。

那年的五月，一個造反派頭子來到我們住在石河子的家中，他衝父親說：「你不能再養尊處優了。」說要發配他去一個偏遠的連隊接受勞動改造。

見父親沒有做回應，他接著威脅說：「要不要給你開個歡送會呢？」

這之後，一輛「解放」牌卡車停在我們家門外。我們沒有什麼家私，可以帶走的只是一堆煤炭和幾床鋪蓋。天開始下小雨，父親鑽進了卡車的駕駛室，我和哥哥高劍爬上了車門，蹲在一張帆布下面。我們聽說要去的地方是在古爾班通古特沙漠的邊緣，被稱為「小西伯利亞」。

母親沒有上車，她準備帶弟弟艾丹去北京。經過了十年流放生活，她已不再年輕，未來的情形是難以想像的，石河子是她情願去的最遠的地方。我沒有懇求母親不要離開我們，也沒有懇求她不要帶走弟弟，一句話都沒說，沒有道別或者詢問她是否會再回來，甚至不記得站在卡車下的她和艾丹是怎樣漸行遠去的。我知道留下或離去終歸身不由己，終歸沒有選擇。

卡車在滿是溝壑的泥土路上衝撞，我用雙手緊緊抓著卡車圍板以保持身體不被劇烈顛簸甩向空中。一張涼蓆被一陣風掀起在空中翻轉，落在車身後濃濃的塵土中。

幾個小時後車停了，這裡就是新疆軍區生產建設兵團二十三團三分場二連，只是成千上萬個一模一樣的連隊中的一個。五〇年代它們在中國的邊疆地區出現，有兩個目的：和平時期開墾邊疆的土地，從事農耕生產促進國家經濟；一旦中國與鄰國爆發戰爭，或者原住民族發生騷亂，這裡的職工將承擔起軍事和戍邊的職責。我們所經歷的是它另一個附加功能：流放罪犯和政權的政治異己。

時值黃昏，一排低矮的土坯房裡傳出笛聲，幾個青年職工站在那裡好奇地望著我們。我們搬進了一間空屋子，除去一張雙人床外沒有任何其他東西。父親和我把從石河子帶來的一張小桌子和幾個凳子搬了進去。泥土的地面，土坯磚砌的牆壁上露著麥秸。我們在一個空的醫藥瓶子裡倒進煤油，在瓶蓋上打個孔，穿上根繩子做燈芯，於是有了一盞簡單的油燈。

父親一生只是讀書寫作，生活無繁複所求，也沒有一定要做的事。家務全由母親承擔，她從來沒有期望我們幫助她做任何事情。而現在只剩下了父親、高劍和我，我們的生活自然引起了周圍，通常被稱做「軍墾戰士」的職工的好奇。他們常會問我「那個人是你的爺爺嗎？」「你想念你的媽媽嗎？」之類的問題。我知道我要學會生活自理。

首先我要砌出一只用以取暖和燒水的土灶，新砌的爐膛除了煙囪之外四處漏煙，嗆得我不住地流眼淚。要努力讓空氣自由進入爐腔，火才會燃燒起來。其他的日常瑣事：去機井取水、去食堂打飯、給爐子填柴和鏟走炭灰，需要有人做這些事情，這個人在大部分時間裡是我。

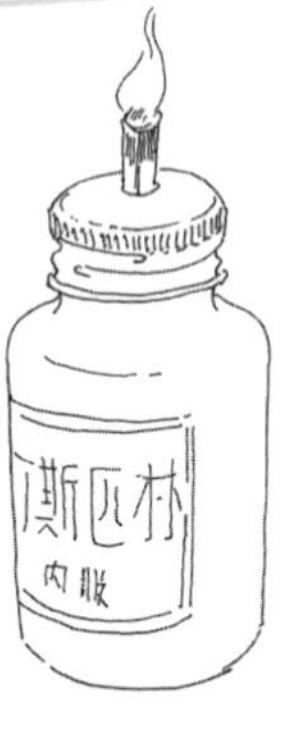
油燈

對我來說過去之所以是過去，是它被徹底地切斷了，它與今天再沒有絲毫相似之處，除了日出日落。我們的生活像是一次沒有盡頭的野外生存訓練，如果我們足夠幸運能夠生存下去的話。連隊以北是一片跟瑞士國土差不多大小的沙漠，頭次見到它時，我開始在荒野上奔跑，一直跑到喘不過氣，躺倒在戈壁灘的砂石中，望著頭頂的藍天。我的興奮很快就消退了，戈壁中尋不到一處陰影，白茫茫的鹽鹼地，像是被無盡的大雪所覆蓋，一簇簇枯草團在熱風中旋轉著滾來滾去，風沙打在臉上的感覺像是被針扎一樣。

連隊職工的生活背景混雜，個個都有神祕的過去，隱藏著難言的往事，是偏遠的邊疆使他們得以從過去的日子裡解脫。他們中間許多人屬於「五類分子」：地主、富農、反革命、壞分子和右派分子，剩下是像我這樣的黑五類分子的家屬。另外有大批的轉業軍人、投誠將士、被發配邊疆的知青，和從內地流浪過來尋找生計的乞丐。他們開墾荒地，努力做到自給自足。

我的父親一開始被分配在連隊的「林管班」，為了孤立並杜絕他的右派影響，分配他單獨修剪連隊的林帶，他有了一把剪枝用的剪刀和一柄手鋸。連隊的沙棗和榆樹自種植後從來沒有修剪過，長成了一叢叢枝杈橫生的灌木，被過往的羊群啃得樹皮斑駁。父親很快適應了他的新工作，他歷來喜歡樹木，也幫助他躲開了人群的紛擾。

與此同時，我每天早上上學。小學只有一個女老師，小學三兩個年級的七、八個學生在同一間教室裡上課。這裡不為年齡較大的孩子提供教育，大我五歲的哥哥去了更遠的連隊寄讀初中。

放學後，我帶著一壺水去找父親。遠遠見他在林帶中圍著一棵樹繞著圈子，剪上幾剪子，退後幾步再端詳一番，直到他的視線移到我身上，需要幾秒鐘才緩過神來。他一邊擦汗，一邊喝水。他遞給我一節一尺長的榆木枯枝，上面有幾十個剪去的樹杈，被他打磨得乾淨、光滑，很像是一只古代的「如意」。

連隊中心有一座禮堂，在它的山牆上嵌著一顆五星，紅色已褪成了淺鏽色。一座禮堂如同舊時村子裡的祠院，今天存在於每個工廠、公社、機關、學校或部隊的環境中。禮堂的中間一定有個舞台，上方懸掛著一幅毛主席的正面肖像，左

榆樹枯枝

側是馬克思和恩格斯，右側是列寧和史達林，無一例外，他們的眼睛一致地凝視著前方。

不管一天的勞作多麼勞累，每天晚上，連隊都在晚飯後召開全連大會。一盞汽燈將會場照得通亮，二百多名職工和家屬自攜板凳坐在台下，準備聆聽連隊政治指導員做思想總結和分析政治動態。在「政治」侵入日常生活方方面面的時期，「早請示，晚匯報」是每天要做的活動儀式：每天，起床後第一件事，工作和學習之前要向最高領袖毛主席請示一天的工作和學習內容；一天工作結束後，睡覺前，要再向毛主席匯報當天的工作和學習情況。政治指導員教育和帶領大家領會黨的路線、方針、政策、上級的決議和指示，反覆學習馬列主義、毛澤東思想。之後再由連長評估具體工作和布置明天的任務。

通常「五類分子」會被叫到台前向群眾低頭認罪。即便父親明顯在場，指導員還是會高聲地詢問：「大右派艾青來了沒有？」在右派稱號前綴一個「大」字，是人們對他的習慣稱謂，他曾享有盛名和影響力，有時竟被冠以「資產階級小說家」的奇怪稱呼。人們並不想了解他是誰，身世究竟如何，一切都只是既定程序的一部分，合情合理。革命如果沒有了敵人，革命者也會惶惶不可終日。

當他被召喚時，父親從坐著的地方站起來，穿過人群，站到台前的位置上。他低頭承認自己有罪時，幾縷頭髮散落在額前。一時全場安靜下來，不過會場氣氛很快就恢復了常態，孩子開始喧鬧，男人講著粗俗的笑話，婦女奶著懷中的娃兒，織毛衣，嗑瓜子，嘮家常。

如果台上的官員說「現在，大右派艾青出去」，父親就起身離開會場。他每天都無法預先知道自己是否會被趕出去，歸根結底要看有沒有毛主席的「最新指示」與大家分享。如果有的話，像父親這類人是不允許在場的。

文革初期，幾乎每天或每晚都有毛主席的指示要傳達。連隊的文書一手握著電話聽筒，他一字一句地複述和記錄下來，在夜間會議上公開分享。毛的「最新指示」與川普任總統期間半夜發的那些推文有類似的功效，是最高領導者與其忠實追隨者之間的直接接觸，強化了權力的神聖地位。在中國，這些指示更進一步形同法律。傳達之後必是鑼鼓喧天，人聲鼎沸。日復一日地重複多年，不堪疲憊，「最新指示」才停止了發布。

人們被告知，文化大革命「是一場觸及靈魂的大革命」，是「社會主義革命發展的一個更深入、更廣闊的新階段」，它的目的是「鬥垮走資本主義道路的當權派，批判資產階級的反動學術『權威』，批判資產階級和一切剝削階級的意識形態，改革教育，改革文藝，改革一切不適應社會主義經濟基礎的上層建築，以利於鞏固和發展社會主義制度。」我的成長過程中，生活充斥著這樣誇張的語言，往往含義艱深，其藥物般的致幻作用將每個人都迷惑了。

禮堂也是公共食堂。每餐開飯前，父親被迫站在食堂門口，手中敲著一個破臉盆，聲稱自己是「右派」，一個罪人。他的存在很快變成了一個熟悉的景象，職工們不假思索地從他身邊走過，在廚房的窗口前排隊。從窗口遞進飯盆和飯票時，每人要背誦一句毛主席語錄，廚師將一勺菜扣進飯盆的同時，也回誦一條語錄，用以表現每一個戰士對革命的忠誠。生活是個舞台，每人自覺地扮演相同的角色，如果某天禮堂門口沒有父親站在那兒請罪，則可能有更大的不幸發生，人們會變得更為焦慮。

單調而貧乏的日子中，廚房成為寄託想像力的地方，儘管每一天食物的可選性並不大。廚子將玉米粉與溫水攪拌均勻，倒入一個籠屜後，再將多層籠屜架在一口大鐵鍋上，蒸三十分鐘，開籠時廚房中蒸氣彌漫。蒸好的發糕被縱橫分割為每塊重兩百克的方形，為了公平起見，總是當眾過秤。這樣的發糕從年初吃到年末，五一勞動節和十一國慶節的發糕有一層紅色夾層，還摻入了糖精和一些大棗，無論誰吃到顆棗都會引起一陣內心感激的騷動。這個耕種了千畝玉米的連隊，從來沒有新鮮的玉米粉，吃的只是陳年而且難以下嚥的「戰備糧」，不但刺嗓子，還混雜著一種發霉和柴油氣味。

我們每月配有四十五元，一個職工的標準工資是三十八點九二元。父親吸五分錢一包的平價捲烟時，空氣中常會有毛線燒焦的氣味，吸幾口後常常自動熄滅，掉落的火星在他僅有的軍襖上燒出了許多的窟窿。點菸用的火柴屬於緊缺的「戰備物資」，每月每家僅配給一盒，燒飯時常常需要從鄰居家的爐中「借火」。

為了節約開銷，父親試著吸連隊自種的菸葉。我用作廢的發票紙搓成紙卷，將揉碎的菸葉填入其中，每晚我可以幫他捲二十支，整齊地將它們裝進一只青花瓷器提梁罐中。這是一件躲過紅衛兵抄家劫難的瓷器，罐口、提手和蓋兒全由純銀鑲嵌，罐身繪有小橋流水和攜琴的書童，有一株垂柳和一個木框窗半開的草屋。青花瓷的光澤讓幽暗的角落變得明亮。

夜晚來臨，在黑得看不透的夜裡，麥田中的蟲鳴不絕於耳。父親和我端坐在小桌兩側，油燈燈光將我倆各自的身影投射在兩側的牆上，一大一小地晃動著。我的腦中和這間屋子一樣空空蕩蕩，既無想像也沒有記憶，我和父親形若陌生人，一樣無話可說，我通常只是盯著跳躍著的燈火火苗。

我睏得要昏死過去，父親開始在他的回憶中漫遊，他開始訴說往事，我被帶入那些他去過的地方和他結識的男人、女人，他的交友、戀愛和婚姻的往事。他說這些話的時候就像是我不在他身旁，也許只是為了讓他的記憶的溪水不斷流。小西伯利亞的孤獨為我們造就了一段親密無間的日子，匱乏是豐富的，它勾畫出了我人生的基調。

第二章

心是燃燒的

懷孕中的祖母做了個怪夢，夢中她的嬰兒被困在波濤洶湧的海上孤島，親友們說這是個不祥之兆。年僅二十歲的祖母信佛（後來信奉天主教），每天燒香、祈禱求吉利，可是她內心的焦慮依舊揮之不去。接下來兩天兩夜的分娩，讓她經受了忍耐痛苦的考驗，直到最後，西廂房貼金描彩的拔步床的紗幔中傳出了一聲嬰兒的哭聲。

祖父早已經為他的兒子取了名，依家族輩分選定的名字是維繫世襲倫理的一份合同，像漆器上鑲嵌的螺鈿一樣嵌入氏族畫面，並將以看不見的方式塑造名字所有者的未來。父親被取名為「海澄」，大海的海，清澄的澄。

父親出生於一九一〇年三月二十七日，宣統二年二月十七日，中國傳統曆法正值農曆春分，那天晝夜長短相等，萬物復蘇。

鄉間傳說那一年出生的孩子是「騎著龍尾下來的」。父親出生之後十八個月，六百公里之外的武昌城發生兵變，「辛亥革命」爆發後南方多省先後宣告獨立，脫離大清帝國。

「鄉間傳說那一年出生的孩子是『騎著龍尾下來的』」

一九一二年清王朝正式結束，延續了兩千年的封建君主制也就此告終。

迷信認為難產是不祥之兆，父親出生十二天後，當祖母的身體恢復到可以見客人時，祖父按習俗請來了一位風水先生。詢問孩子出生時辰和父母的八字後，風水先生開始從他的一只羅盤上讀取神祕的信息。

經過冗長而且充滿懸念的資料收集，算命先生給出他的預測，說這個新生兒的命相與父母「相沖」，將他留在家中會「剋父母」，應該將這個新生嬰兒交給外人托養。家族添了長子的喜悅被一種恐懼感所取代，他成為了家庭不幸的預兆。算命先生說，即使男孩活到成年，也最好不要直接稱呼父母親，而是改稱為「叔叔」、「嬸嬸」。

算命先生的預測深深地影響了祖父，他的一番話像周圍的家具一樣具體，周密嚴謹到不容置疑，也像是一枚胎記，留在父親的命運之上。

我父親顯然沒有注意到算命先生的存在。睡在一旁的他不知道自己命運正在發生的變化，舒適地躺在竹搖籃裡，被繡著萬福的花被子緊緊裹住，頭上有個腫塊，顯示了他出生時的掙扎。

我的父親生在畈田蔣村的一個地主家中，位處沿岸省分浙江的金華地區東北角。遠在我出生前祖父祖母就離世了，家中僅存一張照片，他們兩人的長相相近，如果不是其中一位蓄著鬍鬚，相貌幾乎可以完全重疊：臉龐圓潤，前額高聳，頭髮向後梳起，微突的眼睛眼角下垂，兩位的神情和善，衣著還算體面。

在這個一百多戶人家的村子裡，祖父蔣忠樽以有文化著稱。他的家中有書房「望益齋」，牆上的那些字幅皆出自他的手，顯示出他對自我修養的追求。中堂掛了一幅「天倫敘樂」的木匾，概括了他的人生觀。

祖父家有一家南貨店和一家醬油坊，也銷售進口貨物。除去打理店鋪，他的興趣只在讀書、看報。他訂閱了一份倫敦人在上海創辦的中文報紙《申報》，村民如果想知道外面發生了什麼，諸如國軍和日軍間的戰事，只要看看祖父的臉色就是了。他甚喜歡翻閱世界地圖，諳熟氣象學和赫胥黎(Thomas Henry Huxley)的《天演論》(*Evolution and Ethics*)。

他是村子裡的「維新派」，率先剪掉了長辮子，那是清朝漢族臣服於滿族權威的象徵。他讓家中的女人放足，並將他的兩個女兒送進縣城的教會學校讀書，那是美國基督教北部浸禮會(American Baptist Foreign Mission Society, ABF)的女傳教士李福麗(Stella

Refrea) 籌建的。屆時中國已有近二十五萬信徒。祖父還是上海的法國銀行「萬國儲蓄會」(International Savings Society) 的會員，將銀元儲存在銀行算是膽大的事。

我的祖母樓仙籌是鄰近義烏縣一家大戶人家的小姐。父親出生後，她給蔣家先後生下七名子女，其中三個早夭，我的父親後面有弟妹各兩個。祖母為人熱心大方，時常拿瓜子、花生等零食給雇工，附近的高中生也常來蔣家翻閱報紙雜誌，跟她聊天。祖母雖然不識字，卻能背誦唐詩和民謠，她有一種異想天開的幽默感。

一九一〇年，父親出生那年，祖父剛滿二十一歲。清朝兩百六十六年的統治接近尾聲，離蘇維埃推翻沙皇僅差七年。那一年托爾斯泰 (Leo Tolstoy) 和七十五歲的馬克・吐溫 (Mark Twain) 告辭了人間。在遙遠的新澤西，愛迪生 (Thomas Edison) 發明了有聲電影。湖南省湘潭縣剛剛十七歲的毛澤東還在念小學，他的父母為他的包辦婚姻挑選的第一任妻子，在父親出生前一個月就去世了。畈田蔣村和成千上萬的中國村莊還在沉睡中，沒沒無名。

就在算命先生批斷預測後不久，有一個女嬰出生在畈田蔣的農民家庭，有個說法是她立即被她的農夫母親淹死了，因為這個農婦認為當蔣家剛出生的兒子的奶媽要比撫養沒有價值的女兒有更多好處。這事聽起來荒誕不經，然而丟棄女嬰的習俗無論舊時還是現在都並不稀有。

女嬰的母親生在附近大葉荷村的一個曹姓人家，來到畈田蔣，是作為祖父家的遠房貧困親戚的童養媳。村裡無人費心詢問她的名字，只是用她的村莊的名字來喚她。那一年她三十二歲，大葉荷開始用她的乳汁哺育我父親，從而補充她的家庭收入，支撐一家五個孩子和酗酒丈夫的生計。村裡人都說她是有福氣的。

距離蔣家並不遠的大葉荷家有兩間矮屋，四壁被柴煙熏黑，角落裡有張木板床和一張方桌，從屋頂錯落的屋瓦縫隙中可見天光。門外依牆橫有一塊布滿青苔的石條，大葉荷常常坐在那兒餵養乳嬰。

她的這間小屋是我父親幼時度過日日夜夜的地方。每逢新年節日，祖父母一定會將他接回家幾天。

蔣宅有五間正房、兩間廂房，都是木製結構的兩層格局，房梁、檐頭和窗戶上雕滿了人物故事和吉祥圖案。天井由青石鋪地，石盆栽種蘭草、紋竹。無論晴天雨天，院子裡一片恬靜。鄰里街坊的房子風格和建材縱使相像，但是沒有兩座完全一樣，緊密簇擁在一起像一幅連綿的織錦，每縷經緯都浸潤著儒家的倫理說教，繁複而精巧地延續著世代相繼的傳統秩序。

回到大葉荷家的父親，會吃到他喜歡的冬米糖糕、醃肉和梅菜酥餅。大葉荷會抱著父親坐在火塘前說故事。她疼愛她的乳兒，每當孩子喚她時，都會放下手中的活計，將他抱在懷裡，用她黝黑的臉溫柔地貼著她的乳兒蒼白的臉。大葉荷使父親的童年充滿了愛的溫暖。

金華縣是附近最大的城鎮，地處丘陵盆地，被山丘環繞，由東向西流淌的義烏江與另一條南北方向的江水在那裡匯合。距金華四十公里的畈田蔣地處義烏邊境，村的北面有

兩棵古樟樹

一座雙尖山，山頂的岩石會被陽光映襯成一片暖色，一股泉水從長滿荊棘的岩間流淌而下，下游呈紅色的黏土滋養著各種植物花卉：青竹、香樟、杉木、核桃木。香榧、茶花、杜鵑、石榴和桂花更是隨處可見。

村口有兩棵枝繁葉茂的古樟樹，樹幹粗大，多人手牽手都抱不攏。幾個世紀以來，蔓延的樹枝編織出一片寬闊的樹蔭。其中一棵樹有個大樹洞，孩子常在洞中玩耍，裡面裝了佛龕，村民們認這棵老樟樹為「娘娘」，來此為子孫祈福求安。

直到三歲父親才開口說話，有村民稱他是白痴。四歲到了讀書年紀，祖父把他從大葉荷家接回到生身父母家中。一九一五年父親五歲時，村邊開辦了一家私立小學，有一位教繪畫和手工藝的老師，引發起父親對手工的喜愛。他做的小木屋的門窗能開啟，走馬燈像西洋鏡一樣吸引人。冬天，祖母為他備了讓手取暖的火盆，他把火盆拎在手上甩開，風吹得火炭呼呼作響，令他的弟妹們驚訝又興奮。對於他痴迷手工，祖父不屑地說，有一天會送他去貧民習藝所。在鄉下，手藝人的身分卑微。

祖父另有對大兒子不滿意的原因。一次，一隻麻雀的屎落在祖父的頭上，說是不吉利，需要去村裡討七戶人家的茶來「洗晦氣」。祖父遞給父親一只木碗，要他前去鄰里討茶葉，父親靠著門柱不肯挪步，感覺這樣的差事有損尊嚴。祖父在一怒之下將木碗扣在了他的頭上，鮮血立刻順著碗沿流了下來。

見到此景的伯母（祖父哥哥的妻子）嚇壞了，她把父親扯到一旁，煎了兩個雞蛋安慰他。伯母問，再打你一下，還給你煎個蛋好嗎？父親點頭。之後他寫了一張「父賊打我！」的字條放在櫃櫥抽屜內，祖父從此以後再沒有碰過他。

父親的童年並不快樂，隨時間推移，他與父母的隔閡越來越深。有次，他對妹妹說，「待我們的父母死了，我帶你去杭州玩」，杭州是一百四十公里外的浙江省省會。祖母知道了之後，將父親喚到堂上，從錢櫃取出兩串銅錢掛在父親的脖子上，她說，要走現在就走，用不著等我們死。父親默默地站在那，那時候他心裡已經藏著個祕密：有一天他會遠走高飛，要比村裡人有更多的見識，去那些他們夢裡都沒有見過的地方。

第一次世界大戰結束後，一九一九年春天，同盟國在巴黎附近的凡爾賽宮召開會議、討論和平條款，作為戰勝國之一，中國參加了會議。巴黎和會不顧中國代表提出的領土主權要求，將德國在青島及山東的殖民特權轉讓給日本，消息傳回國，激起了各界的強烈義憤。

五月四日，北京各大學的三千多名學生前往天安門前抗議集會，雄偉的城門樓是紫禁城的南入口。學生要求捍衛國家主權並驅逐那些被指控與日本勾結的中國官員。這股民族主義情緒的熱潮被稱為五四運動，很快傳遍了全國。知識界深信，國家若要擺脫落後並避免進一步的屈辱，需要進行劇烈的文化變革，於是推出「德先生」和「賽先生」，摒棄儒教和維護封建皇權統治的舊道德禮教，提出了「打倒孔家店」的口號，號召青年覺醒，崇尚自由、進步的思潮。在父親小學課本裡也出現了民主、科學啟蒙的概念。

在俄國革命的影響下，陳獨秀、李大釗等知識分子開始傳播馬克思、列寧主義理論。一九二一年六月，共產國際執行委員馬林（Maring）受列寧委派，前往上海主持中國共產黨第一次代表大會。為避開國民政府的視線，他們在嘉興南湖的一條船上完成了會議議程。

會議的綱領中第一次出現「工人階級」、「階級鬥爭」、「無產階級專政」、「消滅資本家私有制」、「聯合第三共產國際」等政治概念，會議文件用俄文列印。除馬林（馬林是個荷蘭共產黨員，他真名是亨得利庫斯・斯內弗利特［Hendricus Sneevliet］）外，另一位出席會議的代表是蘇聯人尼克爾斯基，他的真實身分是長達半個世紀的謎。後來在戈巴契夫的協調下，俄羅斯檔案館中資料顯示他的實名是弗拉基米爾・阿勃拉莫維奇・涅伊曼尼克爾斯基（Vladimir Abramovich Neiman-Nikolsky），一九三八年被史達林以間諜罪槍決。

一九二五年，十五歲的父親被浙江省立七中錄取。省立七中的校舍是太平天國的侍王府原址，殿宇高達數丈，氣勢恢弘。這所男校的學生多為家境富裕的鄉紳子弟。父親認同西方民主共和思潮，崇尚新文學，有一次考試要求以文言作文，父親卻使用白話文寫了一篇題為「一個時代有一個時代的文學」的文章。他的老師留下「一知半解」的批語。今天，他的幼稚主張的「時代文學」依然不存在。

大葉荷四十六歲時離世，她的五個兒子都哭得很傷心，時常酗酒打罵她的丈夫也為她落了淚。一生淒苦的她，離開時只得到了一方薄棺。早逝意味著不再需要擔心她的丈夫，他不久後也隨之離世，或者憂愁大兒子做了土匪，二子在戰火中喪生，三子、四子、五子在他人的斥罵聲中過日子。大葉荷生前曾經做過個夢，在夢裡她吃著乳兒的婚酒，坐在張燈結綵的殿堂上，嬌美的媳婦親切地叫著她「婆婆」。

在學校裡的父親痴迷繪畫，上數學課時，他溜去校外寫生。暑假期間祖父要他看守田裡的稻米，父親卻帶弟妹去一公里外的禪定寺寫生。古寺中古柏參天，殿中有尊大肚彌勒，兩側有「大肚能容天下難容之事，笑口笑遍天下可笑之人」的對聯。有一次，他忍不住在大佛旁邊撒了泡尿，以示不屑。

一九二五年五月，父親正準備中學考試，上海的數千學生湧上街頭，抗議日本企業虐待工人，武裝警察逮捕了抗議者。五月三十日下午，學生和市民示威要求釋放被捕的學生，遭到英國巡捕開槍，導致死傷二十多人。慘案發生之後引發全國各地罷工、罷市、罷課，要求政府取消外國列強在中國建立的殖民地。從十九世紀中葉開始，西方國家在中國建立了外國人管轄的「租界」，區域內由外國居留民成立市政管理機構，有市政、稅務、警務、工務、交通、衛生、公用事業、教育、宣傳職能，甚至擁有軍隊，成為「國中之國」。

在金華，父親所在的高中也發起了聲援上海示威者的運動。學生手持旗幟、上街遊行，呼喊反日口號，動員工人罷工，勸說商賈罷市，清查英貨日貨，砸招牌、櫥窗，把倉庫中的洋貨堆在南街沙灘上，一炬燒毀。受革命思潮影響，父親決心去廣州，報考「中華民國陸軍軍官學校」，祖父對長子棄文從軍的意願十分失望，氣得一言不發。鑒於祖父強烈的反對，父親只好作罷。

一九二七年，國共之間結成的聯盟突然結束。四月十二日，國民革命軍到達上海，總司令蔣介石開始鎮壓共產黨人，鎮壓很快在金華等省會、城市蔓延。一天清晨，校長要求全體學生在操場站隊。表面上聽演講，實際上是校方要搜查學生宿舍中的違禁書籍。父親溜出隊伍，從他的宿舍後窗取出一本《唯物史觀淺說》丟進陰溝，這本油印小冊子裡的世界觀，在他未來生活中留下深刻的印記。

一九二八年秋天，中學畢業後，父親考進杭州「國立藝術學院」繪畫系。這所新學府的學生只有八十多人，教員大多在法國接受了藝術培訓，父親找到了一個躲避政治動盪的避難所。

杭州以西湖之美著稱，父親常去孤山林間和周邊田野寫生，用他喜愛的灰暗的色調。他是一個勤奮的學生，對自然他有農人般固執的愛，對社會取著羞澀的嫌避態度。對貧苦階層他懷著深切同情，小販、划子、車夫、貧窮的茅草屋中滿臉髒兮兮的孩子們是他喜愛的描繪對象。

西湖的清晨，浮動著水霧的田野和變幻的天色讓他感到寂寞與悲涼，他期望早些結束這種飄忽不定的日子。他的一張畫引起林風眠的注意，林風眠是一位二十八歲的藝術學院院長，二〇年代初期在法國習畫。他對父親說：「在這裡你學不到什麼，去國外學習吧。」

中國的留學潮始於「洋務運動」。一八六〇年，內憂外患的清朝政府急切希望引進西方的工業、通信和金融技術，意識到將學生送去西方學習，能在掌握西方科學技術方面發揮關鍵作用。一戰後的法國急需勞工，大量中國學生前往法國半工半讀，其中許多人成為中國共產黨的關鍵人物。

林風眠院長的一席話讓父親印象深刻。要出國留學，他首先需要說服祖父。寒假回家時他帶著他的一位老師幫助他陳情。「如果他出國，」老師對祖父說，「回來可以賺很多錢。」

將信將疑的祖父最終還是屈服了。從地板下面取出一只裝銀洋的罐子，他表情嚴肅，手顫抖著數出一千銀元。當時每個銀元能買十六斤大米、六斤豬肉或者六尺棉布，甚至能買一畝地。這些錢足以支付父親去法國的船票和頭幾個月的生活費。祖父一再叮嚀父親過幾年要回家來，不可樂而忘返。

父親離開的那天清晨，陽光灑在青石板的小徑上，祖父陪著他一路走去村口。此時，他心裡不再掂量著祖父寄予的厚望，只是催促自己快些離開這片村莊和土地，去到遠方自由飄泊。

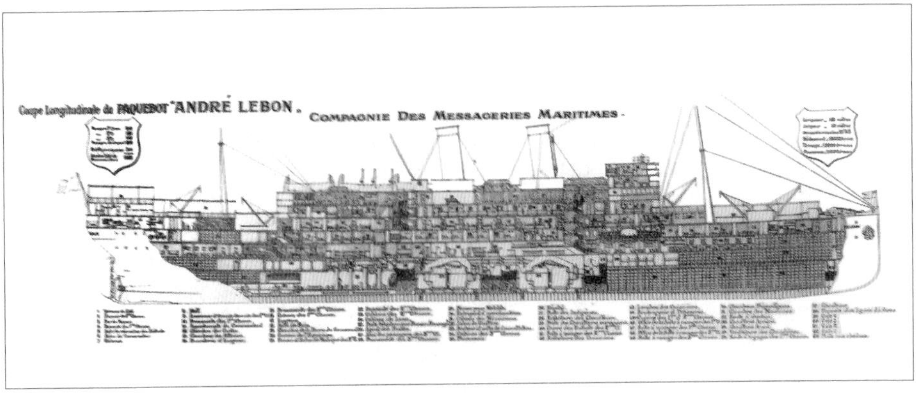

法國郵輪安德列·勒邦 (André Lebon)

上海的「十六鋪」碼頭上，繫在黑鐵舷樁上的纜繩穩住法國輪船安德列·勒邦 (André Lebon)。輪船深綠色的船艏高高地聳出水面，在郵輪頂部，兩支磚紅色的煙囪不斷地吐出一團團蒸汽，遮蔽了河岸上的銀行和企業建築。這艘郵輪船身長一百六十一米，看上去比一個小村莊還要龐大，幾乎一眼望不到端頭。周圍碼頭上是熙熙攘攘的提攜行囊的旅客、扛活勞工、赤腳棧夫，混雜著繁忙的吆喝叫賣聲。

二〇年代後期，已有三百萬人口的上海，僅居倫敦、紐約、東京之後。十六鋪碼頭建於一八六〇年代，是早期的通商口岸也是上海最繁華、熱鬧的地方。第一次世界大戰期間，趕往歐洲的華工和戰後赴歐學習的年輕人，都從這裡啟程。

父親夾在數百名踏上跳板、登上安德列·勒邦號的乘客之中，在三等艙放下行李和畫具，感覺自己像是一條米蟲一樣，蜷縮在郵輪巨大的貨倉中，他的鋪位窄而擁擠。引擎轟鳴，熱氣騰騰的空氣中夾雜著貨物的氣味。船笛鳴聲響起後，父親望著逐漸消失在遠處的碼頭。

這條船於一九二九年三月九日的下午從上海啟航，兩天三夜之後到達香港，穿越南海，在西貢港停靠了四天，裝載貨物。在船長Auguste Le Flahec寫的海運報告中，有一份清單：船載有兩萬零兩百二十袋大米、兩千九百五十八袋麵粉、三千九百四十一箱橡膠、五百六十二袋咖啡、一千九百五十一箱包茶、四百七十七袋錫礦、八百九十九包絲、四百零八包蠶絲、四百七十袋胡椒、三百袋五倍子和其他的雜項，一共三萬三千一百一十六個包裹，重三千一百二十一噸，體量在五千四百一十四立方米。眼望著龍門吊車將沿途殖民港口的財富吞入貨艙，父親內心很不平靜。

三月二十七號，郵輪航行到馬里庫環礁，離開印度南端。正在努力學習法語的父親忘記了自己十九歲的生日。四天後，輪船抵達亞丁港(Port of Aden)，繼續駛往在非洲之角的吉布地(Djibouti)，悠閒地駛過紅海後，穿越了蘇伊士運河，父親第一次看到了地中海。航程的最後一段風雨交加，經由西西里島到達了馬賽，一九二九年四月十二日，一個週五。他從馬賽轉乘火車到里昂，從那兒到巴黎是個簡單的旅程。

父親首先感受到的是，時間節奏變了。巴黎市裡轎車、公車和地鐵繁忙，婦女在公共場合中吸菸，她們做運動、穿短裙和剪短髮，已不會引起太多議論。海明威說巴黎是一席「流動的盛宴」。英國作家喬治・奧威爾(George Orwell)筆下關於巴黎貧民窟的描述，卻不那麼迷人：「這是一條非常狹窄的街道，如同一道峽谷，兩邊的房屋又高又髒，以古怪的姿勢東倒西歪，就好像在倒塌時忽然凝固住了一樣。所有的房子都是小旅店，滿滿當當地住著房客，大多是波蘭人、阿拉伯人、義大利人。旅館底層是小酒館，在那裡你只要花一個先令就可以喝得爛醉。在週六晚上，這一帶有三分之一的男人都喝得爛醉。」

浪漫並無法化解生存的困境，為了節省他的開支，父親和兩位好友在離市中心九公里的南郊玫瑰村(Fontenay-aux-Roses)落腳，那裡有通往巴黎市區的有軌電車。父親搬進一位名叫格林的法國人家中，主人是一個貌似粗暴的傢伙，喜好酗酒。他給了父親第一份工作，在他的自行車配件店裝配自行車。不久之後，父親搬進巴黎第六區伏西拉爾(Vaugirard)街一家葡萄牙人開的「里斯本」旅館。有條下水道管道穿過他的小房間，房價低廉，房東老婦和善熱情，如果一時交不上房租，她也從不催促。

艾青畫作，1929 年

父親熱切地出入畫廊和博物館觀摩，每天下午去蒙巴那斯(Montparnasse)的人體畫室Atelier Libre寫生，這是一間收費低廉的畫室，吸引著不少窮藝術家。父親擅長以簡練的線條畫出人物動態，他喜歡夏卡爾(Marc Chagall)的色彩和抒情，被印象派畫家所吸引。

沉浸法國藝術圈帶來了一個愉快的反響，他的一張油畫被選進引領潮流的獨立沙龍(Salon des Indépendants)的春季展覽，那是一張描繪失業者的小幅油畫。這次參展增強了他的自我存在意識。

有一張珍貴的黑白照片，成為父親在巴黎逗留的視覺紀錄。四名年輕男子站立在巴黎郊外，立著的畫架左側那一位是我父親。他的頭髮向後梳起，手裡握著畫筆和調色板，那是一副典型的亞裔青年藝術家模樣，他大腦袋下的身體略顯纖弱，目光專注而自信。

幾個月後，父親花完了從家裡帶來的錢，祖父又寄了兩回之後不願再續，他不得不靠做工來維持生計。每天上午，他在一個名為道格拉斯的「美國人」的工坊裡工作，具體的活兒是用手工裝飾菸盒，在每個菸盒寫上顧客的名字。每天繪製二十只菸盒會得到二十法郎，這樣他一個月收入六百法郎。每日房租、餐費各五法郎，結餘用以購買書籍和藝術用品、日常開支。一九二九年股市崩盤幾個月後，這家小作坊也隨之倒閉了。

一戰期間，三萬多華人「苦力」來法國做戰爭支援，當時一位法國將軍的描述裡說，他們是不錯的士兵，能在炮火中仍然保持隊形不亂。戰後這些人留在了巴黎，有了一條唐人街，這些做餐飲的華人大多來自距離金華不遠的溫州。華僑無論來自哪兒，無論在異國待了多久，對家鄉飯菜的執著渴求，總是會決定他們的情感和立場。

一天，父親在中餐館用餐，對面角落坐著一位蓄長髮、面容消瘦的亞裔青年。父親注意到他在用餐後久久沒有離開，不時看一眼牆上的鐘，同時向門外張望。父親意識到這個青年沒有錢結帳，幫他支付了餐費後，兩人一起離開了飯館，此後開始了他們終生的友誼。

那位年輕人叫李又然，是一個浙江同鄉，比父親長四歲，在大學讀哲學，並參與政治活動。他是中國共產黨歐洲支部的成員，曾在進步刊物《赤光》上發表文章。

李又然陪父親回到里斯本旅館時，發現狹小的房間裡除了畫冊、書籍、雕塑架和凌亂的顏料，徒空四壁。從認識那天起，兩人有錢時平分，沒錢時甚至可以為對方開口向他人借錢。父親給他介紹藝術，李又然鼓勵父親讀哲學和文學，發現父親對大學教育並無興趣，帶他聽公共課時，父親以畫禿頭老教授的肖像為樂。

近五十年後，「文化大革命」剛結束，我們終於回到北京時，見到了父親的這位摯友。李又然當時年近七十，瘦小的身體裹在一身藍色中山裝中，體態已顯顫顫巍巍。

在過去的幾十年中，他們共同經歷了一場又一場的政治運動，依然存活下來不能不說是奇蹟。父親與李又然再次相見的激動之情溢於言表。他們輕鬆、詼諧地回憶已逝的時光，問起一些熟人的去向、處境如何，是這些瑣事和煩惱讓生命顯得實在。他們從對方的眼中看到了自己，就像是兩塊斷石一樣，無縫隙地拼合在一起，笑著、拉手、擁抱，以濃重的鄉音訴說往事。記憶像一條可以拽著前行的繩索，將他們拖回到過去的時光。

我陪著李又然走去公車站。在西單商場的路口，我們頂著風前行，李又然對我說，他當年和父親常常餓著肚子，邊吹著口哨，邊踢著石子兒，在巴黎的大街和廣場上遊蕩。聽著他說話，我像聽到了石子兒跳在路面上的響聲。

內心的孤獨加深了父親對讀書的渴望，他常花時間在塞納河岸的書攤上閱覽，如果手頭有點錢，他會買下一本書並沉湎其中。他開始從繪畫轉向思考。都市裡永不休止的喧囂讓他忘卻了孤獨，也改變了他的審美，他開始用更明亮的顏色塗抹畫布。

父親開始跟一名年輕的波蘭女生學習法語，她畢業於華沙大學，正在攻讀心理學學位。每週三次的晚上七點，她會來父親的住處幫助練習會話。看到父親書桌上的詩集，她異常高興，他們一起聊俄羅斯詩人葉賽寧 (Sergey Aleksandrovich Yesenin) 和馬雅可夫斯基 (Vladimir Vladimirovich Mayakovsky) 的詩歌。父親生平第一次與異性開始靈性的溝通。

一天傍晚，在波蘭朋友就讀的大學的圖書館外林蔭路上，父親來回徘徊著。他們約定在圖書館關門時在門口見面，他來得比約定時間早，耐心地等候著即將發生的事。圖書館的燈一盞一盞熄滅後，年輕的波蘭女子出現了，她愉快地向父親打招呼後一起散步。父親意識到自己難以抑制的羞澀和拘謹，努力與她保持著行走間的距離。

不久之後，波蘭女老師的母親準備接她回波蘭。父親前去告別，波蘭朋友問了一些她以前沒有問過的問題，諸如，父親的家中還有什麼人，他與妹妹的感情如何，如果去中國需要多少天。

父親告訴她，旅途需要三十五天。

「啊呀，那麼遠啊」，她含著眼淚的眼睛沮喪地移開了視線。臨別時，父親送給她一本書，在扉頁上寫著：「拿起這本書時，你會想起東方的一位少年。」

在巴黎期間，父親休息的意欲越來越少，晚上他幾乎無法入睡。一個來自異鄉的十九歲少年，他的生活與過去完全脫節，興奮、焦慮、抱負和不安全感，讓他腦中充滿了想像和激情。為了讓他的大腦得到片刻歇息，他強制自己在樓梯間上下走動，在大街上奔走。他也轉向文學，從中得到些許慰藉，尤其是詩歌。當他有想法時，會在速寫本上把感受記下來。他欣賞俄羅斯作家的著作，包括果戈里 (Nikolai Vasilyevich Gogol-Yanovsky) 的《外套》、屠格涅夫 (Ivan Sergeyevich Turgenev) 的《煙》、杜斯妥也夫斯基 (Fyodor Mikhailovich Dostoevsky) 的《窮人》，更是被勃洛克 (Alexander Alexandrovich Blok)、馬雅可夫斯基、葉賽寧和普希金 (Aleksandr Sergeyevich Pushkin) 的詩所吸引。

對於父親來說，詩歌已崇高到近乎神聖的位置。他強烈地認同阿波利內爾 (Guillaume Apollinaire) 所表達的對富有創造性、表現力的生活的熱愛，引用他那句「當年我有一支蘆笛，拿法國大元帥的節杖我也不換」的話。他崇尚馬雅可夫斯基的理想，生活所需只是

「一架自行車、一架打字機、一架電話、一件外用訪客衣服，以及雨傘」。一九三〇年，當這位俄羅斯詩人自殺的消息傳來，父親像失去一個故友一樣陷入惘然和沮喪。

父親更為認同比利時詩人凡爾哈倫(Emile Verhaeren)，他仔細地將他的詩譯成中文《原野與城市》。父親說他有「一個近代人的明澈的理智與比一切時代更強烈更複雜的情感，凡爾哈倫對讀者深刻揭示了資本主義世界的大都市的無限擴張和廣大農村瀕於破滅的景象。」

在自己的寫作中，父親尋找一種能夠捕捉社會現實和情感的語言。「當我不得已而採用一些現成的詞彙的時候，我每次都感到噁心，我嫌惡一個詩人沿用一些陳詞濫調來寫詩。」受到超現實主義詩人的吸引，父親記下了瞬間即逝的感覺，也嘗試布勒東(André Breton)的「自動寫作」方式。

在李又然的引導下，父親接觸到在工人區「列寧廳」放映的蘇聯革命的電影。一天晚上，他們去拉丁區聖約克街六十一號參加巴黎東亞左翼青年的集會，之後，他寫了最早的詩歌〈會合〉：

團團的，團團的，我們坐在煙圈裡面，
高音，低音，噪音，轉在桌邊，
溫和的，激烈的，爆炸的……
火灼的臉，搖動在燈光下面，

法文、日文、安南話，中文，
在房子的四角沸騰著……
長髮的，戴眼鏡的，點捲烟的，
讀信的，看報紙的……
思索的，苦惱著的，興奮的……
沉默著的……
……緋紅的嘴唇片片的飛著，
言語像星火似的從那裡散出。
……

每個悽愴的、鬥爭的臉，每個
挺直或彎著的身體的後面，
畫出每個深暗的悲哀的黑影。
他們叫，他們喊，他們激奮，
他們的心燃燒著，
血在奔溢……
他們——來自那東方，
日本，安南，中國，
他們——

虔愛著自由，恨戰爭，
為了這苦惱著，
為了這絞著心，
流著汗，
閃出淚光……
緊握著拳頭，
捶著桌面，
嘶叫
狂喊！
窗緊閉著，
窗外是夜的黑暗包圍著，
雨滴在窗的玻璃上痛苦的流著……
房子裡，充滿著溫熱，
這溫熱在每個臉上流著，
這溫熱灌進每個人的心裡，
每個人呼吸著一樣的空氣，
每個人的心都為同一的火焰燃燒著，
燃燒著，

燃燒著……
……
在這死的城市——巴黎，
在這死的夜裡，
聖約克街的六十一號是活躍著的，
我們的心是燃燒著的。

寫下這些詩句十天之後，懷著一顆不安的心，他從巴黎返程回國。

第三章

雪落在中國的土地上

一粒麥子若不落在地裡死了，仍舊是一粒，如是死了，就結出很多粒來。

——艾青，〈一個拿撒勒人的死〉，一九三三年，摘錄約翰福音十二章二十四節

在小西伯利亞，父親常會對我提起他的巴黎軼事，特別是在那一個個漫長的天寒地凍的冬天。在只剩下土豆和洋蔥的地窩子裡，對我來說，巴黎像是一個不可能存在的世界。

但是夏天一到，豆角、黃瓜掛在了架上，還有粗大的胡蘿蔔、紅彤彤的番茄和碩大的葫蘆瓜。這些「五類分子」種出的蔬菜瓜果，既好吃也好看，為單調的尋常日子增添了色彩，孩子們熱切地加入到收穫的行列裡。

沙質土壤和沙漠氣候最利於西瓜的生長，看守瓜地的瓜農極願意請我們分享他的成就。他不用刀，而是用自己的手掌將瓜拍開，看著我和玩伴們用手伸進紅色瓜瓤中蒯出一塊塊來，一口口地吞下去。瓜農一再叮囑我們不要將瓜子嚥下去，那些吐出來的瓜種將會種出明年的盛宴。

連隊養了四百隻綿羊，我們從來吃不上羊肉，羊肉必須上交國庫。除去每年春天剪下優質的羊毛，羊是不能碰的。一次，羊群闖進了一片為了改良鹼性土壤的輪種物苜蓿地，啞巴羊倌無力將牠們從那塊地裡哄趕出來，急得直跳。當他拖出一隻，另一隻就會躥回去，繼續咀嚼嫩葉。一群羊不停地吃著苜蓿，一直吃到牠們趴下之後，再也站不起來，苜蓿草在羊的胃裡開始膨脹。夕陽中，那一隻隻綿羊瞪著灰色的眼睛，緩緩地死去了。在偏執的政治環境下，災難往往被視為一場嚴重的政治事件，而不是一場意外。

對我來說，這是件好事。我只需要花兩毛錢，羊的心、肝、肺、腸肚，加上一個羊頭，被一股腦地倒進我的水桶中，散發出來的氣味令人難忘。我清洗時將腸子中注水後反轉過來，倒騰出胃裡的草料，沖洗乾淨後丟入鹼水中，浸泡、搓揉，直到臭氣消失，再丟入沸水中。洗肺時，則從氣管往肺腔中注水，不時地拍打肺葉，讓它腫脹到要爆炸的樣子，渾濁的液體會從肺腔中流淌出來，反反覆覆，直至水清。當煮好的羊雜和一盆羊頭肉端上桌子，

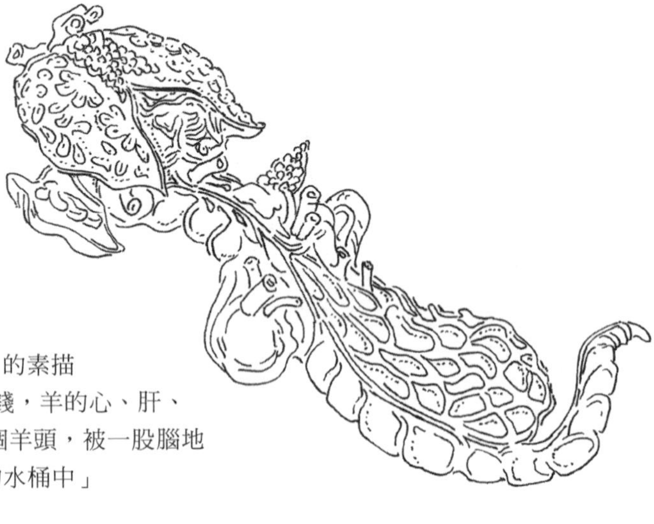

《Ruyi》的素描
「我只需要花兩毛錢，羊的心、肝、肺、腸肚，加上一個羊頭，被一股腦地倒進我的水桶中」

父親的臉上出現了快樂神情。

日子絕望，食物總能引發父親持久不衰的熱情，無論在監獄和逃難中，尋求食物的欲望與屈辱的滋味混在一起。

在巴黎，父親住所附近的一家咖啡店，有一種又酥又軟的點心叫「中國人」，早點客人說「給我幾個中國人」，讓他不勝其煩。一次，他正在跟朋友談話，一個人向他吼叫：「中國人，在法國不要講中國話，要說法語。」另一次，他在巴黎近郊寫生，一個醉醺醺的法國人走過來，看了一眼他的畫，嘲笑著喊道：「喂！中國人，你的國家一團糟了，你還在這裡畫畫！」漫不經心的蔑視，將他在這片陌生的土地上所受的屈辱具體地表現了出來，一種回家的衝動向他襲來。

中國的政治局勢正發生著變化。中國共產黨發動了一系列對國民黨政府的叛變，暫時控制了華南一些地區。一九二九年十月二十四日，美國股市崩盤造成的經濟危機波及世界，日本失業人口達到兩百五十萬，為化解經濟危機，將目光投向了資源豐富的中國東北。同時期，墨索里尼在義大利政壇升起，希特勒組建的納粹黨成為德國的第二大政黨。

一九三一年九月十八日，中日矛盾激化。日本軍隊占領瀋陽，接下來的幾個月裡，他們控制了中國東北的三個省分。法國急於保護自己在中國和印度支那的利益，對日本的侵略採取了消極態度。一九三二年一月二十八日，日本海軍陸戰隊對上海中國駐滬部隊發起攻擊的當天，父親從馬賽登上回國的輪船。

父親回顧他在巴黎的三年，那是他一生中最美好的時光，那一種自由自在的日子在往後的歲月中再沒有出現。他從一個在湖邊寫生的鄉村少年，變為有獨立思想、能自信表達自己的年輕人。在法國獲取的知識和理想滋養了他，幫助他規劃未來的動盪歲月的前途。

一九三二年，沒有文憑和成就證明的父親回到畈田蔣時，祖父非常失望，好奇的親戚們不知道該如何看待他。他待在家裡悶悶不樂，翻閱滿書櫃的書。偶爾給弟妹們講些法國的見聞，用厚紙板切成一小片一小片作為棋子，教他們下圍棋。畈田蔣像是一潭死水，外面世界發生的事情不會激起一絲漣漪。他感到家比任何時候都更陌生了。

一九三二年五月，父親再次離家去上海。二十世紀初期，英、法多國在上海設立不受中國政府管轄、有行政司法權的租界。銀行、報紙、教會和大學隨之出現，也出現了現代文明的其他特徵：賽馬場、電影院、汽車、路燈、百貨公司、消防站、抽水馬桶，更不用說酒吧、舞廳、夜總會，甚至選美比賽。當時的上海已是東方最繁榮的都市，眾多學校、書店、報館吸引著像我父親一樣的文化青年。

在上海，父親結識了與他同齡的江豐，他是個工人出身的小個頭，性格倔強、內向，喜歡藝術。在工會活動中，他製作了表現工人罷工的版畫。

薩波賽路豐裕里四號二層小樓的宿舍裡十分喧雜，父親與幾個美術青年住一起。江豐介紹他加入了「左翼美術家聯盟」，接著成立「春地美術研究所」作為「左聯」的活動基地。父親起草的宣言其中一部分是這樣的：「藝術也如其他的文化，是跟著時代的巨潮而生長著演進著的，所以現代的藝術必然地要走向新的道路，為新的社會服務，成為教養大眾，宣傳大眾與組織大眾的有力的工具，新藝術必須負著這樣的使命向前邁進。」父親將自己與革命議程連為一體，將文化視為有使命的工具，以可見的表達形式為理論和意識形態奠定基礎。

一九三二年七月十二日，「春地畫會」正在傳授世界語課，一個在進步圈中期待能流行起來的語言。法租界巡捕突然闖進屋，他們進門搜查時，父親正坐在一張破舊的沙發上。一個探員用生硬的法語問他：「你是共產黨？」

父親無辜反問，什麼是共產黨？他不是一名共產黨員，但他不知情的是，他的幾個朋友都是地下黨員。

「不要與他囉嗦。」巡捕邊說邊打開了一只木箱，從裡邊拽出來一卷招貼，其中一張畫著國民政府委員會主席蔣介石趴在地上舔著一隻象徵日本帝國主義的軍靴。

巡捕又問他：「這是什麼？」

「這是反對帝國主義！」父親用法語回答他。

「法國肯定允許這樣的事情，對吧？亨利．巴比塞(Henri Barbusse)和羅曼．羅蘭

(Romain Rolland)不是也反對帝國主義嗎？」

另外一張宣傳畫，畫著一群舉著紅旗的工人步出工廠遊行。巡捕隨手打了父親一個耳光，得意地喊道：「這又是什麼呢？」父親、江豐和十二個年輕人一同被捕，他們在父親的住處起獲了《列寧全集》、法國共產黨報紙《人道報》，和一些他從法國帶回來的書籍。

以觸犯危害民國法的「共產黨擾亂地方治安」的罪名，父親被移送至江蘇省高等法院提起公訴，當日立案。「蔣海澄等危害民國嫌疑案」的證據是從父親住所搜出的美術聯盟的工作紀錄、章程和名單登記，以及歷次會議紀錄、海報和宣傳品。法院認定「春地美術研究所」是左翼美術聯盟「以危害民國為目的」的團體。這個模糊的指控相當於八十年後，我被指控的「煽動顛覆國家政權」的政治罪行。

法庭上一名老年法官坐在中央，兩側各有兩個法官。對於他是否是「共產黨的頭頭」之類的提問，父親均以否認。問到他的職業，他回答：「畫素描。」法官不知所云而顧其左右，無人知道素描是什麼。

父親被捕的第三天，我的姑姑蔣希華從上海趕回金華，從祖父那兒湊了錢，再回上海請了一位辯護律師。最後，法官高聲宣判他有期徒刑六年時，他忍不住笑了。他從未想到未來幾年將在牢獄中度過，在被捕者中屬他獲刑時間最長，因為他蔑視法庭的態度。

位於馬斯南路一八五號的上海第二特區監獄也叫馬斯南路監獄。這裡收押了三千多犯人，包括很多政治活動分子。二十個囚犯共用一間牢房，晚上，通鋪上只擠得下一半，其餘人睡在水泥地板上。室內的便桶每天沖一次，惡氣撲面。進去不久，父親開始發燒，他

江豐的《審判》，木刻版畫，1936 年
艾青在法庭上

染上了肺結核，被轉入病監隔離，藥品極為短缺，致使病情惡化。所幸的是李又然從法國回來了，他收買了獄卒，將一些針劑和藥品送進了監室，請來獄醫為父親治療。

一九三三年一月十四日，夜間下大雪，一夜無眠的父親坐在鐵欄窗下，想著他的家鄉，想念曾給過他愛和溫暖的大葉荷。他寫下了一首深情的長詩，獻給他的乳母，獻給鄉村婦女的艱辛生活；詩中他把她名字寫成「大堰河」。這首詩的第一個讀者，是他同室的一個戴著沉重刑具的死囚，用蘇州柔軟的語調，一句句地念著，念著，他哭了起來。

大堰河，今天我看到雪使我想起了你：
你的被雪壓著的草蓋的墳墓，
你的關閉了的故居檐頭的枯死的瓦菲，
你的被典押了的一丈平方的園地，
你的門前的長了青苔的石椅，
大堰河，今天我看到雪使我想起了你。
大堰河，今天，你的乳兒是在獄裡，
寫著一首呈給你的讚美詩，
呈給你黃土下紫色的靈魂，
呈給你擁抱過我的直伸著的手，
呈給你吻過我的脣，

呈給你泥黑的溫柔的臉顏，
呈給你養育了我的乳房，
呈給你的兒子們，我的兄弟們，
呈給大地上一切的，
我的大堰河般的保姆和她們的兒子，
呈給愛我如愛她自己的兒子般的大堰河。

——〈大堰河，我的保姆〉

為了隱瞞他的身分，父親使用「艾青」的筆名。父親痛恨背叛革命的蔣介石，把他的同姓蔣字叉掉，而成「艾」字。艾是一種草，詩歌傳統中的艾草與「斷」和「美」有關聯，隨興而起的這個名字將伴隨他的餘生。在獄中的無數不眠之夜，憑藉著窗外路燈的微光，父親在他的紙簿上匆匆寫下閃現在腦中的句子，早晨才發現，兩句摞在一起了。

李又然告訴父親，他的處女作〈會合〉發表在左聯刊物《北斗》上，還帶來了消息，說他收到了父親的波蘭朋友給他的來信，她問：「為什麼在中國畫幾張畫會進監獄呢，有什麼辦法能幫助他嗎？」此後她就再無音訊。德國占領下的波蘭猶太人的境遇，是不難想像的。

刑期滿三分之一，父親被轉送去江蘇蘇州反省院，那是安置左翼激進分子的感化機構。一九三五年十月他被假釋出獄。獄中的孤獨時光和身患重病面臨死亡的經歷，堅定了

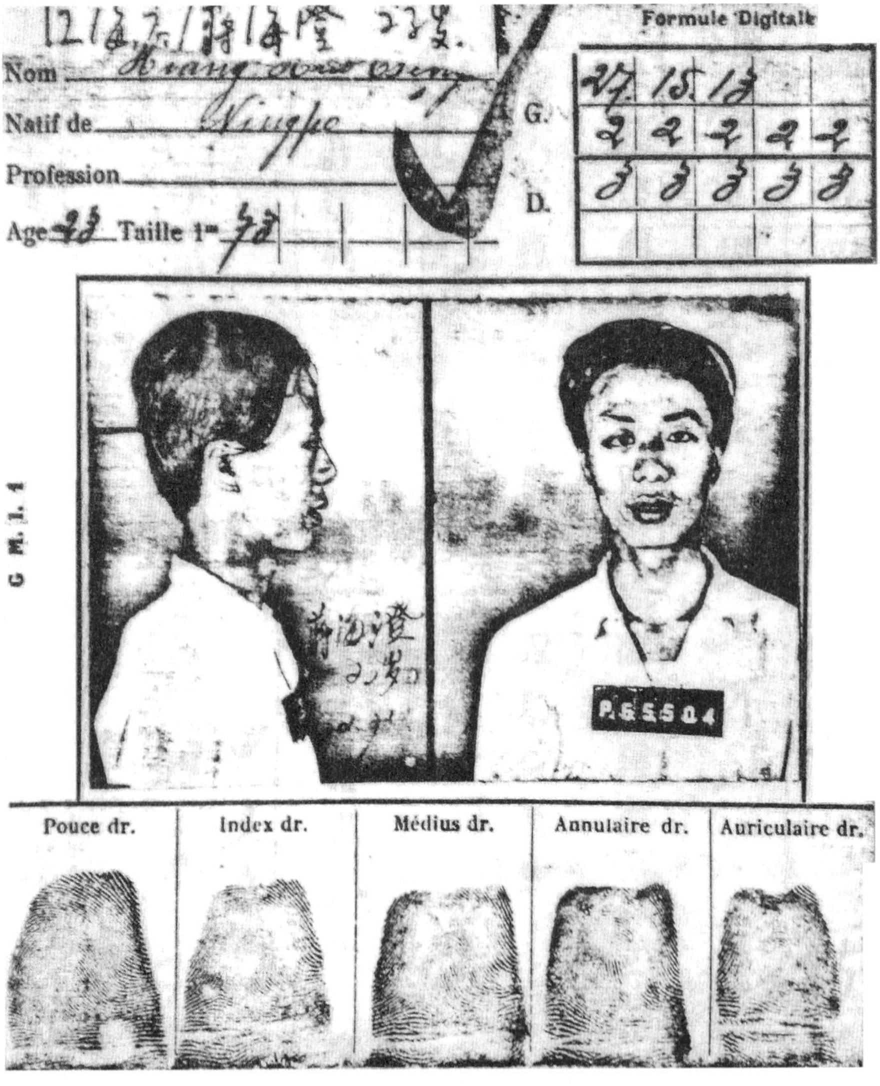
Formule Digitale

Nom

Natif de

Profession

Age 23 Taille 1m

	27	15	13		
G.	2	2	2	2	2
D.	3	3	3	3	3

G M. 1. 1

P.655504

Pouce dr.	Index dr.	Médius dr.	Annulaire dr.	Auriculaire dr.

艾青的入獄檔案

才華。

父親的意志，同時磨練出他的文學抱負。他在獄中寫下的二十多首詩顯露出不尋常的文學

父親的服刑讓祖父面臨絕望境地，祖父常常一夜哭到天明。可是牢獄非但沒有使父親軟化，倒是讓他變得更決絕了。

家裡為還在獄中服刑的父親訂了一門婚事，他對此一直不熱心。他說，自己是一個在押者，沒有資格談婚論嫁。家裡人卻不以為然，他的妹夫提議：「你和她至少可以做朋友吧？」

準新娘張竹茹是義烏縣上溪鎮的遠房親戚，她的母親有一天對祖母說，你大兒子還沒定親，我家兩個女兒隨你挑選，願意要哪個就要哪個。祖母覺得她的二女兒竹茹合適，便給父親訂下了這門親事。

張竹茹還不滿十六歲，她的舉止文靜，容貌清秀。對父親入獄的事情她並不以為然，確信父親不應該坐牢。她後來回憶起對父親的最初印象：「蹲監獄的蔣海澄把他寫的詩抄給我，還寄了一張他的畫，一張比卡片紙還小的黑白素描特別細緻和吸引人。」

傳統婚姻為的是「傳宗接代、侍奉父母」，儒家思想家孟子描述為「父母之命、媒妁之言」的歷史悠久。按照當地習俗，在喧鬧的戲曲歡樂中，新娘被抬上轎子送到新郎家。父親和年輕的新娘一同拜天地，履行了他們莊嚴結合的儀式。

儘管父親對婚姻做出了讓步，但是他對家庭的態度漠然，這讓祖父感到失望。一位教了多年經典的老學究在街上見到祖父，諷刺地說：「聽說你的兒子寫詩出了名。」村裡人

取笑「讀書了」聽上去是「都輸了」的諧音。祖父跟他們一樣，對兒子的名聲持懷疑態度，他問父親：「你寫的那些也算是詩嗎？」

在鄉人眼中，唯有古文的五言或七言體可以被稱為「詩」。父親沒有回答祖父的疑問，傳統觀念不是三言兩語可以消除的。在父親認為，詩人要擺脫形式的束縛，使用鮮活的口語，而不是追隨做作、乏味的文學時尚。

祖父厭倦了父親對待家庭的態度，家僅是父親宏偉旅途上的旅舍。祖父很傷心他的兒子無心料理他辛勤留下的祖業，對弟妹們產生了不良影響。

他一再地告誡父親：「中國沒有資產階級。」他說，自己對伙計們從來沒有壓迫，就算真要革命，又會把他怎樣呢？祖父慈祥地微笑著，攤開厚厚的帳簿，裡面詳細記錄了放貸獲得的利息，手撥著算盤，以低微的語氣囑咐父親，要多關心弟妹們的前途。

在〈我的父親〉詩中，父親這樣談祖父：

因為膽怯而能安分守己，
在最動盪的時代
度過了最平靜的一生，
他像無數的中國地主一樣：
中庸，保守，吝嗇，自滿。

祖父希望兒子念經濟和法律，成為商人或官員。在父親看來，祖父對真正的改變沒有興趣，寧願在一旁觀望，無力期待「進步」，只是漠然地接受「革命」的到來。祖父滿足於躺在竹床上抽水菸、喝黃酒，閱讀清朝時期關於鬼狐的故事。

父親決心告別畈田蔣，經過努力之後，在上海與南京之間的常州武進縣的女子師範謀到一份教國文的教職。離開那天，他的身上只有一件薄外套以抵禦二月的寒冷，可是他的心裡為每月能拿到四十五元的薪金而欣喜。

祖父對他教書表示不屑。家裡的店鋪伙計在收銀時吆喝一聲，將銀兩甩入錢櫃，不時會有些散落地上。「拾起那些地上的零錢也比你的薪水多呢，」祖父這樣說。

作為教師，父親自選教材，而不遵循固定的課程。他鼓勵學生表達自我，也幫忙編輯學生的作品，為學校的雜誌創刊號寫了前言：「每個學生都有自己的心聲，如同潛流隱藏在地下，有一天要衝出地面滔滔流向大海。」一個學期後，校方以「在課堂上進行赤化宣傳」為由，辭去了他的教職。學生們為他的離開感到惋惜，為了感謝他們才華橫溢但一貧如洗的年輕老師，他們湊錢給他買了一塊手錶。

此時，李又然在蘇州做中學教員和圖書管理員，同時翻譯羅曼·羅蘭的著作。他說服父親搬到上海，並願意承擔他的生活費，讓父親專心寫詩。李又然比任何人更了解父親對寫作的執著和對語言的熱愛。

父親帶著懷有身孕的妻子，住進了閘北亭子間，那是上海一處工人階層的居住區。在這裡，他自費出版了第一本詩集《大堰河》，薄薄的小冊子裡共有九首詩，他還為此設計了封面：一幅淺綠色線條勾出的人像和一個握起的拳頭、一把鐵錘。

不知疲倦地寫作讓父親內心清新、充實，一種說不清的催促和呼喚。寫作使他的目標變得清晰，他說，如果有一天對寫作有了懷疑，生命就不再有價值。

《大堰河》的問世引起評論家胡風的關注，胡風是左翼作家聯盟的領袖人物，也是魯迅的摯友。「我想介紹一個詩人，」他這樣寫道，「這詩人署名艾青，他的歌唱總是通過他的脈脈滾動的情愫，他的言語不過於枯瘦也不過於喧譁，更沒有紙花紙葉式的繁飾，平易地然而是氣息鮮活地唱出了被現實生活所波動的他的情愫，唱出了被他的情愫所溫暖的現實生活的幾幅面影。」

一九三七年初春至夏天，在日本軍隊入侵中國的前夕，父親的〈太陽〉、〈煤的對話〉、〈春〉、〈笑〉、〈黎明〉多首詩在胡風和茅盾編輯的《工作與學習叢刊》上發表，引起左翼評論家和作家的更廣泛的贊許。

日益成熟的父親對政治事態發展更加警覺，敏感地意識到戰爭將到來，將他對創作的信心和對中國再生的信念維繫在一起。但是，寫詩是無法維持生計的。一九三七年七月，他的妻子接近預產期，對金錢漠不關心的他，開始感到要有穩定收入的壓力。他前往杭州蕙蘭中學教書。七月六日，在滬杭路的火車車廂中，他讀著報，望著窗外閃過的田野的明媚風景，寫下〈復活的土地〉。他預言：

我們曾經死了的大地……
在明朗的天空下！
已復活了！
苦難也已成為記憶；
在它溫熱的胸膛裡；
重新漩流著的；
將是戰鬥者的血液。

他的話語第二天被證實了。一九三七年七月七日，日本軍隊炮轟北平的宛平縣城，釀成近代史上的「盧溝橋事變」，標誌日本全面入侵中國和抗戰的開始。同一天，艾青和張竹茹的女兒出生了，他為嬰兒取名「七月」。

不到一個月，華北的中國軍隊已經被擊敗，被迫撤退，北平、天津相繼失守，被日軍占領。當日本在上海附近開闢第二條戰線時，近一百萬人捲入了戰場。抵抗三個月後，中國軍隊放棄了陣地，首府南京的陷落指時可待。敗局之下，國民政府決定遷都重慶，僅讓一部分政府人員留守武漢。

父親到杭州的時候，南方的戰爭還沒有打響，杭州仍然保持著一種虛幻的安閒、浮泛。國家的命運懸而未決，人們繼續例行公事。「我不能違心地說我愛杭州，」父親坦言，「它像中國的許多城市一樣，擠滿了偏窄的、自私的市民，與自滿的、卑俗的小職員，以及慣於諂媚的小官僚，和專事奉迎的文化人，他們以為自己生活在無比的幸福裡，就像母親似的安謐。」他年底寫下這些話時，杭州已陷落，他和家人逃往了武漢。

一九三七年秋季，杭州被日軍三面包圍，浙江省政府撤離到金華。到了十月，許多人逃離城市，父親的學生也不再來上課了，他和家人去金華家裡避難。次月，他借錢為自己、張竹茹和四個月的女兒、兩個妹妹中年長的蔣希華買了火車票，加入了前往內陸較安全地區的逃亡行列。

早上八點，從戰場撤離的傷兵散落在金華火車站的月台上。醫院已人滿為患，無法收容更多傷患了。睡在鋪著稻草的地上的傷兵燃草取暖，蜷縮在骯髒的被卷裡。戰鬥打亂了火車時刻表，也不清楚混亂中的鐵路服務是否會繼續，車票銷售已停止，如果列車抵達月台，人群便一擁而上。

父親和他的家人擠上了一列開往南昌的火車，坐在包裹和手提箱上。列車的車廂裡沒有燈光，窗外火車機頭的燈光照耀著軌道兩旁的原野，父親的內心波動隨著鐵輪的轉軋節奏展開，心裡萌生出欣喜與驕傲，黑夜給他一種近似宗教的情感和期待。經過南昌的火車駛往武漢，有兩百萬人口的武漢是中國的第二大城市。那是一年中最寒冷的日子，大舉遷移的國民政府職員、上海、南京的難民潮如水般湧來，武漢成為戰時的政治和文化中心。

父親和家人寄住在一個藝術專科學校的傳達室裡。十二月十三日，他從街頭報童手裡買下份報紙，標題是「國民政府首都南京失陷」。接下來幾週裡，距武漢五百多公里的南京遭到日本軍人的血洗。

父親寫道：「戰爭真的來了，在人民的忍耐中的，在詩人的祈禱中的，打碎鎖鏈的日子真的來了。隨之而起的是創作上痛苦的沉思：如何才能把我們的呼聲，成為真的代表中國人民的呼聲。這樣的呼聲必須把這戰爭看做和全國人民的生活要求、革命意志毫無相間地連結在一起的一個事件。」這篇文章的標題是〈我們要戰爭呵，直到我們自由了〉，艾青的承諾在日本占領的悲慘歲月中表達了堅定的目標。

同時他寫〈雪落在中國的土地上〉，一部分是這樣的：

中國的路
是如此的崎嶇
是如此的泥濘呀。
中國的苦痛與災難
像這雪夜一樣廣闊而又漫長呀！
雪落在中國的土地上
寒冷在封鎖著中國呀……

放下筆時，天空真的飄起雪來。他望著天空的漫天飛雪，滿足了他期待已久的將現實與藝術融為一體的願望。對他來說，信息很明確：唯有堅韌地抵擋戰爭風雪的人才能走到盡頭。

第四章

向太陽

〈雪落在中國的土地上〉一詩表達了父親對生命的喜悅和對土地的愛，他年輕、樂觀、對中國的未來充滿信心。三十年後，我們在小西伯利亞，他已是一息尚存，若這時他死去，並沒有人會在意。

小西伯利亞的生活糟透了，可是無論如何，孩子們總有方法找到自己的樂趣。新疆的夏季日長夜短，中午成年人午睡時，是我和同學們結伙去冒險的時辰。我們去田間挖老鼠洞，掏出迷宮似的洞穴中的一個個糧倉，將小麥和穀物裝滿一袋。我們爬上倉儲庫房，站在伙伴的肩上，手伸進屋子的洞穴中，將一個個熱呼呼的鳥蛋摸出來，吞下腥氣很重的蛋汁。

有一天中午，我們開始捉迷藏。從一個鎖著的倉庫門縫中，我看到兩隻人腳懸在空中，一股刺鼻的農藥味撲面而來，那是一個中年男子懸在梁上自盡了。後來，有人說他是自殺，也有人說他是被打死後吊起來的，沒有人問究竟。關押中死去算「畏罪」自殺，

「自絕於人民」，等於省了一顆子彈。

一九六八年的秋天，為了與「大右派」再次劃清界線，連隊安排我們搬入一個地窩子。這種土坑式的洞穴是最早的拓荒者的住處，從地面向下挖出一個方坑，鋪上紅柳枝和稻草後再抹層泥做屋頂。這兒廢棄已久，下去的台階早已坍塌。

頭次探望這個家，推開的木門發出嘎吱一聲，幽暗中一股涼氣和霉味襲來。父親邁腿進去時，隨之「嘣」的一聲他蹲了下去，他的頭撞在了一處突出的橫梁上，額頭流出血了。我們無法抬高屋頂，而只能將地面向下再挖了一鍬深的土，父親可以站直了。

睡覺的床是挖坑取土時留下的一塊土台，上面鋪著麥秸。我們砌了一個爐灶和火牆，在牆壁上挖了一個放油燈的方洞。掃去牆上的白硝，再糊上舊報紙做壁紙。屋頂上有個一尺見方的天窗，上面壓著塑膠布，一束光從那裡投下照亮屋裡。屋頂上不時會跑過豬群，有時踩空落下來半個身子，又掙扎著跳了出去。我們在床的上方掛了一張舊床單，接住不時會掉落下來的沙子。

每天天黑前，擦亮油燈的燈罩是我的事，一隻手堵住燈罩的一端，哈口濕氣進去，用筷子頂著塊布，在裡面來回擦拭。早晨醒來時，我們的鼻孔還是會被油煙熏黑。

那年鬧鼠災。連隊領導說要全民滅鼠，還說鼠災是蘇聯製造的陰謀。躲在壁紙後面的老鼠總是忙碌著啃漿糊、做窩、產仔兒，牠們磨牙聲整夜不絕於耳。我嘗試了不同的捕鼠技巧，簡單的是沿牆腳在地上挖個坑，放進盛有半盆水的水盆，第二天早晨，水面上浮著幾隻灰絨絨的小老鼠。有時丟一塊食物在地上，腳尖翹在其上，一會兒，就有老鼠鑽到腳下來。說實話，那些老鼠挺可愛的。

我們的身上長了蝨子。小小的生蝨吸血後，通體變黑，擠爆時啪的一聲響。衣縫中密布著一排透明的蝨卵，好在我們沒幾件衣服，只要將所有的衣褲扔進沸水裡浸泡；這些衣物都染成了同樣的藍灰色。根除蝨子需要掀起床褥，在下面撒些六氯苯（C_6Cl_6）晶體殺蟲劑，「六六六」的氣味嗆得我們難以入睡。

住進地窩子算是一種對父親的懲罰，懲罰是革命鬥爭的需要，反動分子的處境理應與革命群眾不同，也直接反映在我們的居住環境中。一次次地被排斥、疏遠和拒絕，我對社會的理解都隨之發生著變化，周邊的陌生感和敵意致使我有了明確的存在意識，形成關乎立場的判斷。雖然，在所有情形下我都是處於被動的，但是，被動的處境漸漸形成了主動的我。首先是父親和我更親近了，排斥和拒絕使我們從虐待的環境中找到些許安慰。

三十年前，日本人逼近杭州時，我父親寫信給批評家朋

「第二天早晨，水面上浮著幾隻灰絨絨的小老鼠。」

友胡風，他說，戰爭可能在他有機會以詩歌充分表達自己之前就奪走他的生命。一九三七年底，父親和家人抵達武漢已經一個多月，雖然暫時還算安全，但離他成為作家的志向還很遠，他每天掙扎著尋找一份有薪水的工作。妻子張竹茹第一次離開金華，指望著父親養家糊口，怎麼也意想不到日子變成這樣艱難，哭個不停的嬰兒和對危險的擔憂讓她感到恐慌。

日本入侵後，艾青只是許多流離失所、勉強糊口的知識分子中的一員。一九三七年年底，山西省臨汾「民族革命大學」招募作家和藝術家任教，在胡風推薦下，父親加入了他們的行列。一九三八年的一月二十七日，父親帶著妻女，與李又然一行多人踏上了旅程。在漢口車站停著一串鐵盒子一樣的列車，上面滿載著士兵和彈藥。他們上車之後，車廂的鐵門被乘警從外面重重地拉上，在外面上了鎖。車廂內兩端各有一個小窗，沒有廁所，空氣汙濁得讓人喘不過氣。父親和妻子坐在潮濕的地板上，抱著幾個月大的女兒。列車在戰區穿行，沿途隨時有可能遭遇不測。

車窗外是一望無際的黃土地，在寒冷的蒼穹之下，見不到任何生命的跡象，偶爾出現成群的難民和受傷士兵，遠處一處處燒焦的瓦舍和沒有炊煙的村落。這是父親第一次跨越長江進入華北，他用筆在紙上勾畫著遠方田野、行人、渡客，寒冷的晨光和暮色。此行拂去了他心中覆蓋已久的塵土。那些在刺眼陽光下、乾枯河床上頂著風沙頑強前行的農人，他們在遼闊的曠野中尋找著什麼呢？北方喚醒了他內心深處的憂鬱。

二月六日凌晨，在凌厲寒風中，父親和家人下車，徒步走進臨汾古城。接下來的日子裡，他開始在大學藝術系給學生們上課。糧食依然緊缺，每天只有粗麵饅頭和胡蘿蔔，飲用水渾濁的顏色跟饅頭的顏色一樣。課程維持了二十天後，臨汾失守，父親與家人又開始逃亡。

父親去了三百六十公里外的西安市，在那裡，他與幾個藝術家、作家成立了「抗日藝術隊」。後來有一次在西安周邊區縣做抗日宣傳時，一名隊員遇害，此事在他的心裡蒙上了一層陰影，他懷疑組織已被國民黨特務滲透。之後返回了武漢，加入剛成立的中國全國文藝界抗敵協會的組織。

一九三八年四月，艾青在武漢完成〈向太陽〉，這是一首四百多行的長詩。四個月的北方之旅，讓他見證了中國的苦難以及人民蘊藏著的堅韌力量。他的這首詩很快被人們傳頌。夜晚降臨時，圍著篝火的學生們朗誦著它，火光躍動在他們的臉上，詩中的熱情和自信溫暖著人們的心。

我奔馳
依舊乘著熱情的輪子
太陽在我的頭上
用不能再比這更強烈的光芒
燃灼著我的肉體
由於它的熱力的鼓舞

我用嘶啞的聲音
歌唱了：
「於是，我的心胸
被火焰之手撕開
陳腐的靈魂
擱棄在河畔……」
這時候
我對我所看見 所聽見
感到了從未有過的寬懷與熱愛
我甚至想在這光明的際會中死去
「我們愛這日子
不是因為我們

看不見自己的苦難
不是因為我們
看不見飢餓與死亡
我們愛這日子
是因為這日子給我們

帶來了燦爛的明天的
最可信的音訊。」
……

——〈向太陽〉，一九三八年

艾青想像自己進入了一個創造性的時代，中國將歡迎一位能夠表達歷史這一特殊時刻的詩人。他預言：「屬於這偉大和獨特的時代的詩人，必須以最大的寬容獻身給時代，領受每個日子的苦難像是那些傳教士之領受迫害一樣的自然，以自己誠摯的心沉浸在萬人的悲歡、憎愛與願望當中。」

在武漢，他收到了一封前線軍官給他的信，附有一張恐怖的照片：部隊收復棗莊時，村口的樹上掛著日本軍人從七男一女的中國人身上剝下來的人皮。如此景象激發父親寫下的詩，與那些意圖擺脫抗戰創作傾向的作家相反，父親的詩變得更迅速、敏銳地反映出現實，節奏變得更為短促有力，而適於朗讀。

武漢保衛戰持續了四個月，國民黨軍再次敗退，父親不得不另尋避難之處。一九三八年七月，受友人之邀，他去湖南「省立鄉村師範」教國文，攜妻女來到湖南中部的衡山。這是一處異常安靜的古城。四個月中，他每天穩定寫作，完成了長篇〈詩論〉，那是詩人提出的新時代需求下的新美學。

他說，「詩人」不同於「寫詩的人」，前者忠實自己的體驗，不寫自己感受以外的東西，而後者只是寫著分行的句子。如果沒有新鮮色調、沒有光彩、沒有形象，一首詩的藝術生命在哪裡呢？一九三九年八月《七月》刊載了父親的〈詩論掇拾〉：「真、善、美，是統一在人類共同意志裡的三種表現，詩必須是它們之間最好的聯繫。」

他宣稱：「今天的詩應該是民主精神的大膽的嘗試。詩的前途和民主政治的前途結合在一起。詩的繁榮基礎在民主政治的鞏固上，民主政治的潰敗就是詩的無望與衰退。詩人當然渴求有一種憲法：即國家能在保障人民的麵包與幸福之外，能保障藝術不受摧殘。憲法對於詩人比對其他人的意義更為重要，因為只有保障了發言的權利，才能傳達出人群的意欲與願望；一切進步才會可能。壓制人民的言論，是一些暴力中最殘酷的暴力。」他也說：「詩是自由的使者，永遠忠實地給人類以慰勉，在人類的心裡，播撒對於自由的渴望與堅信的種子。」八十年後，詩歌作為自由使者的信念在中國仍未實現。

一九三八年八月，父親任教的衡山學校無法持續。他寫信給各地朋友幫他留心工作事宜，一位朋友承諾讓他前往廣西桂林；曾經是一片死水的桂林，在戰爭年代成為作家和藝術家的聚集地。一九三八年十月，父親和張竹茹帶著孩子，輾轉來到桂林，住進一間正面木板、三面磚牆的簡陋小屋，爐灶只能放在走廊裡。

父親受聘創辦《廣西日報》副刊，每月幾十元薪水足以支付租金和雜費。他感到很幸運。很多避難中的文人無業，靠低微稿酬或朋友接濟以維持生計。每期萬字的副刊版面一半被各類廣告占據，內容雜亂無章，他嘲諷副刊為公廁。現在他既是副刊的作者、編輯，也是校對，還需日復一日地四處約稿和跑印刷廠。為了驅走夜間的困倦，他開始吸菸。

一九三八年十一月，日本飛機開始對桂林狂轟濫炸，許多平民在襲擊中喪生，成千上萬人無家可歸。父親的住處遭到毀壞，炸彈彈片就落在幾碼外。

凌晨，天微微發亮，人們沉酣於睡夢中，衣衫單薄的父親興奮地闖進朋友屋中，朗誦著他剛寫的詩：

假如我是一隻鳥，
我也應該用嘶啞的喉嚨歌唱：
這被暴風雨所打擊著的土地，
這永遠洶湧著我們的悲憤的河流，
這無止息地吹刮著的激怒的風，
和那來自林間的無比溫柔的黎明……
——然後我死了，
連羽毛也腐爛在土地裡面。
為什麼我的眼裡常含淚水？
因為我對這土地愛得深沉……

——〈我愛這土地〉，一九三八年

這是父親的生涯中作品最豐富的時期，他的詩被廣泛地流傳。他省吃儉用出版了新詩集《北方》，油印詩集散發出憂鬱的氣質，是對動盪和艱辛中的苦澀、淒涼人生描繪，但同時可以感受到一種對生命的熾熱感情。

一九三九年四月，身懷第二胎的張竹茹回金華老家待產。在一次詩歌朗誦會上，一位朗誦父親詩作的年輕女記者深深地吸引了父親，他很快就愛上了她。父親寫信給在老家的妻子張竹茹提出離婚，可是那位女記者拒絕了父親，她嫁了別人。

在生活和美學態度上極為嚴整，面對感情，父親常常顯得局促無措。童年的情感不幸，危機四伏的流浪生活，致使他充滿了幻想，不切實際地期望愛情能帶來一種崇高的自由，擺脫世俗擔憂。當追求失落時，他病倒了，陷入難以自拔的沮喪之中。

戀情破裂後父親的情緒低落。六月的一個黃昏，在張竹茹返回桂林之前，父親曾經的學生韋嫈出現在他的生活中。父親是她學生時期的偶像，她專程來桂林看望他。聽到敲門聲，開門的父親驚訝地看到她站在那裡。韋嫈的出現為父親提供了一條擺脫絕望的路，兩人很快同居一處。當他的妻子張竹茹帶著女兒從金華趕回桂林，面臨的局面已經難以挽回。

一九三九年九月，湖南省邊境的新寧有一所學校請艾青去那裡教書。艾青帶著韋嫈住進了夫夷江邊山腳下的一個土磚小院，屋檐下掛滿了菸葉和辣椒，門旁堆著南瓜。小房間六平方米，有張木框床、書桌和凳子。夜間煤油燈下，父親備課和批改學生作業。再次回到農村，他寫的田園詩無不散發出一種悲傷的基調。對農民不斷勞作生活的不安和對社會不平等的認識，加強了他對土地應該重新分配的信念。

十月初，張竹茹在前往新寧途中產下一子。休整月餘，她接受了與艾青分手，並將新生嬰兒留給了父親，獨自帶著女兒七月返回金華。同時代追求進步和解放的人們，反抗父母安排的婚姻，渴望自由戀愛。幾週內，二十九歲的父親與十七歲的韋嫈結婚。

父親教學熱情奔放，教室中常常因為他的故事和笑話而笑聲滿堂。可是教學與寫作是兩碼事，他內心渴望創作，寫作在心中的重要性等同生命。

一天，韋嫈收到同學從新四軍根據地的來信，信中生動地描繪了軍隊服役的緊張，和鼓舞人心的畫面，同學希望韋嫈參軍。對於抱有理想的年輕女子來說，新寧的生活太單調，遠沒有共產黨控制區有吸引力，這個志向一直伴隨著她。

渴望變化的人不止韋嫈，父親也想做出改變。在新寧他收到重慶育才學校校長陶行知的工作邀請，育才學校以照顧戰爭孤兒而聞名。父親收拾好自己的書和詩稿，帶著孩子和韋嫈，登上了北上的船。在船上，不吃東西的孩子哭鬧不停，父親別無他法，只能把孩子託付在一個保姆家中寄養。後來據說那個保姆嫌工錢不夠，將孩子託付給一對教師夫婦收養，再之後為了躲避戰亂，孩子被帶去桂林，因為食物和藥品缺乏，小孩五歲時生病去世了。不難想像當父親得知兒子的死訊時是怎樣的悲痛。愛孩子是人的本能，失去了這種本能的話，人類就沒有前途了。

艾青和韋嫈再次啟程，兩人登上一艘將他們帶到邵陽的船，這是前往重慶的漫長而艱辛的旅程的第一站。此時他們的婚姻已經出現緊張的跡象，在他們心中形成了裂痕。

日軍占領華東地區兩年來，出現了複雜的局面。日軍控制華東，包括沿海地區和長江下游，國民政府控制了西南和西北部分地區，共產黨人分散地活躍在中國西北地方。國民黨和共產黨的早期合作於一九二七年以血腥清洗結束。共產黨在江西省南部和福建省西部建立的自治割據，稱為中央蘇區。一九三三年十月，國民政府開始對江西蘇區圍剿，接著的秋季，蘇區的工農紅軍開始逃亡。經過一年多的撤退，剩餘的黨羽匯聚於陝西省延安，那是貧困的西北地方。長征中確立了毛澤東在中共黨內的領導地位。

一九三六年十二月，國民黨兩名主要軍事指揮官軟禁了委員長蔣介石，迫其接受「停止剿共、一同抗日」的主張。這一次「西安事變」促成了國共兩黨的第二次合作。一九三九年的重慶不僅是國民黨政府的臨時住所，也是中共代表團的駐地。

一九四〇年五月，幾經周折的父親和韋嫈搭上了開往重慶的汽輪。他們行囊空空地躺在甲板上，穿過了煙霧迷漫的長江三峽。一九四〇年六月三日，到達重慶時，他們已經漂泊了一個多月。

盤纏全無的艾青尋求「文協」幫助，在文協小樓北面的小屋住下。小屋緊臨鬧市，面對滔滔嘉陵江。一週後，他目睹了日本頻繁的轟炸襲擊。市民潮水般湧向城外，哭聲叫聲不絕。一塊彈片洞穿過房間的天花板，牆壁和地板上留下了彈孔，父親伏在瓦礫和碎玻璃中尋找他散落的書籍、信件和手稿。

在地球的另一邊，一九四〇年四月到六月間，德軍先後占領丹麥、挪威、比利時、盧森堡、荷蘭和法國。六月十四日，德軍占領首都巴黎的第二天，艾青寫了〈哀巴黎〉。

紅白藍的三色旗卸下來，
代替它飄揚
於塞納河畔
龔果得廣場上的是
綴著黑色萬字的血色的旗，
莊嚴的大廈傾倒了，
隨著傾倒的是
刻有「自由，平等，博愛」的寬大的門額。

巴黎是父親心中執著的精神家園和他的夢想，巴黎淪陷意味著自由和平等的喪失，是這座城市塑造了他對生活的理解。

一九四〇年六月下旬，父親開始在育才學校教文學。學校設在重慶郊區，靜謐安詳的山村讓他解脫。他隨意安排生活，早飯前寫東西。午後天空會出現日本戰機機群，馬達轟鳴，他披著件衣裳走出門外數飛機的架數，了解到標準轟炸機編隊有二十七架戰機。

一九四〇年夏季，時年五十三歲的祖父病逝，母親來信囑咐父親回家善後。依鄉俗在家中合眼算「壽終正寢」，而祖父最後一口氣沒斷在家中，而在醫院，他的遺體也就不能進村。靈柩擺放在了晒穀場旁邊，家裡請和尚念經七天，幫助他的靈魂前往另一個世界。收穫季節是一年中最熱的日子，祖父的屍體開始腐爛，一股難聞的氣味從棺材中溢出，村民繞道避行。出殯前還下了場雨，汙水從棺材縫隙裡流淌出來。

祖父死後不久，日本軍隊開始在金華地區掃蕩，村民們紛紛躲進山。有個地主的兒子稀里糊塗地朝鬼子隊伍打了一槍，日軍一把火將村子燒了。後來，祖母坐在她家的瓦礫上哭了三天，去世了。

父親並沒有回家料理他雙親的後事。在延安他寫了一首詩：

去年春天他給我幾次信，
用哀懇的情感希望我回去，
他要囑咐我一些重要的話語，
一些關於土地和財產的話語：

但是我悖逆了他的願望，
並沒有動身回到家鄉，
我害怕一個家庭交給我的責任，
會毀壞我年輕的生命。
如今我的父親，
已安靜地躺在泥土裡在他出殯的時候，
我沒有為他舉過魂幡
也沒有不服穿過粗麻布的衣裳；
我正帶著嘶啞的歌聲，
奔走在解放戰爭和煙火裡
我不願意埋葬我自己，
殘忍地違背了她的願望，
感激戰爭給我的鼓舞，
我走上和家鄉相反的方向——
因為我，自從我知道了
在這世界上有更好的理想，
我要效忠的不是我自己的家，
而是那屬於萬人的

一個神聖的信仰。

一九四〇年九月二十五日的清晨，國軍政治部副主任兼第八路軍駐重慶辦事處主任周恩來看望育才學校。他對師生的講話中樂觀預測與日本的戰爭發展。周恩來熱情地向艾青伸出手，歡迎他加入延安的左翼知識分子的行列：「艾青先生這樣的朋友，去延安可以安心寫作，不愁生活問題。」這話多少觸動了艾青，專心致力於寫作是他長久以來的夢想。

自一九三五年出獄，他輾轉十多個省分八千多公里，換了十多次工作，他期待結束流亡、窮困的日子。面對種種困境，他已經發表了兩百多篇詩文，出版了三本詩集，實現了自己像一個士兵一樣艱苦頑強的寫作諾言。

一九四一年一月「皖南事變」後，新四軍與國民黨交戰損失嚴重，兩黨關係惡化。在國民黨統治區和共產黨蘇區之間，眾多知識分子選擇了後者，儘管有些盲目，但「進步」、「解放」這些概念是克服絕望的良藥。共產黨內毛澤東號召大量吸收知識分子，他說：「對於知識分子的爭取政策，是革命勝利的重要條件之一」，提出「筆桿子跟槍桿子結合」。儘管早年在北大圖書館謀職，他對大學教授存有成見。

國民黨合法性遭受了質疑，共產黨由秩序反叛者轉向民族利益維護者。延安被奉為平等、自由、民主中國的模型，物質生活以平均主義的軍事供給制，反對封建禮教，主張男女平等，普及大眾文化。

延安對年輕的理想主義知識分子的吸引力，韋嫈是個很好的例子，懷孕已八個月的她不願再等待，哪怕孩子生在路上也要馬上去延安。她相信孩子可以送托兒所，她可以全職工作。那天晚上兩人沒再說什麼。第二天一早起床，伏在桌前看書的艾青對韋嫈說：「隨你吧。」

中共有計畫地疏散國民黨統治區的工作人員，將重慶的一批文化人撤向香港和延安。一個霧天的早晨，韋嫈接到通知，她可以跟其他婦女一同搭乘去延安的車，同車有婦女跟她一樣肚裡懷著孩子。周恩來向她們道別：「路上多加小心，我們很快就會見面的。」到延安不久後，韋嫈生產了。小孩身體虛弱，她將孩子托放在附近的老鄉家，待她坐滿月子，孩子已死了。

重慶的朋友紛紛離去，父親察覺到身後有國民黨特務跟蹤，他的處境越來越危險。在命運危難的十字路口，無論他做出怎樣的選擇，最終難以逃脫被政治戲弄的命運。

周恩來希望父親儘快成行，給他一千元路費，囑咐要走大路，不要走小路，萬一被扣留，就發電報給郭沫若，一位與國共保持著密切關係的歷史學家。父親的學生設法為他弄了一個國民黨高級參謀的身分證件，同行四人虛構身分，展現紳士風範的艾青身穿了件有水獺領子的大衣。其他同行者扮為內眷、隨行文書和勤務兵。他們搭乘的長途汽車至耀縣已近黃昏，半閉的城門外面有很多等著進城的人，軍警逐個檢查，四、五人一批進城。一個月的旅途，他們經過了四十七道國民黨設置的崗哨盤查。當遠方的延安的佛塔出現在他們的視線中，他們都忘記了疲憊，激動地唱起了〈國際歌〉。

窯洞是陝北高原的居住形式，艾青和韋嫈被安排住進了一間窯洞。為了表示對詩人的歡迎，中共中央總書記張聞天和宣傳部長凱豐一起來探望。張聞天臉上架著個眼鏡像個書生。他們對艾青的到來表示了歡迎，並徵詢他的需求，最後，讓他在延安兩家文藝機構中選一個：魯迅藝術學院和中華文藝界抗敵協會的延安分會。他選了他熟悉的「文抗」，丁玲是文抗的領導。

父親人生新的一頁開始了，脫離個人化的空間，他的自由寫作的日子行將結束。

延安寶塔山

第五章

新時代

經過父親的精心修剪，幾個月後，連隊周邊的樹林變得好看多了，吸引了過往職工們羨慕的目光。連領導都意識到讓右派美化環境是個錯誤，並沒有達到預期的懲罰效果。為了讓父親更艱難地改造，他被調去打掃茅坑，一樁辛苦而令人厭惡的活兒。連隊共有十三處茅坑，多數只是在一個大坑裡挖起了一排小的蹲位。

為了應對新工作，父親換了一套工具：一只方鍬、一只長鐵勺，和一根拇指一般粗細的鋼釺，在冬季結冰後發揮著重要作用。

開始清理廁所前，他總是先點一支菸，對眼前環境仔細觀察一番，那種神情像是在欣賞羅丹的雕塑。面對眼前的活兒，尼古丁增強了他解決問題的勇氣。

冬季，父親開始使用他的鋼釺工作時，每次鋼釺敲下去都只在冰上落個白點，每琢一下，冰渣就會濺在他的臉和身上，落入領口和袖口。但最終他的堅持會得到回報：不斷的敲琢之後終會在糞便的冰柱下緣刻出了一道深深的鑿痕，然後他用盡全力將糞塔推倒，繼續進行最後一步，將冰凍的糞柱逐塊地截斷後，一塊塊地從糞坑裡挪出。夏季的工序則是完全兩樣，他先要將尿液和屎分離開，將尿液一瓢瓢舀進一個土坑，在掏糞之前先用摻著石灰粉的沙土覆蓋糞便，這樣可以減少一些蚊蠅。

那時期沒有手紙，人們只好用不同的替代品，如玉米葉、棉花，或是從自己的棉襖袖口中拽出塊棉絮，或一只空菸盒。凸起的牆角的擦拭功能備受推崇，被反覆使用。糞坑裡見不到報紙和其他印刷品，原因很簡單：每一頁紙都印著毛澤東的名字和他的話，用來擦屁股之後沒有地方可以丟棄，一旦被察覺，就將會被視為褻瀆領袖的行為，作為一次嚴重的「反革命事件」被公開，沒人冒這樣的風險。

清理完畢前，他用方鍬把地坑的邊角一一切齊，在地面上勻勻地覆上一層新沙。他最終檢查時，茅坑雖然依舊是個不愉快的地方，但已經變得整潔得體。他可以安心地離開了，把鐵鏟扛在肩

茅坑

上，握著勺子，朝下一個廁所走去。

五年中無論冬夏，父親一天都沒有歇息過。他比任何人都清楚，如果缺勤，第二天將不堪重負。在零下低於十度的嚴寒中，他穿的棉襖也會被汗水滲透，每天晚上都得靠著火牆烘烤乾。

父親堅忍地接受了他的命運。他說，早年他不知道是誰為他掃廁所，現在他為別人打掃，並沒什麼不妥的。他說的話無可反駁，待人平等的思考反映了他寬容慷慨的品質，和一貫對公平的訴求。他厭惡迷信、欺壓和任何形式的人性迫害，從沒有放棄誠實做人的準則，隨遇而安。我自己的身上缺少他的這般寬厚。

二十六年前，父親身處另一種的隔離中。延安鎮被鳳凰山、寶塔山和清涼山圍為東、西、南方向縱橫交錯的三條山川。無論走哪條山道，「文抗」距他的住處都很遠。他不出門，來往通信由通訊員傳遞。延安紙張匱乏，父親用廢報紙做的信封貼張白紙條，寫上收信者的地址和姓名。

一九四一年，延安的文化圈有相對寬鬆的

棉花

氛圍，雖然物資供應有限，但知識分子獲得一定的特權。父親配給了一套八路軍軍裝和一件棉襖過冬用，每月還能領到一筆小津貼，食物、藥品和開水都免費。每餐都由勤務兵送到他的窯洞，飯後士兵會將飯碗取還。一九四二年四月，艾青與韋嫈又有了個女兒，她是未來四個孩子中的第一個，取名為清明。

一九四一年七月，魯藝領導周揚發表了一篇題為〈文學與生活漫談〉的文章，批評一些作家「寫不出東西」。這篇文章引發艾青和幾位作家的反駁，無疑加深了黨的理論家與自由知識分子間的潛在的裂痕。

幾天後的一個傍晚，一九四一年八月十一日，中共領導層的主要政治人物的毛澤東拜訪了那些抗議的作家。繞過山梁，他向父親的窯洞走去，途中示意警衛員止步，自己走過來。第一次跟毛澤東會面，毛給父親留下了沉穩、儒雅的印象。談話間，毛時常引經據典，仔細做筆記，偶爾開個玩笑。見面之後，他邀請大家下山去他的住處吃了頓有臘肉、鹹魚和雞蛋的晚餐。

周揚的「漫談」風波引起的不愉快，打破了艾青對延安的幻想。在此之前，他並不理解中共的機制是如何運作的。很明顯，五四精神崇尚的民主、自由、獨立、平等的價值觀，與共產黨要求的思想統一、集中領導、集體主義格格不入。

一九四一年十二月，艾青將他矛盾情緒轉化為一首題為〈時代〉的詩。

我站立在低矮的屋檐下
出神地望著蠻野的山崗
和高遠空闊的天空，
很久很久心裡像感受了什麼奇蹟，
我看見一個閃光的東西
它像太陽一樣鼓舞我們的心。

我的心追趕著它，激烈地跳動著
像那些奔赴婚禮的新郎
縱然我知道由它所帶給我的
並不是節日的狂歡
和什麼雜耍場上的哄笑
卻是比一千個屠場更殘酷的景象，
而我卻依然奔向它
帶著一個生命所能發揮的熱情。

〈時代〉是他在延安時期的創作中，最引人注目的作品。這首詩意識到共產主義所承諾的新時代，正在被一股可怕的暗流淹沒。

沒有一個人的痛苦會比我更甚的，
我忠實於時代，獻身於時代，而我卻沉默著，
不甘心地，像一個被俘虜的囚徒
在押送到刑場之前沉默著。

忠實於時代的代價是宿命的，他已經感覺到忠實於時代將付出致命的代價，卻似乎別無選擇：

我愛它勝過我曾經愛過的一切，
為了它的到來，我願意交付出我的生命，
交付給它從我的肉體直到我的靈魂，
我在它的前面顯得如此卑微，
甚至想仰臥在地面上，
讓它的腳像馬蹄一樣踩過我的胸膛。

這首詩以不可思議的先見之明捕捉了一九四〇年代席捲中國的革命，及伴隨而來的巨大變革與個人災難的交集。但父親無法預見自己會以多快的速度身陷險惡的政治潮流。

出於對國民黨政府的失望，左翼知識分子紛紛湧向延安，在那裡，他們意識到共產黨

並不能倖免於腐敗和專制獨裁，不滿情緒開始積聚。一九四二年三月，延安最著名的女作家丁玲發表了一篇題為〈三八節有感〉的文章，引起人們對女性所面臨的不平等和「無聲壓迫」的關注。

艾青很久以來一直在關注作家所受到的批評，丁玲請他說說自己的觀點，他當即答應，寫了一篇精闢的文章名為〈了解作家，尊重作家〉，捍衛作家隨心所欲地表達自己的權利。他說：「作家並不是百靈鳥，也不是專門唱歌娛樂人的歌妓。」對於父親來說，表達自由是任何有意義的文學作品的先決條件。「除了寫作自由，」他繼續道，「作者不要求其他特權。只有賦予藝術創作自由、獨立的精神，才能推動社會改革的使命。」

厄運正悄悄地在他的幻想泯滅之前向他襲來。艾青寫的〈了解作家，尊重作家〉重提寫作自由和作者的權利：「作家是一個民族或一個階級的感覺器官、思想神經，或是智慧的瞳孔，是從精神上，即情感、感覺、思想、心理活動上守衛他所屬的民族或階級的忠實的兵士。」

其他作者的批評也許更加直言不諱地針對官僚自滿、派系主義和個人崇拜日益增長的趨勢。一九四二年三月十七日，作家王實味發表了一篇雜文〈野百合花〉，文章暴露延安的陰暗面、知識分子的失落以及他對等級制度和領導人享有特權的種種憂慮。他的提法觸動了敏感的神經。看了文章後，毛澤東拍桌子厲聲地質問：「是王實味掛帥，還是馬克思掛帥？」毛要求報社編輯檢討，承認他們允許這樣的作品發表是錯誤的，並保證今後絕不再犯。毛認為，質疑黨的批評之影響力相當於軍隊在戰鬥中失利，會削弱士氣，甚至損害黨的合法性。

一九四二年四月上旬，一個勤務兵把毛澤東的信送到父親手上：「有事商量，如你有暇，敬祈惠臨一敘。」見面的時候，毛澤東詼諧地說：「我是老子作風。」老子是位古代哲人，這句話暗示了一家之家長的意思。毛繼續說，延安文藝界有很多問題，很多文章大家看了有意見，那些文章像是從日本飛機上撒下來的，應該登在國民黨的報紙上。

毛澤東詢問艾青該怎麼辦。父親沒有多想，建議：「開個會怎麼樣，你出來談談。」

毛澤東問他，說話有人聽嗎？

艾青說至少他會聽。

兩天後，艾青接到毛澤東的另一封信：「前日所談有關文藝方針諸問題，請你代我收集反面的意見。如有所得，希隨時賜知為盼」，作為語氣的強調，在「反面的」三個字下還畫了圈。艾青不理解「反面的意見」是指什麼，也無從搜集，他只是把自己的意見寫下來，發了給毛澤東。

他的文章中以作家的角度探討文藝與政治的關係、寫什麼、如何寫，盡訴在〈我對於目前文藝上幾個問題的意見〉中。艾青認為，在為勞苦大眾奮鬥的目的上，文藝和政治殊途同歸，但文藝不是政治的附庸物，不是留聲機和播音筒。文藝和政治的結合應該表現在作品的真實性上，真實性與時代進步的政治方向一致。

幾天後他收到毛的回覆：「大著並來函讀悉，深願一談，因河水大，故派馬來接。」四月中旬，窯洞裡還很涼，毛澤東穿著一件舊襖，破損的襖袖露著棉絮。他說：「你的文章我們看了，有些意見供你參考。」父親的文章被毛和他的領導層同僚傳閱過，毛自己在許多頁上寫了意見，毛的觀點與父親有所不同。在他們談話間，桌子有點晃動，毛出門揀了塊石片墊在了桌腿下。

五月二日是延安文藝座談會開幕的日子。魯藝院長周揚事先草擬了參會者名單，以毛的名義給一百多位作家和文藝工作者發出邀請。在約定的日子的午飯後，人們聚集在楊家嶺中央辦公廳會議廳，一張長桌上鋪著白色桌布，圍著二十幾只條凳，另有兩排凳子靠著北牆。一張木製扶手椅放在桌子的中央位置，它顯然是為主席而設。一點三十分，毛澤東準時到會，和作家們一一握手。

「看來我們的椅子不多，」毛澤東在開始時說。「以後要給同志們多幾把交椅坐坐。」這話暗指延安有關特權的言論，席位是針對一些作家抱怨不公平的諷刺。

他繼續說，要戰勝敵人，首先依靠手裡拿槍的軍隊，但僅有這種軍隊是不夠的，我們還要有文化的軍隊。這兩支軍隊，一支是朱總司令的，一支是魯總司令的。」「朱總司令」指的是紅軍總司令朱德，「魯總司令」指作家魯迅，作為左翼文化的象徵，幾年前他已在上海去世。全場讚嘆地笑了。此刻人們意識到，毛對文學藝術有多麼重視。之前文化人認為文化與革命並駕齊驅，二者地位平等。而這次會議的目的在於指明文藝為黨服務，猶如軍人服從上級。

繼五月二日第一次全體會議之後，五月十六日和五月二十三日舉行了進一步的會議。與會者沒有形成統一立場和觀點，作家們東拉西扯地激烈爭論，艾青、丁玲都在不同場合發了言。較多時候，毛澤東坐在那兒只傾聽而不動聲色，即便他聽到了極端的觀點。

會議最後一天，一百零九名與會者在會議室外合影留念。正當攝影師要按快門的時候，一條狗闖入照相機前。毛澤東一邊起身轟狗一邊喊：「康生，管好你的狗！」眾人都樂了。在延安，康生操持中央社會部，專職反特務、抓「走狗」。

多年後，我還小的時候，仔細端詳過那張寬幅黑白照片，毛澤東坐在前排中央位置，左邊隔四個座位坐著丁玲。父親站立在右角，他的旁邊站著周揚。這張如最後的晚餐一般神祕的照片，顯得那樣地遙遠和陌生。

晚餐後的院子裡掛起了一盞吊燈，大家聆聽毛澤東致閉幕詞。「哎呀，這個文章很難做。」翻閱筆記時毛澤東喃喃自語，但他一開始演講，滔滔不絕的濃重的湖南鄉音吸引了大家的注意力。「為什麼人而服務的問題，」他說，「是一個根本的問題，原則的問題。我們的文學藝術都是為人民大眾服務的。」「人民大眾」是他喜歡的概念之一，它的真實含義是指那些沒有受過教育的群眾，他們永遠服從黨的意志。

毛澤東在延安文藝座談會上的講話重塑了中國知識分子對其使命的理解，著重談了文藝工作者的工作對象，和他們對自己的作品應持有的態度，明確要求他們迎合工農兵的需要，而不是精英的需要。「五四」運動將知識分子視為社會的核心，肩負啟蒙和社會批評的責任。與其相反，毛澤東認為知識分子不應該轉化大眾，而應該讓自己趨從於大眾，放棄社會批評，將更多的時間花在自我批評上。這次會議的意義遠遠大於期待，它成為綱領性文件，改變了中國文化在未來數十年的命運。從此之後，知識分子的功能發生了根本的變化，作家和藝術家全部歸屬於黨的「文藝工作者」。

從那時起，艾青和其他作家發現他們失去了選擇和出路，行使他們自由意志的機會只可能在抗戰勝利之後出現，遙遙無期，或許並不存在。眼前的爭論被黨的聲音和黨的路線所取代和壓制，任何訴求不過是場空洞的鬧劇。

鑒於政治干預的威脅，唯有投機主義能獲取生存空間，平庸、陳腐是必然結果。中國共產黨與知識分子像太陽系中的兩個星體：當它們以自己軌道運行時，在某些時刻會平行移動，但它們始終有屬於自己的平面，不可避免地會分道揚鑣。隨後的歲月中，知識分子無一例外地遭遇整肅。一九五七年的反右運動，標誌著知識分子作為社會力量的終結，從那時起，中國知識分子被限制在邊緣地位。

座談會之後，艾青寫信給毛澤東表達了自己的創作靈感正在枯竭的擔憂，他希望到偏遠的貧困村落與勞動者相處，為詩歌尋找感覺。毛澤東贊同他的提議，但是警告他先不要去，由於一些路段還是被日軍占領著。他最後建議父親在現階段待在延安，學習馬、列主義的歷史唯物論，研究中國農村的階級關係。他強調，要想清楚地了解中國的現實和未來的道路，需要對這些問題有很好的掌握。

一天，毛澤東來到艾青的住地，一邊看窯洞前的蔬菜、花卉，一邊與艾青聊天。毛說，作家和政治之間的分歧並不罕見，列寧也並不總是與高爾基意見一致。他還說，為了勝利有時候必須整理一下內部的思想，但是絕不犧牲任何一個人。

沒過多久，全黨「整風運動」接踵而至。這次運動試圖通過自我審查和相互監督，來強化黨員意識形態上的高度統一和服從，強制性將成為黨內專制的手段。

中共情報機關認為黨內「特務如麻」，需要黨員「搶救」那些「自覺或是不自覺地」為敵人服務的人。一次嚴酷的肅清開始了，每一個人的歷史都被仔細審查，以尋找任何可疑的痕跡。人人都在審查之列，很多人遭到隔離、禁閉、恐嚇和酷刑。他們被逼迫坦白自己、檢舉他人，在延安三萬多名幹部學員中，竟然清查出來過半數的「特務」。

在此壓力下，人人都陷入「批評」和「自我批評」的深潭。父親被迫反覆寫自我檢查。當政治形勢上升到威脅個人生存的程度，父親和其他人一樣，寫了一篇譴責〈野百合花〉作者王實味的文章。這樣的公開表態違背了他內心的信念。

這樣的情形發生在一九四〇年的延安，同樣的情形也發生在四九年之後，直到今天仍在反覆地發生。更需要指出的是，意識形態清洗不僅存在於極權主義政權下，以不同的形式也同樣存在於自由西方的民主國家。在政治正確極端主義的影響下，個人思想和表達被遏制、被空洞的政治口號所取代。今天不難找到人們說著和做著他們不相信的事情，只是為了符合流行的敘事，或者發表膚淺的公開聲明。

父親去世後，在我的催促下，母親曾多次要求作家協會將父親的機密檔案提供給我查閱。此類檔案包含有關個人政治思想的材料，既包括個人自己的陳述和他人的指責，也包括了黨組織的評估和決議。但是，我要閱讀檔案的嘗試失敗了；母親的要求遭到斷然拒絕，她被告知要打消這個念頭。我認為，在沒有完整紀錄的情況下，對他人的行為做出判斷是不負責任的，尤其是當評價的對象早已不存在，無法為自己辯護和解釋時，我的客觀性不可避免地消失了。無法從父親那裡聽到他對生命中的這段時間的解釋，我對他的行為的評價也只能是主觀的。

一九四二年六月，〈野百合花〉的作者王實味被清除出黨，打入了「五人反黨集團」，在「搶救運動」中被冠以「反革命托派奸細分子」而遭逮捕。一九四七年他被殘忍地殺害。

一天下午，文抗的黨支部書記來找艾青閒聊。他盯住父親，問起多年前父親在蘇州反省院為什麼會被提前保釋出獄，同時要求艾青將他在國民黨轄區的《廣西日報》供職的歷史向黨組織交代清楚。愣在那兒，艾青半晌不出聲，才意識到自己被懷疑與國民黨合作，並不能確定這對他的未來意味著什麼。書記在離開前陰沉地告誡他，這次人人需過關，讓他不要存有僥倖心理。

「幹部審查」氣氛越來越緊張，作家們被集中在中央黨校「整風」、「搶救」。他們每天學習黨的文件和毛澤東著作，進行審查和自我檢討。隔離中的艾青每週允許回家一次，到家後，他往床上一躺，臉色灰暗。為寫出「交代」材料，他在窯洞裡轉來轉去，纏繞在憂慮和痛苦之中。一些同僚挺不住壓力自盡了，結束生命是終止屈辱的一種有效方式。

對於父親的痛苦經歷我了解甚少。回憶當中，他只是一筆帶過，沒有機會為蒙受的羞辱叫屈甚至澄清，我從來沒有過問。直到我自己成為被政權質疑審查的對象時，才漸漸地體驗了他的痛苦。

據說，後來周恩來從重慶回延安後，保護艾青得以過關。他及時響應毛澤東讓文藝為工農兵服務的號召，贏得了黨的信任，並於一九四五年三月正式加入了共產黨。

一九四五年四月，「整風運動」終於結束，中共在延安召開它的第七次代表大會，毛澤東第一次在大會上做重要政治報告。大會主席台上掛著毛澤東的畫像和「在毛澤東的旗幟下勝利前進」的一張條幅，中國革命陣營找回了自己的路徑，擺脫了蘇聯布爾什維克教條。大會強調毛澤東的領導角色。劉少奇、周恩來和其他在場的人一起讚美他，在會上喊出了「毛澤東同志萬歲！」。在政治報告中一百三十次提到他的名字，稱他為「天才的創造性的馬克思主義者」和「中國有史以來最偉大的革命家和政治家，理論家和科學家」。他的頭像的刺繡旗幟覆蓋了禮堂的每一面牆壁。

那一年，艾青的創作效率低下遭到了批評，更加劇了他對自己角色的懷疑。艾青被分配到魯藝文學系任教，每天在魯藝院子裡講授有關詩歌的課。學生坐在馬扎上，圍成一圈，伏身在膝蓋上做著筆記。在他的講座中，他對自己喜歡的一些作者進行分析，包括惠特曼（Walt Whitman）、普希金、葉賽寧、凡爾哈倫的詩。

一九四五年八月十五日，看起來很尋常的夜晚，一陣陣鞭炮聲在山溝裡響起，人們在山坡上奔跑。「日本投降了！」窯洞裡的居民歡呼雀躍，奔相走告。一支支祝捷的隊伍，一排長長的松油火炬像河流一樣穿流在山谷中，延安的夜空被火光照亮。這是每一個中國人都期待已久的時刻。

八月六日的八點十五分，美軍在日本廣島投下了一顆代號「小男孩」的原子彈，在44.4秒之後引爆，有六萬六千人隨即死亡，是廣島市人口的三分之一。三天後，美軍對長崎島再投放代號「胖子」的另一顆原子彈。一週內，天皇裕仁在電台廣播宣布日本投降，結束了在中國歷時八年的戰爭，有近兩千萬的中國平民死亡。

這時候的毛澤東比以往更有信心擊敗蔣介石。他說，他的士兵依靠的不過是小米加步槍，歷史將證明，這小米加步槍比蔣介石的飛機加坦克還要強。「雖然在中國人民面前還存在著許多困難，中國人民在美國帝國主義和中國反動派的聯合進攻之下，將要受到長時間的苦難，但是這些反動派總有一天要失敗，我們總有一天要勝利，原因不是別的，就在於反動派代表反動，而我們代表進步。」

一九四六年六月二十六日爆發內戰，蔣介石對共產黨控制地區開始全面進攻，預計三至六個月內完成剿共的戰事。國民黨軍隊約四百三十萬人，有良好的海陸空軍事裝備。中共有一百二十萬人的部隊，沒有海軍或空軍。解放區占地只有百分之二十四。而國民黨占

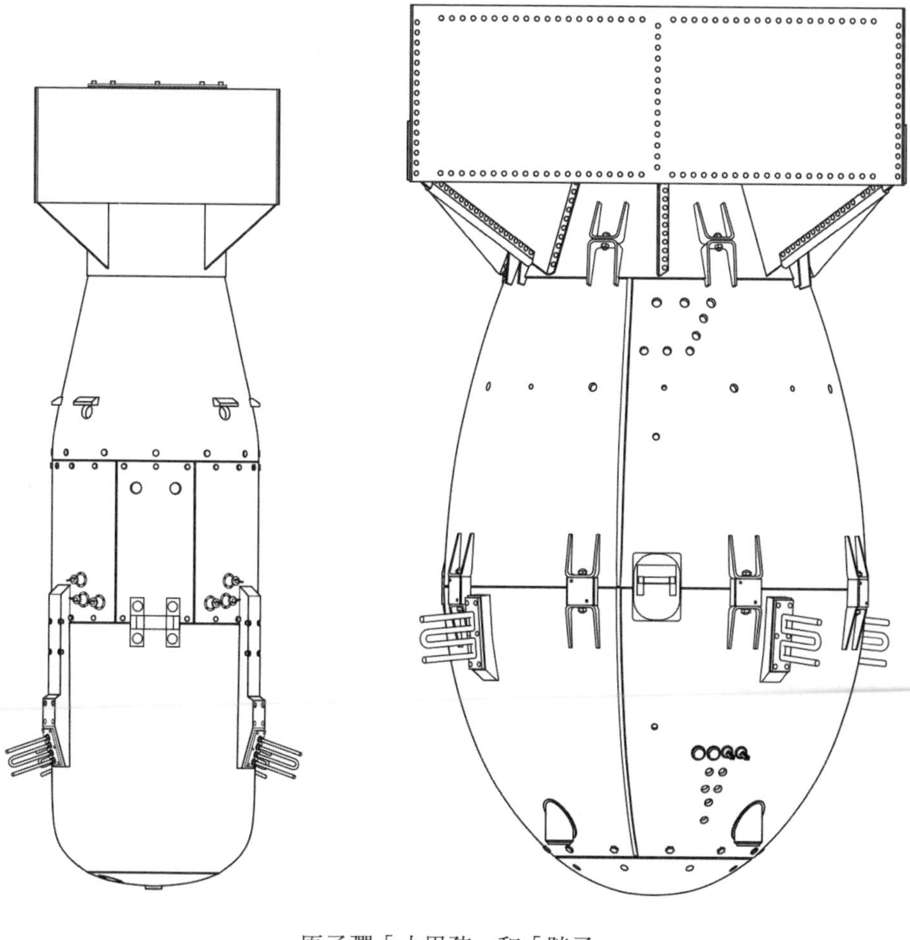

原子彈「小男孩」和「胖子」

有全國百分之七十六的土地，控制著城市和大部分鐵路交通、工業和人力物力資源。在第一年的對決中，共產黨軍隊殲滅國民黨軍隊一百一十二萬，粉碎了他們的攻勢。

「土地改革」政策為中共贏得了農民的廣泛支持。一九四七年九月中共通過土地改革法，廢除「封建土地制度」，實行「耕者有其田」，沒收宗祠、寺廟、寺院、學校的產權，取消農村債務，在其控制地區將地主富農的土地和財產沒收後，分給貧困農民。

中國歷史上的社會變革皆與土地相關，二十世紀所謂的中國革命，本質上是一次煽動農民革命的政權交替。一九四九年，百分之八十以上的農民被用作革命的主要力量，「土地改革」摧毀了歷朝歷代的鄉紳階層和傳統文化。

一九四五年九月，艾青要告別在延安住了四年多的家了。延安魯藝準備分為三攤，一攤留在延安，一攤前往東北，另一攤去華北。艾青率「華北文藝工作團」的五十六名成員，經過四十九天徒步行軍，進入張家口市。韋熒帶著女兒和剛出生的兒子留在家屬小分隊中。

父親來到一個屬於自己的城市，這裡幾週前還處於日本的控制之下。站在張家口市的街頭他寫道：「當我們想到這是我們的城市，這是人民的城市，這是人民經過了多麼長久的艱苦鬥爭而解放的城市，人們將在這裡生活，不受帝國主義強盜們的虐待，不受軍閥官僚們欺侮，可以自由地呼吸，自由地生活，自由地歌唱，該是多麼幸福啊！」艾青必須努力投入到新現實中。

一九四七年十一月，當韋嫈生下「圭圭」，她和艾青的第三個孩子時，艾青已經無暇照顧他的家人。他在土改運動中埋頭於行政工作，他的創作也變得無足輕重。每天早晨醒來，他發現自己的頭腦早已枯萎了。

一九四七年七月，共產黨轉入了戰略反攻。一九四八年九月至一九四九年一月間，在國共之間三次關鍵戰役：遼瀋戰役、淮海戰役與平津戰役中，東北、華中、京津地區的國軍損失超過了一百五十萬。一九四八年秋國民黨軍隊節節敗退，整個東北地區置於共產黨的控制之下。國民黨的多個精銳部隊被殲滅，逐漸被瓦解，共產黨的獲勝已是事實。

父親帶隊以最快的速度前往北平，他接管了國立北平藝術專科學校（後來的中央美術學院）。在那裡他負責管理財產並決定那些教員的去留。他的妻子韋嫈被分配到華北局工作，帶著幾個孩子留在了河北省平山縣，直到後來才搬到北京。

一九四九年四月，艾青和江豐在藝術學校教授李可染的陪同下，前往拜見水墨大師齊白石先生。齊白石曾經在國立北平藝術專科學校教課，年過八十五的齊先生作為清朝子民度過了人生的頭四十多年。他穿著深色長袍，鬚髮鬢白但精神抖擻，兩眼炯炯發光。他疑惑地打量著穿軍裝戴袖章的訪客們，為了消除顧忌，艾青對他說：「我從十八歲就喜歡你的畫。」

「你在哪兒看過我的畫？」

「西湖藝術學院，我們的教室裡掛著幾張你畫的冊頁。」

「院長是誰？」

「林風眠。」

齊白石頓感釋然地說：「他喜歡我的畫。」在他的古色古香的書房中，一張大紫檀畫案上面放著紙、筆、墨、硯。後來，齊白石即興地為來客作畫。他送給艾青一張四尺的「游蝦」，上方游著兩條小魚。

是否繼續給齊白石發工資的問題引起了爭論，有人抱怨齊白石每月只來校一次為學生示範，提議停發他的酬勞。父親否決道：「在日本人和國民黨統治時期齊先生沒有被餓死，難道要餓死在我們手裡不成？」他真心喜歡齊先生，後來經常看望他。

一九四九年七月二日，首屆全國文藝工作者代表大會在中南海召開，這是一處臨近紫禁城的深宅大院，現在是中共最高領導人的辦公和居住地。那天晚上，毛澤東第一次在這裡向作家、藝術家們演講，在他基本上沒有內容的歡迎詞中，他稱他們為「同志」，說「因為你們是人民需要的人，是人民的文學家、人民的藝術家，或者是人民文學藝術工作的組織者，你們對革命有好處、對人們有好處。因為人民需要你們，我們就有理由歡迎你們。」

四年未見面期間胖了的毛澤東，話語中出現「你們」和「我們」，而不像在延安時只說「我們」。會議成立了文聯和文協、美協等多個協會組織，標誌著黨的文藝體系已基本成型，逐漸走上一條遠離自由創作的不歸之路。

艾青被委任為國旗、國徽、國歌審定組的組長。一九四九年九月，他從眾多徵集的設計稿中，選出來三十八個方案供全體會議討論。毛澤東最後篤定了一個有五顆黃星、紅色底色的圖案，它象徵革命，大星象徵中國共產黨，四顆小星象徵工人階級、農民階級和兩種屬於資產階級的城市小資產階級和民族資產階級。

十月一日下午三時，中央人民政府主席毛澤東和總司令朱德步上天安門城樓。毛澤東身著為開國大典專門製作的一身筆挺的、因中華民國之父孫中山而聞名的中山裝，面對城門下的群眾，他拖著湖南長腔，大聲宣布：「同志們，中華人民共和國、中央人民政府，今天成立了。」禮炮和軍樂聲中，他按下電鈕，那一面繡著五星的紅色旗幟升起。

不需太久，這些鑄造了共和國標誌的人，包括我的父親，都紛紛落入屈辱的政治窘況之中。

第六章

養花人的夢

一九六七年的夏天，新中國建立十八年後，新疆的戈壁灘邊緣的營地中已是一片混亂。十多個連隊的職工匯集到營部，組織一次更大規模的聲討大會。此類群眾聚會，名義上是捍衛毛澤東思想和意志，以公開形式對敵人進行聲討和批判，實質上是煽動群眾對立面，實施野蠻的羞辱和肢體傷害。這種瘋狂的群毆式的鬥爭方式，始於北京的萬人聲討的風暴，很快就彌漫開來，全國盲目的群眾像是乾柴遇到烈火一樣地遍地燃燒。

在這樣的日子，父親被迫徒步前往十里外的營部，在那裡他與各路「牛鬼蛇神」匯合，在聲討會場的台前站成一行，面對著成千上萬的義憤填膺的群眾。一些時候，聲討的同時也會宣布對部分「反革命分子」的判決，一些人被直接拉去刑場，在不同年齡層的群眾圍觀下被處決，一切都只是展現了革命具有殘忍的魅力。大會結束後，人群意猶未盡，在皎潔的月光下，他們唱著革命歌曲，一腳淺一腳深地走回他們的連隊。

文革初期的既定目標是要「破除四舊」，以毛澤東的思想取代舊思想、舊文化、舊風俗、舊習慣。新的政權建立後，數十次的政治運動愈演愈烈，而這次的「文化大革命」更是「史無前例」的事兒，聲稱要觸及每個人的靈魂。聲討大會只是父親和同類命運者遭受的無數屈辱的開始。

隨著形勢發展，對父親懲治也不斷升級。一九六七年年底，連隊裡的造反派為加強遊街示眾的快感，為父親專製了頂「高帽子」，樣子像京戲中的官帽，帽子的兩側各有一隻搖晃的「耳朵」。只是帽子的尺寸太大，走起路來會搖晃，甚至從頭上掉下來。遊街時他不得不用雙手扶著帽子以防止滑落，這個動作增加了他「低頭認罪」的難度，身後押著他的紅衛兵（年輕學生的使命是與毛澤東思想的敵人作戰）會不住地用手中的紅纓槍敲打他的脊背，迫使他彎下腰。

批鬥會要求「黑五類」一律穿黑色著裝，父親需要借別人的黑色外套，即使衣服太小，他也要穿上，才能符合他的角色。在一個夜深人靜的夜晚，我等待父親從批鬥大會回來，出於恐懼，我用被子和枕頭一層層地把自己裹在床角落裡。夜深，父親推開門進屋，他整個人從頭到腳全染成了黑色。他說，批鬥會上有人朝他吐口水，使勁地按他的頭讓他腰彎得更低。突然一刷子冰冷的液體刷在他臉上，他怔了一下，緊接著一盆墨汁從他頭上澆了下來。一整天滴水未進，疲乏到不願動彈的他，久久坐著不再說話。此後有一段日子裡，他臉上的墨跡還沒有清洗盡。

父親的視力變得越來越差，看東西時借助一只放大鏡。一次在公審會前，一個警衛衝進屋裡，拿起他的放大鏡跑了出去，登梯子爬上了禮堂的屋頂，舉起他手中那只放大鏡瞄向遠方張望，他是在查看敵對派是否會發動一次攻擊。這件用放大鏡當望遠鏡的事兒留在了我腦海裡。

過度勞累加上營養不良，父親患上了疝氣，用力時小腹疼得他大汗淋漓。一天我放學回家，躺在床上的他示意我靠近身邊，他遞給我一片報紙的一角，上面寫著兩個名字，他們都姓蔣。他輕輕地說，他不知道自己還能活多久，如果他走了，我可以去金華老家找他這兩個弟弟，他們會撫養我的。他的聲音低弱但是平和。我已經十一歲了，沒有感到一絲的恐慌，我早已習慣了艱難和危險，有了不動聲色、隨遇而安的本能。幸運的是父親沒有死。多年後，石河子醫院為他做了疝氣摘除手術。

我的情形變得更令人擔憂。一次午休時間，我約同伴去馬圈看那隻漂亮的種馬，牠一邊嚼草一邊踱步的樣子給我留下的印象很深，高大得像唐三彩馬匹一樣帥氣。牠的車夫也很和善，見我背著柴火走在回家的路上，總會丟捆蔬菜給我。

去養馬場玩耍的事被人告發後，我想著要付出慘烈的代價了，因為老師說，不排除「五類分子」子女去馬圈有搞破壞活動的嫌疑。站在操場上被老師呵斥的那一刻，正好遇到父親扛著鐵鍬路過回家，我感到十分委屈，擔心我會讓他的處境變得更糟。回家後，父親並沒有責怪我，也許他自己有更多的煩惱。

總的來說，我和父親在小西伯利亞度過了十四個月只有我們兩個人的日子。那年中，父親督促我給母親寫信，信中我重複著同樣的話：「這裡的水很甜，是最甜的」、「這裡有世界上最好吃的西瓜」。我不習慣向父母透露情感，只會轉述宣傳般的陳詞濫調。

然後有那麼一天，媽媽帶著弟弟艾丹一起回來了。他們搭乘去臨鎮克拉瑪依的汽車到沙灣縣，再轉去石油基地的汽車，在距離連隊不遠的地方下了車，司機說，穿過麥田的那片綠樹是你們要去的地方。

下車後，艾丹高興得像兔子一樣向前奔跑，媽媽緊跟在後面。她看到遠處站著的那人就是艾青，對丹丹說那是爸爸。

拿著鐵鏟的父親說：「你們真像是從天上掉下來的。」

艾丹問父親：「我們住在哪兒呢？」

父親領他們來到自己的地窩子前。

「你過來，我帶你看，」父親說。

艾丹問，房子在哪兒呢？那不是房子呀。

父親告訴他，咱們就住在這兒，地窩子

地窩子

可好了，裡面冬暖夏涼。

奇蹟終於出現在我的面前：一如既往可愛的母親牽著弟弟在我面前，顯得乾乾淨淨的。直到那時我才感到我心裡有多麼想念他們。地窩子裡從此有了歡聲笑語，我不再寂寞和憂鬱。會做菜的母親讓我們有麵條吃了，父親的臉上開始出現光彩。生活依舊艱難，而我們誰也不再提起那段分離的日子，只是因為在一起的日子是很幸福的。

我的童年很快就要過去，和其他孩子一起，我要走去戈壁深處撿柴火，背回家燒水做飯。我拾到的柴火，往往超過了我的負荷，背著背簍的身體幾乎支撐不住，一步步地挪著步子回家。有時一隻野狼遠遠相隨，走走停停，牠的眼中閃亮，等待我的精力耗盡。

我們家的柴垛與別人家的柴垛不同，沒多久，地窩子外碼起了一個端端正正的柴垛，整齊的立面和稜角像是後來我見到的那些藝術品。鄰里們投來了羨慕的目光。黃昏時分，母親總是候在門前等著我歸來，她讚賞的眼神讓我忘記所有的辛勞。

我有了一輛永久牌自行車，終於可以帶著弟弟一起拾柴了。個子瘦小的我跨在車梁上半圈半圈地蹬車，那樣子像個馬戲團裡的猴子。我們可以走得更遠，拾到更多更大的柴火，將它們牢牢地捆紮在車後架上，高度超過了我的頭部。艾丹側坐在我前面車梁上，我努力保持車的平衡。一次，當我們準備穿過一條乾溝時，烏雲翻滾，暴雨隨風而至。堅實的永久車被一股狂風從背後托起，載著我們衝向溝底，車在一陣劇烈的跳躍扭動後，最終將我們摔了出去。

這樣的暴雨並不多見，通常戈壁灘上總是晴空萬里，在烈日烘烤下，攜帶水壺中的水被烤得滾燙。如果幸運，我會見到荒野中一窪雨水，周圍布滿了生物的蹄印，我俯身用我的軍帽兜水，濾去雜物，一飲而下。

春天是腹瀉的季節，夜間我必須一次次地爬出地窩子。蹲在那兒望著低垂的蒼穹，滿天星斗，我不再感覺到孤獨和懼怕。我開始學習如何自我保護，大把地吞下氯黴素藥片，還買了本《農村赤腳醫生手冊》，用銀針在自己身上找穴位，練習進針，也出門採摘草藥煎製。連隊醫務室的醫生受過些教育，愛幻想，他讓我給他的病人扎針，病人說我進針沒有痛感。顏大夫寫詩，他認父親為師，寫出了「排長拉車把腳扭，疼痛難忍已紅腫」的句子，讓我們樂了一陣子。

是母親改善了我們的生活，使得父親有暇在夜間閱讀編寫古羅馬歷史。他的資料摘自一本厚重的法文辭典，有時會分享一些仇恨、陰謀和殺戮的故事。我也開始閱讀一本舊版的《三國演義》，一本寫農村土改的小說也很吸引人，一本破損的馬克吐溫的《在密西西比河上》讓我體驗了閱讀的愉快。我的閱讀活動很快被父親制止了，說看這些「大部頭」的書是對眼睛有害的。他沒說的是，他不想讓我沉浸在書本世界裡，那一定會導致危險。後來，他的右眼真的啥也看不到了。

一九七二年十一月的一個早上，連隊的狗叫個不停，地窩子前停了輛卡車，我們不知情的情形下，農八師師部派車來接我們回石河子。我們開始收拾行裝，圍觀的人群曾經見我們搬到這裡來，無不感到驚訝。駝背連長對父親說，真沒想到你走得這麼快。

是誰讓我們回石河子？發生了什麼？為什麼會這樣？是沒人能說清楚的事。你真正想知道的恰恰是你不能知道的，事態往往超出想像，不可理喻。五年中我們完全適應了這樣的生活，準備一直這樣過下去，父親早說過「只當做我們原本出生在這裡」，可是現在我們卻要離開了。在所有變化中，能確定的是即將發生的事不可預測。

我一下子十五歲了，難以想像還會有啥不可想像的事將發生。生命是一片隨風而起的樹葉，最終會落下。什麼時候在哪兒落下，不是那片葉子可以自主的。那天上車前，我蹲在地窩子外面頭一次刷牙，算是對五年的小西伯利亞生活的告別。卡車移動時，我看了一眼我們住了五年的那個安全與溫暖的窩，父親那幾件工具整整齊齊地立在門旁，那一只方鍬的鍬頭已磨去了一半。

父親的大半生都在漂泊中，一九五〇年春天他再次搬家。艾青被指定負責編輯《人民文學》，一份新的「中國文學藝術界聯合會」的旗艦刊物。他住進了北京東總布胡同二十一號院，在紫禁城以東幾公里的一條狹窄街道上，落戶在一個可追溯到明朝（一三六八—一六四四）的大院中，在高大的大理石地基上，屋頂由綠釉瓦鋪就。這裡住進了幾個知名作家，我父親在兩層的樓上有了一套房間，大間作為書房兼

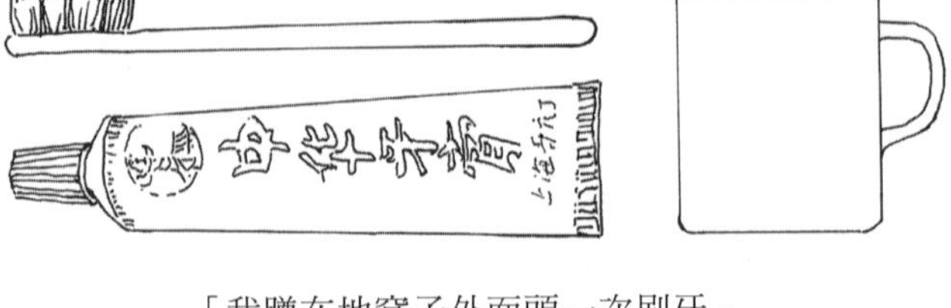

「我蹲在地窩子外面頭一次刷牙」

客廳，兩個小間是臥室。每天還是有公務員負責做飯、燒熱水和做起居的雜務。韋嫈被分配到《工人日報》做記者，她時常不回家。

逢空閒，父親會去逛琉璃廠，那是在天安門西南面的古玩市場，從清朝開始營業，有百年積澱的豐富文物。店鋪中不乏珍寶，青銅、玉器、字畫、家具，各色文房的紙、筆、墨、硯。對往日充滿了好奇的艾青常常買下一些他喜歡的物件，他的鑒賞能力可能對我有些許影響，四十年後我和他一樣，出沒在同一條街上。

一九五〇年七月，隨中央宣傳工作代表團，艾青離開中國前往蘇聯訪問，他在那旅行的四個月中去了莫斯科、格魯吉亞、亞塞拜然和西伯利亞。此間他與他過去的一名學生交往甚密，她是一位代表團的翻譯，異國朝夕相處。在他們間發生戀情的消息很快傳回了北京，加深了他與韋嫈在延安時期已有的裂痕，常有摩擦的兩人分居已久。

韋嫈得知父親外遇，寫信到中共中央組織部告了他一狀，說他說了「開除黨籍我也不在乎」的話。一九五一年四月，艾青回應，向法院提出與韋嫈離婚。法院批准了他的訴訟，但是韋嫈不服判決而上訴成功，引發了他們間長時間的糾紛，導致兩年後艾青「因為政治上消極和在兩性關係方面屢犯錯誤受留黨察看一年」的處分。一九五五年五月，他們的離婚最終獲准。

雖然毛澤東居於無可爭議的領袖地位，他很快察覺到潛在的危險。一九五〇年代初期，他接二連三地發起政治運動，以鞏固和提高新政府的地位。首先，政權沒收私有土地、分配給貧苦大眾，以獲得他們信任和支持。「土地改革」實現了對地主階級的鎮壓和財富侵吞，政權趨於穩定之後，他們再次將土地從農民手中收回，為國家所有。

接下來，黨開始對學術界進行「思想改造運動」。一九四九年中國有超過兩百萬的知識分子，大量海外華人受變革前景的鼓舞，返回祖國、支持重建。絕大多數知識分子來自地主或中上階層，黨決心著手改造他們的世界觀，要求他們學習馬克思列寧主義，批判資產階級的思想。

一九四九年十一月，著名美學家朱光潛在《人民日報》發表文章進行自我檢討，隨後其他名人如社會學家費孝通、哲學家馮友蘭出來做自我批評，聲明要「按照馬列主義與新社會的需要改造自我」。有影響力的雜誌《文藝報》上面發表了三十多位作家的自我批評文章，與延安整風不同的是毛澤東明確要求知識分子「改造思想」，舉行「批判會」和「鬥爭會」，破壞知識分子的獨立性，置他們於意識形態的權威之下，使精神自由和言論自由逐漸被削弱。

在《人民日報》的一篇文章中，艾青被點名批評：「在我們部分編輯工作人員中，在過去相當長的時間裡都有著個人的創作和編輯工作的矛盾，沒有把編輯工作看成是自己第一位工作。特別是艾青同志，在他擔任《人民文學》副主編期間，對工作的責任心是很不夠的，在許多時候，實際上表現了放棄領導的自由主義的態度，作為《人民文學》主要負責人之一的共產黨員艾青同志，對《人民文學》過去工作中的錯誤和缺點，應該負主要責任。」被這樣公開責備後，父親的心情極為鬱悶。他不知所措，只能與友人在小酒館裡飲酒尋找安慰，欣賞詩畫成了樂事，他甚至想回頭從事繪畫藝術。

一九五四年七月，智利作家巴勃羅．聶魯達五十歲時，邀請艾青參加他在智利的生日慶祝活動。他們頭次見面在一九五一年八月，當詩人來北京將史達林和平獎授予孫中山的遺孀宋慶齡時，父親接待了他，帶他參觀了頤和園、西山等多處景點，一週內兩人成為了好朋友。聶魯達被父親的詩作感動，稱艾青為「中國詩人中的王子」。

中文譯名為聶魯達，艾青用第一個字問他的客人說：「你中文名字的第一個字由三個『耳朵』組成，但是你只有兩隻耳朵。第三個在哪兒？」

聶魯達拍了拍他寬闊的前額：「就在這裡。我用它來傾聽未來。」

一九五四年，中國尚未與共產國際以外的多數國家建立外交關係，旅行很困難，路上走了八天時間才到達聖地牙哥。到了聖地牙哥，首都的藍天上飄著風箏，艾青在筆記本上畫了一只中國風箏，長長的蜈蚣身體上每一節上有兩只轉動的風輪。這幅畫引發了聶魯達的想像力，他發誓下次訪問中國時要放一只這樣的風箏。

身穿草綠色粗呢大衣的聶魯達看上去像個老兵，他前額光禿發亮，像個大男孩一樣天真好奇地凝視著世界。對父親來說這是一次愉快而輕鬆的訪問。在太平洋沿岸內格拉島邊的海灘上，他採集了各類不同顏色的貝殼，將它們視為來自海洋的禮物，回北京後放在書桌上顯眼的位置。聶魯達認為艾青是屈原時代留下來的唯一的中國詩人，送給他一只牛角杯以示敬重，牛角尖上鑲著一隻銀製的鴨嘴。

一九五〇年代中期的胡風是第一個賞識艾青才華的文學評論家，他已有相當長時間生活在陰影之下。早在一九五二年六月，《人民日報》指控胡風思想「是一種實質上屬於資產階級、小資產階級的個人主義的文藝思想」。一九五四年七月，胡風向中央遞交《關於幾年來文藝實踐情況的報告》，堅定地反駁了批評，這份報告被稱為三十萬言書。

以正直著稱的胡風珍視自己的獨立性，頑強地抵制任何形式的脅迫，對權威的蔑視導致他被排斥。毛澤東進行報復，指示《人民日報》發表「關於胡風反黨集團的一些材料」，他親自為該材料寫了編者按。一九五五年夏天，胡風在家中被捕後，被判處十四年有期徒刑。

對「胡風反黨集團」的指控牽涉幾百名作家，調查期間他們被停職，許多人被正式起訴並被監禁。這遠遠沒有結束，一九五五年八月，另一個由丁玲領導的反黨集團受到指控。從延安時期周揚就視艾青為丁玲的盟友，現在，作為宣傳部和文化部副部長，他指控丁玲「進行感情拉攏」，暗示她與艾青的關係。

艾青一直對周揚的獨裁深惡痛絕，對丁玲受的指責和黨內對不同意見的排斥感到憤怒，這讓他想起了延安整風運動的流弊。他忿忿地說，作協有兩幫人，一幫總是被整，另一幫總是在整人。而艾青的言論證實了當權者對他的看法，認為他傲慢、冷漠，從來不把組織放在眼裡。

批判胡風運動的各種文件必須晝夜遞送，作協將這份工作分配給住在一樓宿舍的工作人員，其中有一個名字叫高瑛的年輕女子，她將成為我的母親。

一九三三年高瑛生於山東黃縣，幼年隨父母遷往黑龍江佳木斯，緊鄰蘇聯邊境。在那裡，她目睹了一九四五年八月日本投降後的境況：倉促逃離的日本人留下了家具、家用品和衣服。撤退時他們在城市周邊埋下地雷，可以持續聽到爆炸聲。

共產黨軍隊占領東北後，能唱歌跳舞的高瑛被選中前往駐瀋陽部隊的慰問團，後來，姥姥將自己的三只金戒指縫在她的衣角裡，送她考上了師範藝術班。一九四九年她被一個藝術團徵召入伍。

十七歲時，高瑛嫁給一個比她大十一歲的山東同鄉，他們的婚姻獲得了黨組織批准，但並沒有事先徵求高瑛同意。她最終還是接受了組織的安排，從女生宿舍搬進了分配的新房。之後高瑛得知她的先生在老家有另一名妻子。

一九五五年高瑛隨夫來了北京，那時他們已有兩個孩子。她帶著大女兒玲玲，將小兒子高劍留在了山東老家。

一個禮拜六晚上，正在加班的高瑛見到一個中年男子下樓來。

她的同事招呼：「艾青同志上哪去？」

他說自己正準備出門去看一個外國電影。作為電影審查委員會成員的艾青，為要公開放映的外國電影做審查。

「你想去嗎？」他問。「如果想去，我可以帶你去。」

「高瑛，」年輕的同事說，「今天我們的工作不多。我們兩個都去怎麼樣？」

高瑛當時二十二歲，她性格活潑、直率。父親被她吸引，而她對父親行為不做作也有好感。

每個星期天，艾青開始和高瑛約會。他們必須小心謹慎，兩人都沒有正式離婚，戀情被視為有自由主義、個人主義傾向。為了避開眼目，他們常常約在城市東南角的一個安靜的公園見面。父親會先去崇文門附近一家只對外國人服務的商店，在那裡買一些其他地方買不到的西點，一定有高瑛愛吃的羊角麵包。

此時的艾青受到同僚的批判，認為他解放後寫的詩歌不再像以前的詩一樣鼓舞人心，他的寫作障礙源於他的態度：拒絕了舊社會，但對新社會缺乏熱情。表面看來出自同行的批評，實際是黨組織策略的一部分，用批評和自我檢查加深作家間的衝突。

面對如此多的責難，艾青幾乎沒有選擇地採取悔過的態度。「作為一個詩人，我已經感到慚愧，作為一個新中國的詩人，我更慚愧，我沒有寫出令人滿意的作品。」父親沒有意識到，他所遇到的危機是無法化解的。

但是一九五六年情況有所緩和。周恩來總理的報告說，中國知識分子中間的絕大部分已經成為國家工作人員，為社會主義服務，是工人階級的一部分。從來沒有最高領導人表示知識分子有如此安全的地位；在過去他們總是被視為資產階級分子。

一九五六年四月毛澤東發出了同樣令人鼓舞的信號，主張不同的學術方法共存，提出了「百花齊放，百家爭鳴」的方針。他說，在中國的第一個皇帝統一天下之前，各種思想都可以自由討論，現在也需要這樣做。

這番話讓艾青精神大振。一九五六年夏天他寫了幾篇寓言，重新表述十四年前他在延安寫的「了解作家，尊重作家」的一些想法。〈養花人的夢〉說了一位只養月季的養花人，夜裡夢見牡丹、睡蓮、牽牛、石榴、白蘭、仙人掌、迎春、蘭花和各式各樣的花，前來向他訴說自己的性格和委屈，希望自己不會被遺忘，「花本身是有意志的，開放正是她們的權利。」在另一篇〈蟬之歌〉裡寫了樹上的蟬，不管周圍環境發生了怎樣

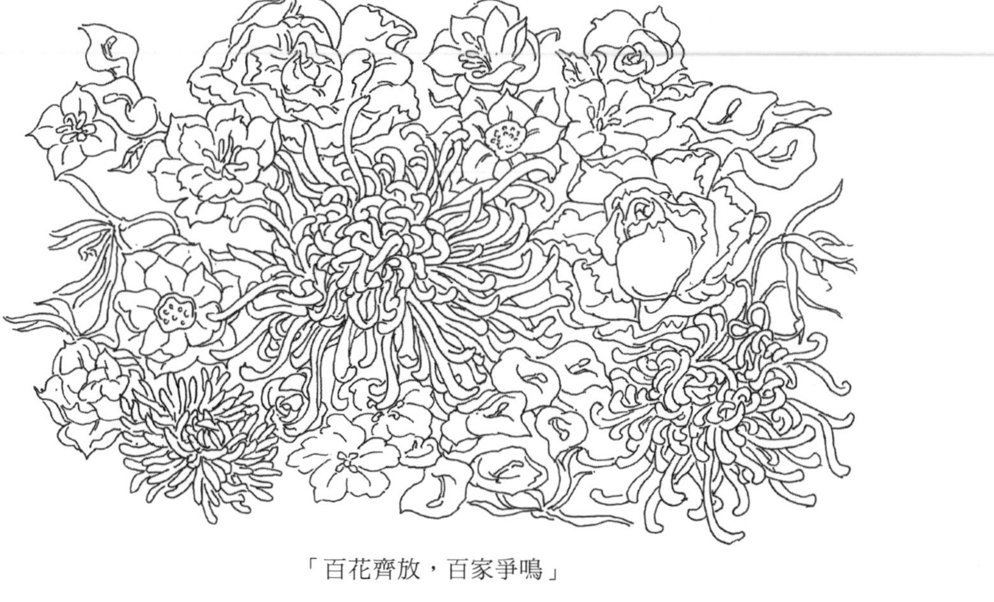

「百花齊放，百家爭鳴」

的變化，從早到晚重複地唱著同一曲調，隱喻缺乏創造力的單調的政治環境。在這個故事中，艾青並不掩飾他對新文學中題材和形式的狹窄性的蔑視。

同時，艾青與高瑛的戀情發展引起了黨組織的關注。高瑛的丈夫投訴艾青破壞了他們的婚姻後，作協迫使高瑛承認錯誤，試圖限制她的行動，禁止她與艾青接觸。鑒於「其錯誤的嚴重性和對其錯誤的不正確態度」，黨組織對艾青處以留黨察看，這是開除黨籍之外的最嚴厲處罰。

然而，我的父母堅持不懈下，當局勉強接受了他們的夫妻身分。兩人都已離婚，艾青和高瑛終於領取了結婚證。他們擁有一個四合院，那是艾青用版稅購買的。院子裡有各種植物、花卉、仙人掌和一些奇花異草，有一盆子午蓮中午開花，過一個時辰就閉合了。一張照片中，這一對新婚夫婦緊靠在一起，妻子將她的頭靠在丈夫身上，穩定的目光流露出自信和滿足。幸福的一對兒並沒有意識到，一場政治風暴很快會打破這種平靜。

一九五七年四月三十日，毛澤東邀請黨外各界元老的代表在天安門城樓上開座談會，他誠懇地開導大家，敦促他們暢所欲言：「知無不言，言無不盡；言者無罪，聞者足戒；有則改之，無則加勉。」老先生們信以為真，委婉地提出了建議：「一黨天下」是宗派主義根源，也是黨與非黨間的矛盾所在。毛澤東認為，這樣的批評的氛圍應該繼續下去，應該在報上發表，以引起大家的注意，否則官僚主義永遠不得解決。隨即中共頒布了「開展反對官僚主義、宗派主義和主觀主義的整風運動」，號召黨外人士「鳴放」，鼓勵群眾給黨和政府提意見，幫助共產黨整風。

一九五七年四月，我的父母在上海旅居幾週，住在江邊的和平飯店。父親有一個雄心勃勃的計畫，準備以長篇歷史詩的形式，追溯帝國主義和殖民主義的興衰。一天，他在房間裡接到作協要求速返回京、參加運動的急電，只好與即將分娩的母親乘上回京的列車。「五一」勞動節的夜晚，從緩緩地駛進北京站的列車上，這對夫婦可以看到天安門廣場上空的煙花。

家裡的阿姨在準備嬰兒的衣物，預產期快到了，艾青想看孩子在家裡出生，希望陪伴妻子，看著一個意外的家庭成員來到這個世界。一九五七年五月十八日午後兩點，嬰兒出生了。大夫剪斷了纏繞在我的脖子上的臍帶，一股鮮血噴射在白色的天花板上，父親說那像是一枝桃花。

父親翻開《辭海》，閉上他的眼睛，他的手指摁在了「未」字上，說：就叫「未未」吧。

北京城裡同一天有一千多個孩子出生。我出生後不久，我的父母就進入了他們人生中最艱難的階段。他們後來總是說，我是一個漫長的不幸旅程的開始，是我標誌了厄運的到來。事實上，這不是我父親一個人的悲劇，中國的幾十萬知識分子同樣也將遭遇最為黑暗的時代。在毛澤東提出「百花齊放，百家爭鳴」後不久，他的態度發生了急轉。一九五七年六月十二日，在黨內流傳的一篇題為〈事情正在起變化〉的文章中，他使用「右派」字眼來形容那些批評者。在他看來，這是一些資產階級自由主義的崇拜者，他們從根本上反對共產黨對權力的壟斷。

那麼，所有那些鼓勵坦率討論的言論，被證明是一種有預謀的策略、一次有計畫的「引蛇出洞」。他的結論是：這些人在謀求權力。他用了越來越多的不祥字眼來定義「右派」構成的威脅：「資產階級右派和人民的矛盾是對抗性的、不可調和的、你死我活的。」不安和怨恨驅使毛澤東以一種怪異的方式將他的批評者非人化：「現在大批的魚自己浮到水面上來了。這種魚不是普通的魚，大概是鯊魚吧，具有利牙，歡喜吃人。」

在這個不祥的時刻，一九五七年七月，聶魯達來中國進行第二次也是他的最後一次訪問。儘管烏雲在他頭頂上聚集，父親獲准陪同詩人在中國西南和中部旅行。艾青飛到昆明與聶魯達夫婦、巴西作家亞馬多夫婦會合，一同遊歷雲南，沿途經過三峽和武漢。在半個月的行程中，聶魯達察覺到了艾青的困境。回到北京時，聶魯達約艾青在他的下榻處交談時，突然接到電話，說一位文藝界的負責人馬上要見聶魯達，艾青意識到可能與自己有關，便匆匆告辭了。

在回憶錄《我承認，我曾歷盡滄桑》中，聶魯達寫道：「在昆明，跨過邊境後的第一個中國城市，我的老朋友、詩人艾青等候著我們。他那寬大的黝黑臉龐，他那一對機靈和善的大眼睛以及他的聰明伶俐勁兒，是我們這次如此漫長的旅行的一個愉快的成果。」

他還寫道：「艾青跟胡志明一樣，是出身於東方舊式家庭的詩人，是在東方殘酷的殖民統治下以及在巴黎的艱苦生活中磨練出來的。他們始終對革命抱有信心。他們的詩作溫文爾雅，在政治上卻堅強如鋼。他們都及時回國，履行了他們的使命。」

然而在中國，人的命運往往早已由政治力量決定，並不存在個人的選擇。據聶魯達說，艾青和其他中國朋友「從來沒有說過被調查的事，也沒有說過他們的前途懸而未決。」聶魯達回到北京後，才得知艾青已經成為攻擊的目標，他感到十分震驚。送行人群中再也見不到艾青的身影。艾青在北京文化圈中再次出現，已是二十年之後的事。

反右派運動在全國展開。作家協會從揭發、批判丁玲開始，批判會上一個又一個作家跳出來，指責她是「反黨分子」、「向敵人投降」、「向黨鬧獨立」。昨天還握手言歡的同僚，今天面孔都變了。人的善變十分可怕。

艾青為丁玲站了出來。「你怎麼能如此無情？」他抗議道：「這樣說一個同志的壞話是不對的，你們待她像是對待一個卑鄙的罪犯，不能搞宗派。」他的話對丁玲非但沒有幫助，還引火焚身，災難降到了自己的頭上，像捅了一個馬蜂窩一樣，他被群起攻之。

一九五七年六月至八月，作家協會第十二次會議上，二百多作家參加揭發丁玲反黨集團。《人民日報》以頭版發表文章慶祝勝利，並宣稱艾青和他在延安時期的一些最親密的伙伴，與她都是一伙的。艾青被認定為一個長期奔走於各個「反黨集團」中間的人物，他的具體罪行是「丁玲的伙伴、李又然的老友、江豐的手足、吳祖光的知心」；吳祖光是位著名劇作家。他和其他人很快都被打成右派，被驅逐出北京。

初秋的北京已有涼意，待在家中的艾青目光呆滯、神情恍惚，整天不說一句話。高瑛在胡同口等著投送報紙的郵遞員到來，她將報紙一頁頁翻開，把有關艾青的資訊撕掉。

一九五七年十二月，作協黨組開除了艾青的黨籍，同時撤銷了他的所有的職務。收到這個消息後，他崩潰了。

深夜，高瑛正擁著我熟睡中，她被一陣「咚、咚、咚」的響聲驚醒，衝進廚房之後看見父親用頭在猛撞牆壁，高瑛緊緊地抱住了滿頭鮮血的父親。那個年代中，政治生命被視為第一生命，沒有了它，活著就失去了意義。

艾青被劃為「右派分子」之後，其他作家像躲避瘟疫一樣躲避著他。他遛彎去公園與陌生人下圍棋以打發時間，這是他與外界僅有的接觸。普通人並不知道他的身分。

艾青喜歡的俄國詩人葉賽寧、馬雅可夫斯基都是自殺身亡的。在早期的寫作中，父親推測了無望地死去的可能性；心灰意冷之下，深感遺憾的死亡不是在激烈的戰鬥中到來，而是在一個僻靜、孤獨的角落。在沮喪的日子裡，他的這個想法不斷地出現。

到一九五七年底，艾青的事業已經支離破碎，急於獲取革命資本的批評家對他做出了更猛烈的鞭笞。來年春天，年輕批評家姚文元在他〈艾青的道路，從民主主義到反社會主義〉一文中對他的攻擊進了一步，他寫道：「艾青的基本方向是資產階級方向，他的一切詩歌都是圍繞著資產階級的民主自由的軸心而旋轉的。」他還說：「艾青對生活有一種虛無主義的宿命論的思想，陰暗和絕望的哲學牢牢地抓住他的靈魂。」這無疑是篇從理論上將父親置於死地的評論。姚文元承認，許多知識分子帶著資產階級的民主觀念來到延安，但大多數人都逐漸接受了無產階級的意識形態。而艾青頑固地堅持著反動的理想，從未克服對無產階級領導的革命的恐懼。他被揭穿只是一個時間問題。「艾青的時代就這樣地在眾人的憎恨中結束了。從資產階級的民主主義到反社會主義，艾青走完了他自己的路。」

隨後幾年，姚文元寫了幾十篇文章，他擁護毛澤東的正統思想，質疑中國知識分子的忠誠度，他的立場受到毛澤東的喜愛，最終在政治局獲得了一個席位。一九七六年毛澤東去世，姚文元作為「四人幫」的成員，在牢獄中度過了二十年。

毛澤東認為，僅僅將艾青和其他知識分子劃為右派是不夠的，他們必須接受與他們的罪行相稱的體罰。因此將五十五萬知識分子送去邊疆進行「勞動改造」。在二十年後對他們「平反」時，活著的僅剩下十萬人，不同政見自此消亡了。

第七章

從東北到西北

《文藝報》是一份深具影響力的文學刊物，一九五八年一月二十六日咄咄逼人地發問：「再批判什麼呢？」接著自己給了答案：「王實味的〈野百合花〉，丁玲的〈三八節有感〉，艾青的〈了解作家，尊重作家〉。」那篇文章繼續寫道：「奇就奇在以革命者的姿態寫反革命的文章。鼻子靈的一眼就能識破，其他的人往往受騙。外國知道丁玲、艾青名字的人也許想要了解這件事的究竟。因此我們重新全部發表了這一批文章。謝謝丁玲、王實味等人的勞作，毒草成了肥料，他們的確能教育人民懂得我們的敵人是如何工作的。」

父親感到震驚的是他十六年前的文章被再次公布於天下。幾個月前在作協共青團支部的一次會議上，團領導要大家「幫助」高瑛與父親劃清界線，迫使她揭發父親的反黨行為。高瑛抵制他們施加的壓力，她說：「我不認為艾青反黨，也不會和他離婚，他黑我紅不了，為了淨化組織，我宣布退團。」

由於天氣炎熱，會場的窗戶都敞開著，母親的話讓會議陷入了混亂。她頭也不回地衝出大院，跳進一輛停在路旁的人力車。「快走，」她對感到詫異的車夫喊。回到家裡後她對父親說：「今後無論你去哪兒我都會跟著你。」

在反右運動政治壓力的威逼下，有無數的家庭被撕裂、夫妻被拆散。我的父母沒有分開，他們和家裡的三個孩子在一起：玲玲、高劍和我。在我的第一個生日到來之前，我們將一起離開屬於我們的家。

一九四三年延安時期，父親結識了三五九旅的旅長王震。艾青訪問智利回國後，王震請他去家裡做客。王震翻開一本折了書角的《艾青詩選》，書頁裡有密密麻麻的標注，王震在他欣賞的詩句畫了線和圈。扉頁上給子女留言：「一個圈要熟讀，兩個圈要會背。」

一九五八年初春，正當艾青面臨被驅逐出北京而不知去向時，時任農墾部部長的王震再次邀父親去他家。他直來直去地稱呼他「老艾呀」，他說：「你不反黨反社會主義，我知道你是擁護真理的。現在是你離開文藝界加入我們的時候了。」

他的手裡握著一根棍子，走到牆上掛著的一幅中國地圖前，王震指著地圖右上角、黑龍江東北方的一個點，那是一個叫南橫林子的林場。他解釋說：「老艾，這是你要去的地方。」

和其他右派一樣，進行「思想改造」的父親就要被流放到中國最荒蕪的地區。王震確保父親被送到屬於自己管轄的「北大荒」，那裡王震可以保護他。在中國最北端的北大荒，邊緣距離蘇聯僅一箭之遙。自一六五〇年清朝第一個皇帝在位以來，那裡就因為作為放逐不從命或煽動叛亂者的去處而聲名狼藉。

離開北京之前，母親特意從外國專家專供店（為住在北京的外國專家所開的店）買了一箱進口奶粉。母親說，是這箱美國奶粉強化了我幼兒期的體質。

在這趟軍人專列上，我們是唯一的平民。為了避嫌，上車前父親叮咐玲玲：「如果有人問你爸爸是做啥的，你就說是搞農業的。」

列車到密山縣時，王部長已在那裡等候我們。小縣城突然湧現出成千上萬的轉業官兵，王震像戰時的指揮官一樣蹬上卡車車頂，站著對這些就要去墾荒的戰士們喊話。他要他們發揚延安精神，進駐北大荒開荒種田，最後他說：「有個叫艾青的詩人和你們一起來北大荒了，歡迎不歡迎啊？」

戰士們回答：「歡迎。」

最後王震問大家：「今天，我們就要進軍北大荒了，沒有交通工具，怎麼辦？」

眾人回答：「走！」

密山縣隔著興凱湖可以看到蘇聯的東岸，符拉迪沃斯托克港在不遠處。我們準備在一所閒置的學校裡過夜，當母親得知不久前有個孩子因罹患痲疹死在了那兒，她慌了，擔心我染上病，她說寧願住在街上。於是我們換了個住處。

母親祖籍山東，那是孔子的家鄉。山東人有傳統的家庭看法，她孝順父母、為人直率，幹起活來勤快利索。她很愛父親，那個年代，「愛」的情感不隸屬於個人，而是屬於國家、黨和它的領袖。

八五二林場算是我們的家，這座深山直到現在都是原始森林。艾青是唯一發往那裡的右派，另外一千四百一十七名作家、畫家、演員、音樂家和工程師被送往同地區的另外兩個林場，他們只是散布在全國的五十五萬右派分子中的一小部分。

林場的黨委書記曾經是王震的警衛員，他禮貌地對待我們。在為營地管理者建的五棟獨立木屋中，圍繞中間一棟的四角各有一棟，我們住進了東南角留給王震的房子裡。木屋的雙層板牆之間填充鋸末做保溫，屋外的樺樹林是白色的。

名義副場長艾青是個沒實權實責的職位，他沒有育林和木材開採經驗，王震給他準備了一個接近基層的機會，為日後的寫作積累素材。他參與的工作包括蓋房子、盤土炕，土炕是一種北方冬天可以加熱的睡床。白天寫板報，晚上提著馬燈為幹活的人照明。

四月，林子裡的樹木沒有泛青，父親領著我們在林子裡尋找鳥兒，陽光透過茂密的樹冠灑落在倒下的樹幹和層層落葉上。幽暗的林間寒氣逼人，當夜幕降臨，山谷中呼嘯的風聲讓人感到恐怖。父親說森林是風的家，每晚風要回家，像我們要回家一樣。他眼裡的風是山裡最古老的居民，我可是個最小的。

林場小賣部的門上掛著把鎖，裡面沒貨可出售。生活需要自給自足，父母準備開墾一片菜地，光是將盤結在地面的樹根刨出來，已經在他們的手上磨出了血泡。

一天在林子裡，我們撿到一隻初生不久的梅花鹿，帶回林場後靠奶粉讓牠活了下來，我也有了一起玩耍的小伙伴。後來小鹿不慎掉到井中淹死了。之後，林場建了個馬鹿園，搞來了一隻高大的馬鹿交給父親看養。一天，圈欄被撞開後馬鹿逃走了，父親暗自為牠獲得自由感到慶幸。

寂靜的森林裡的日子簡單而樸素。夏天一到，山上鋪滿了開著黃花的「金針」，將它們採摘下來，晒乾後是一種美味。還有一次，剛會說話的我把父親拽到林子裡，指給他看我的新發現：在一個很低的樹洞中長著一只碩大的猴頭菇。

一九五八年的秋天，火車的車軌向東鋪到了虎林，鐵路上用的枕木全是我們林場砍伐下來的。一直育苗圃種菜的母親參加了鐵路建設，一起伐木、運木料。伐木需要兩個人推拉一條大鋸，當大樹傾倒時會在山谷中發出陣陣的轟鳴回響。一天的勞頓後，母親渾身是汗，一走出林子身體就被風吹得透涼。那年冬天，她患上了嚴重的感冒，持續咳嗽了兩個月，咳得她滿眼通紅，沒有醫藥，從此落下了哮喘的毛病。

在更遙遠的林場營地裡，幹活的人們在冰雪中鑽洞，建起一個大馬架子過冬，搭上樹枝和油氈，在屋頂留出一個空隙透風。晚上生火取暖，燃燒的柴木扛不過漫長的夜晚。他們擁擠在冰冷的屋裡睡覺時，呼出的哈氣像雲一樣從屋頂的洞中升起，如果不見哈氣了，那裡的人也許是被凍死了。

冬天，大雪封山會持續六個月，春天冰雪一融化就遍地爛泥，運物資的車再無法進

「在一個很低的樹洞中長著
一只碩大的猴頭菇。」

山。林場的糧食用盡了，我們只能依靠煮小麥的麥種充飢。從小缺鈣的父親牙齒不好，他勉強將嚼不爛的麥粒吞進肚裡，結果是吃啥拉啥，止不住地腹瀉，終於躺在床上站不起來了，瘦得跟竹竿一樣，變了個人。身心疲勞的他閉上眼後不願意再睜開，我們的存在和母親的鼓勵成為他繼續活下去的唯一理由。如果沒有這些牽掛，母親說，他們一定會買上兩張車票去到江邊，兩人捆在一起，抱塊石頭跳進江水，「活不見人、死不見屍」，了結這無盡的屈辱和懲罰。

林場中沒有電力，父親用他的稿費買了台小型發電機，山中出現了燈光。一九五九年十月，王震再來八五二林場視察，再見到臥床的消瘦的父親，他大為震驚，指示醫生要為父親看病。不久後，父親收到農墾部來信，信中說允許他返回北京。

兩年前蘇聯發射了史普尼克號，那是第一顆人造衛星。這一突破之後，蘇聯制定了「全面開啟共產主義建設時代」的宏大計畫，提出要在十五年後超過美國。同樣，毛澤東想像著十年後趕上英國的工業產出，再下一個十年內趕上美國。官方說：「二十五年或更多一點時間趕上英美」，這是留有餘地的說法。毛澤東提出了「鼓足幹勁，力爭上游，多快好省地建設社會主義」的「總路線」、「大躍進」（快速工業化，包括大規模的鋼鐵運動）、「人民公社」（中國農村經濟集體化），成為在全國範圍升起的「三面紅旗」。不切實際的激進政策在往後幾年導致了上千萬農民死於饑荒。

回到首都後，我父母得知他們要去的更為偏遠的地方在中國地圖的最西北端。在新疆維吾爾族自治區，王震建立了一個頗有規模的生產建設兵團用以「屯墾戍邊」。

一九五九年十一月底，北京的氣候冷了下來。與北大荒相同，新疆自古以來是朝廷放逐犯人的疆域，在古代的詩文中，那兒是路途遙遠而艱辛的不歸之地。想到要帶著我離開北京，母親擔心才兩歲的我經受不住遠程的顛簸，只好將我留給姑姑蔣希華照料，她在北京從事工藝設計。啟程之前，我坐在父母的行李上不肯挪動，拚命阻止他們離去，緊緊抱住母親的腿不放，我抗議地說，不帶我走等於「不要我了」。車子已經在門外等候，母親推開我，跑出門去。

父母去新疆的時候，鐵路剛延伸到甘肅省與新疆臨界的星星峽，是一處古代西域的關卡。第二天他們搭車去另一個在地圖上找不到的地方：尾亞。之後又換乘公共汽車，然後行走了兩天。在哈密住了一晚後，再行一天，才到達了冰天雪地的新疆首府烏魯木齊市。整個旅程的沿途，除去一望無際的戈壁灘和駱駝刺，沒有一處綠色，風沙像是隨時可以將車窗玻璃擊碎。路十分顛簸，父親說他全身的骨頭在旅行結束時沒有散架，還真是一個奇蹟。

途中，父親第一次見到了傳說中的火焰山，那是一座烏魯木齊以東的沙漠中紅色的砂岩山丘，像是燃燒著永不熄滅的火焰，他領略到新疆地貌的壯觀和樸素。遙遠的西域景象對他來說都是陌生的，可是在這裡，他延安時期的友人會照顧他，他們是新疆第一書記王恩茂和生產建設兵團的副政委張仲瀚。

一九五九年至一九六一年間，中國陷入災難性的饑荒，成千上萬災民死於飢餓。與內地許多地方相比，新疆受災影響較小，那裡的食物供應沒出問題。父母擔心我在北京吃不飽，決定回京來接我。

一九六一年夏天，我已滿四歲。我們進疆途經甘肅的城市蘭州，住的一家旅館的床上爬滿了臭蟲。對衛生情況超敏感的母親整夜沒有合眼，她看護著我睡覺。

鐵路從星星峽鋪到了鹽湖，我們剛走出列車，一陣狂風將我的帽子吹飛了。坦然以對，我對父親說：「這裡風還真的不大啊。」他們回憶，我自小擅長諷刺與幽默。

我們在候車室中等候長途汽車時發生了一件意外的事，父親偶遇正在西北考察的副總理習仲勛，一位延安時的老相識，習仲勛是現任中國國家主席習近平的父親。他們聊了一會兒，習仲勛詢問了父親的情況，他隨即對送行的自治區領導說，該摘掉艾青的右派帽子，他眼裡的艾青分明不該是個反黨分子。這之後，用他的車將我們送去了烏魯木齊。

石河子城在距烏魯木齊西北九十公里的瑪納斯河西側。一九四九年以前是個只有幾戶維吾爾人的自然居住區，現在則是一個二十萬人的新型小城，北臨準格爾盆地，南緣天山山脈。農八師機關大院有圍牆環繞和武裝門衛，有著整齊的辦公樓，社區裡住著一百多戶機關領導和工作人員。北門左側，有一排淺黃色的蘇式平房，我們的新家在其東端。

我的童年裡，家常常遷移，我們總是在調整和適應新的環境，從沒有歸屬感，亦無從信任和依賴。失去保護和情感依託的家不再富有含義，脫開了記憶、信賴和依戀，家的意義自然也隨之不存在了。

遵循蘇聯城市規劃概念的小城鎮，抑制了所有個體差異而利於效率和統一性。城中的水泥道路直得像尺子畫出的直線，在寬敞道路的兩側，白楊林與林蔭之下的水泥路面形成明確的切面。這座城市由退伍軍人、起義將士、知識青年和逃荒盲流建起來，與中國任何其他城鎮不同，它的每塊磚、每處混凝土全是新的，缺乏歷史痕跡的環境，從而消除了其他現實的可能性，突顯出規劃者對未來的空洞想像。石河子聚居著來自五湖四海的人們，他們的共同之處是沒有自己的過去，而情願與過去的一切斷絕關聯，準備重新開始。痛苦讓人們認識到，有關身分的記憶是對自己的真正威脅。國家好像是一台抽取記憶的機器，將每個人的記憶漂白後吸吮乾淨。

天山山脈連綿的山脊終年積雪，即便是在炎熱夏季，雪也不會融化。這座被稱為沙漠綠洲的石河子，鬱鬱蔥蔥的綠色植被歸功於雪山流下的徑流。離我的家不遠有一個小花園，有著柏樹圍籬和一扇爬滿牽牛花的小木門，栽有各種植物的園子十分地幽靜。有一個年長、個兒不高的養花人，他日復一日地反覆為花草修枝、鬆土、鋤草、澆水，從沒有見到任何人跟他搭話。傳聞中，在他變成啞巴之前，曾經是國民黨的高級特工。在我的想像中，這座花圃中藏有他的全部祕密。他住的小屋像是一個工具間，有一條狹窄的土埂伸向灌木深處。一次，從小屋的一扇小窗中，我窺視到房子的室內，那裡有一張單人床和一張小桌子，房間剩餘部分似乎從來沒人碰過。均勻覆蓋在厚厚的灰塵之下的一切，泛著一層羽絨般的光暈。

表面看上去父親的處境還真不錯，過去的煩惱被甩在了千里之外，他無事可做也沒有特別的壓力。他習慣每天清晨起床，在有一只綠玻璃罩的英式檯燈前寫東西。他試探性地投寄出去的幾首詩被原封退回，沒有人願意接受他的作品。在王震的鼓勵下，他署著假筆名「林壁」的十多首詩發表在兵團內部的《大躍進》報上，收到每首詩五元的稿酬。在大多數時間裡，他忙於寫一部有關拓荒者的幾十萬字的紀實小說，名為《沙漠在退卻》。

作為一個小男孩，我每天可以見到父親辛勤寫作，在稿紙上更改、剪裁、黏貼，他對永遠沒完成的寫作的投入對我有種神祕的吸引力。很久以後，我從他那裡得到一些有益的啟示，嘗試冒著風險製作地下刊物。對父親來說，寫作是生存的一部分，他的意志永遠不會被摧毀。

母親操持著家務，她的日常是買菜、做飯、洗衣和清理裡裡外外，把這個家收拾得乾淨整齊。我常常圍繞在她身邊，觀看她用強勁的手臂在一只被皂液漂白的搓衣板上搓洗我們的衣服，涮洗擰乾之後，再一件件晾在陽光下的繩子上。

我們家中的沙發、床、書架和桌椅都是公家配給的，包括父親喝水的那只茶杯。唯有不同的是從北京帶來的兩件神祕的行李：在一只樟木箱中有他的藏畫，另一只棕紅色皮箱的箱角裹著鋥亮的金屬，裡面的東西對我來說永遠是一個夢幻世界；那是來自異國他鄉的藝術品，有精美的瓷器，鑲銀的牛角杯，和聲音悅耳、有個芭蕾舞女的音樂盒，而其中最多的是父親在智利海邊收集的海螺和各色貝殼。

我在石河子的第二年，父親說媽媽生了個弟弟，要帶著我去探望她。頂著夏日午後的陽光，在空無一人的街道上，我們一路走去醫院，這是我的記憶中頭一次和父親出門遠行。我們路過路邊的一堆鵝卵石時，走累了的我蹲下來挑撿好看的石子兒，父親手中拎著一兜子熟雞蛋，站在一旁吸菸。

一九六一年十二月，中央機關為反右運動中的少數右派分子摘掉帽子，父親是幸運得到這份恩惠的三百七十人之一。這條消息發表在《人民日報》上之後沒過多久，該報轉來了數百封讀者寄來的賀信。但這一切並不意味著父親的不幸就此會結束，作家協會對他這樣的右派「首要分子」並沒有絲毫的寬恕。

不需要多久，另一場風暴將席捲而至。

第八章

世界是你們的

世界是你們的，也是我們的，但是歸根結底是你們的。你們青年人朝氣蓬勃，正在興旺時期，好像早晨八、九點鐘的太陽。希望寄託在你們身上。未來是屬於你們的。世界是屬於你們的。中國的前途是屬於你們的。

——毛澤東，一九五七年，對在莫斯科的中國留學生的講話

六〇年代中期，毛澤東認為蘇聯及東歐的共產國家放棄了世界革命目標，尼基塔·赫魯雪夫正在推行一條「修正主義」的路線，復辟資本主義。他認為同樣的事會在中國發生。七十三歲的毛澤東開始擔憂他身後的政治遺產改變顏色，而最大的威脅來自中央領導層。一九六六年五月五日在接見阿爾巴尼亞黨政代表團時，他說：「我的身體還可以，但是馬克思總是要請我去的。我是黃昏時刻了，現在趁著還有一口氣的時候整一整資產階級復辟。」

往日的鬥爭策略並不能贏得眼前的戰役，他需要找到一種更為顛覆性的方式，一種前

所未有的規模和尺度，公開、全面、由下而上地發動一場群眾性運動。「無產階級文化大革命」是他的最終選擇。

一九六六年五月十六日，在政治局一次會議上，毛澤東批核的一份文件中指出：「混進黨裡、政府裡、軍隊裡和各種文化界的資產階級代表人物，是一批反革命的修正主義分子，一旦時機成熟，他們就會要奪取政權，由無產階級專政變為資產階級專政。」

晚些時候，北大校園裡張貼了一張大字報，對學院領導層進行了猛烈炮轟。四九年以來，將個人觀點張貼於公共場所是常有的製造輿論的方式，可以比作那個時代的部落格或臉書。這一次不同的是，它表達的觀點和語言更有煽動和導向性，指向和目的也顯而易見，看似是對北大學校領導層的攻擊，實際上發出了進攻北京市委的前奏。

在一次談話中，毛澤東與他的妻子江青預想了這樣的前景：天下大亂以達到天下大治，每七八年要再來一次。牛鬼蛇神自己跳出來是他們的階級本性所決定的。他說：「這是一次全國性的演習，左派、右派和動搖不定的中間派，都會得到各自的教訓。」

一九六六年七月十六日是個晴朗的日子，建成不久的武漢長江大橋的一側，穿著條短

「『無產階級文化大革命』
是他的最終選擇。」

褲的毛澤東從船上跳進江水，順流而下游了六十五分鐘。他再一次向世人展示出一個革命領導人的魅力和體魄，「暢游」紀錄片在全國放映，「到中流擊水」的豪情激勵著無數的年輕人。

他回北京後，投入戰鬥的激情像爆裂的高壓水閥一樣，不可控制地噴湧。全國的機關、企業、學校掀起了「革命大串聯」，一次跨越全國鄉、鎮、廠、礦，從首都中心到邊疆的煽風點火運動。

那段時間裡，毛澤東曾八次登上天安門城樓。他身穿綠色軍裝，右臂佩戴著紅衛兵的紅袖章，他的「親密的戰友」林彪緊隨其後。八月十八日，天安門廣場上聚集著近百萬的紅衛兵，毛澤東鼓勵這些年輕的激進分子，與對手戰鬥中要不惜武力、更為無情。他頻繁地向人群揮手致意，鼓勵他們敢想、敢幹、敢於造反，有「捨得一身剮，敢把皇帝拉下馬」的精神。皇帝當然不是指自己，而是他視為對手的官僚們。

也就在幾天後，一九六六年八月二十三日，作家老舍和另幾位作家被紅衛兵押送到北京的老文廟，遭到了一通羞辱和毒打，第二天早上，老舍的屍體浮在一個公園的湖水水面上。同一天，武漢大學的校長李達被學生折磨致死。相隔十天，伏爾泰和巴爾扎克著作的著名翻譯家傅雷和妻子朱梅馥在上海的家中自盡。

早晨在八師大院裡，原本清靜的街道上聚集許多人，他們竊竊私語，瀏覽著新張貼出來的一片大字報。我看見父親的名字上用紅色畫了叉，文章中充滿了「剝下艾青的畫皮」、「揭穿艾青反革命的真實面目」、「挖出潛藏在我們中間的右派分子」的暴力文字。

突如其來的攻擊顯然對父親和我們家人是不祥之兆。

大字報的作者們是一些演員和作家，曾經是家裡的常客，他們在政治風暴中見風使舵，以背叛和誹謗來提高自己的地位。

往後的事態更加不可思議。一天我們正吃午飯，一群身穿軍裝、佩戴紅衛兵袖章的年輕人闖了進來，在他們高聲朗誦了一通毛主席語錄之後，宣布要對我們「抄家」。接下來，他們非常認真地對待這項任務，不肯放過屋子裡的任何角落，甚至掀起地板，翻閱每一頁圖書、閱讀父親的舊信件和照片，渴望從中找出一些還是可疑的跡象。他們最後抄走了父親的手稿、信函和照片，弄得屋裡一片狼藉。

玲玲姊姊流下眼淚，她為家裡被外人野蠻粗暴地對待而揪心，不願看到父親失去那些美麗的器物。父親安慰她：「這些東西算不了什麼，他們要拿就拿去吧。」他一定在意自己的上海長詩和北大荒手稿，之後再無下落。

父親有許多精美的畫冊和書籍，我還不識字時，就喜歡上了書架上的書。設計精緻的封面和插圖、燙金的聖像、林布蘭的銅版畫、文藝復興時期的建築和雕塑，拓展了我早年的想像力。惠特曼、蘭波 (Jean Nicolas Arthur Rimbaud)、馬雅可夫斯基、希克梅特 (Nâzım Hikmet Ran) 和洛爾伽 (Federico García Lorca) 的詩集也給我留下了印象。我清楚地記得在艾呂雅 (Paul Éluard) 詩選裡畢卡索畫的和平鴿、早年父親在延安邊區收集的民間剪紙集。翻開書頁，書中散發出的氣息告訴我，它們並不屬於此時此地。書是父親的世界，是拯救苦難的良藥，可以使他的臉上泛起奇異的光彩。

現在，這些亞麻布封面上的每縷纖維都構成了危險。一次次被抄家之後，父親決定要燒毀他所有的藏書。作為他的幫手，我將一摞摞書籍堆放在篝火旁。一頁頁地，我撕下結實的書頁，投入火中。看著它們像沉入水中的幽靈一樣地扭曲著，被燃起的火苗徹底吞噬而化為灰燼的那一刻，我一定是被一種奇異的力量擊中，它在我的身體和頭腦中伸延，正是這股力量足以讓未來最強大的敵人感到了恐懼。美和理性是不屈服的，無論它們以何種形式消失，一定會再以反叛的形式釋放出來。

若說反右運動針對的是那些社會精英，而文化大革命則要觸及每一個人的靈魂。首先，學校關閉，學生們走出學校，「停課鬧革命」，對「資產階級教育路線」的老師們進行身體和精神上的凌辱，被打死或「自殺」是社會常態。更糟糕的是，當成年人忙於參加運動，也就無心再去管教他們的孩子。我們整天遊蕩耍玩。一次在空蕩蕩的院子裡捉迷藏，躲藏時，我推開機關樓的一扇窗戶跳了進

「我將一摞摞書籍堆放在篝火旁。
一頁頁地，我撕下結實的書頁，投入火中。」

去，伏在木地板上，眼前是一地散落的雜物。我被自己的發現驚呆了：那是一些我父親和家人的照片，那些信件、手稿上有我熟悉的字跡，是屬於父親的最珍惜的物品。失去了這些私人的記憶，也徹底地弄亂了我對家庭和社會的想像。

有一天，母親發現一個掛衣鉤掉落在地上，接著她見到書桌上有只燈泡，鎢絲卻是完好的。「燈泡怎麼會掉下來了呢？」母親問呆坐在一旁的父親。突然地，她意識到是父親想方子結束他自己的生命，他在考慮自盡。她抱著他哭了，她說：「艾青，你死了我們該怎麼辦，你不能這樣做。」

看著安詳地熟睡在一旁的艾丹，父親說：「高瑛，孩子還小，你一人帶著這些孩子怎麼過，不要擔心，我還缺少死的勇氣。」

一九六七年，不同派別間的鬥爭愈演愈烈。各派堅信自己對毛主席的忠貞不渝，而他們之間的分歧和仇恨已發展到必須用武力決戰的地步。一九六七年一月二十五日，我們師部大院激進的「造反派」與「保皇派」之間發生了對壘。

那天晚上，我聽到屋頂上有人來回奔跑，屋瓦被踩碎，夾雜著混亂的喧鬧聲，高音喇叭傳出宣傳口號和威脅。第二天，一陣陣槍聲像炒豆子一般響著，直到傍晚，槍聲才漸漸地稀疏下來，最後一切歸於平靜。

寒冷的早晨，雪地上零零散散地躺著二十多具屍體，死者中有一個戰士和一個挺著肚子的孕婦，一個在鄰里很受歡迎的名叫馬路的同學也不幸在擔水回家的路上中彈，扁擔和結冰的水桶橫在他身旁。那個戰士的身體凍得像石頭一樣堅硬。好奇和興奮，克服了內心對死亡的恐懼，一群孩子們輪番在他的身體上跳來跳去。

沒有可信的資訊，謠言四起，沒有人解釋那個可怕的夜晚究竟發生了什麼，也沒有人承擔責任。荒謬的是，居然有人說我父親是這次武鬥的幕後策劃者，而母親是他的同謀。

一天早晨起床後，玲玲和高劍不知從哪兒弄了一身軍裝，他們驕傲地裹在自己身上。我感到詫異不是因為他們的衣服並不合體，而是他們不配裝扮成這個樣子，階級成分屬於「黑五類」的子弟。依照流行「龍生龍，鳳生鳳，老鼠生兒打地洞」的血統論，所有的地主、富農、反革命、壞分子、右派的子弟都是被專政的對象，他們與革命水火不容，就像一隻老鼠不可能變成一條龍一樣。

玲玲和高劍都已十五、六歲了，母親越發擔心他們的安全。她說服他們離開新疆去北京，回到他們沒有受衝擊的生父的身邊。家庭分裂時，我略微地體會到了父親的苦楚，他一視同仁地把他們當做自己的孩子帶大，我甚至不知道我們有不同的父親。不願看到子女的未來被毀，母親的焦慮並不難理解，她做了一個艱難的選擇。

面對拆散的家，是一個我沒有意識到的現實：一起成長的我們並不是一家人，因為有不同的選擇。直愣愣地站在玲玲面前，我輕聲對她說：「你別走了。」姊姊詫異地看著我，好似沒有聽清我說了什麼。

兩人離開後，家中變得更安靜了，我們依舊等待將會發生什麼。還能發生什麼呢？出人意外，不久後高劍突然轉了回來，他的生父留下了玲玲而拒絕收留她的弟弟。我詫異地問，為什麼他父親不要他呢？他的回答是給了我臉上一記重拳。

父親之痛苦，無論當時還是後來，無論對家人還是對朋友，他選擇保持沉默，有如他在四分之一世紀前的預言：

沒有一個人的痛苦會比我更甚的，
我忠實於時代，獻身於時代，而我卻沉默著，
不甘心地，像一個被俘虜的囚徒，
在押送到刑場之前沉默著。

此後不久，父親、高劍和我攜帶著不多的衣物，被那輛卡車帶到戈壁灘的「小西伯利亞」，在那兒重新開始了我們的生活。

四十四年之後，二〇一一年四月在我被祕密關押的第二天，我與預審員爭辯說我有權獲得法律保護，那位預審員看著我，意味深長地問：「你總該記得當年的紅衛兵衝進劉少

奇主席的家中，在他的手裡拿著什麼吧，他拿著的是一本憲法。」一九二一年加入共產黨的劉少奇是資深的革命家之一，後來任國家主席，他參與起草了中國的憲法，認為他理應受到憲法的保護。文革初期被指控為走「資本主義道路」的領導人，劉少奇被關押進監獄，三年後他死於肺炎。他的真實身分在獄中被篡改，屍體火化時用了一個假名登記。

預審提高了嗓音說，今天和那個時期並沒有什麼不同，今天的領導人同樣可能面臨這樣的境地。

他的坦誠讓我吃驚，他要我清醒自己的處境。我當然不會忘記殘酷與荒謬是專制的孿生兄妹。

第九章

比風自由

從建國初期到一九七六年毛澤東逝世，中國經歷了五十多次政治運動，愈演愈烈的「文化大革命」再次讓人的精神陷入分裂和妄想。

憂患伴隨著危機，一九六八年八月，蘇聯軍隊入侵捷克斯洛伐克，占領了布拉格。在華沙條約組織的軍隊占領布拉格後，中國與蘇聯的關係也變得更為緊張。在新疆邊境另一側，蘇聯屯兵百萬，有段時間裡，戰爭似乎就要來臨了。連隊小學開始教俄語，為打仗做準備，我們必須默記俄語「繳槍不殺」、「優待俘虜」的短語。

一九七一年十月底，一天晚上，有一個年輕人突然來到家裡，讓父親感到大為驚訝的是，他從兜裡掏出個紙卷兒，那是一份絕密的「中央文件」，裡面的內容涉及林彪副主席攜家人出逃，他的三叉戟飛機不幸在外蒙古的溫都爾漢地區墜毀。當這位年輕人路過連部時，他在窗口見到這個文件，腦中出現的第一個念頭是，要將它取出來給「唯一值得看這件東西的人」看，那人是我父親。

連隊很快發現文件丟失，那個年輕人被吊在房梁上連續審訊了兩天兩夜，迫他交代偷機密文件的真實目的。其實，當這個文件傳達到連隊一級的時候，全世界早都知道了。

林彪作為開國元勛之一，在文革中他協助毛澤東擊垮了他的政治對手，成為了他最信任的法定接班人。但在一九七一年八月，毛澤東與林彪之間出現裂痕，最終導致了後來發生的慘劇。林彪投靠蘇聯的企圖打擊了毛澤東的威信和對未來的信心，也使毛的狀態一蹶不振。

在一九七二年二月二十一日，發生了另一件更讓人感到震驚的事兒。美國總統的專機空軍一號降落在北京機場。尼克森是美國首位來訪中華人民共和國的總統。他的驟然訪華，不僅在瞬間融化了二十五年的冷戰，同時顛覆了人們的常識和邏輯，人們目瞪口呆地接受時代的錯位。七個月後，日本總理抵達北京，並在幾天之內與中國恢復了中斷了二十多年

「那是一份絕密的『中央文件』，裡面的內容涉及林彪副主席攜家人出逃，他的三叉戟飛機不幸在外蒙古的溫都爾漢地區墜毀。」

的邦交。隨著這些世界巨變後，那位寫《紅星照耀中國》的美國記者埃德加・斯諾（Edgar Snow）對中國進行了回訪，在與周恩來的談話間詢問起艾青的近況，周回答他說，艾在新疆體驗生活。

從連隊回到石河子，我們被安置在一家招待所，是一座三層樓建築，在市中心的十字路口，位置很顯眼。隔著一條走廊的面對面兩個房間，同時有了暖氣和電燈。我回到了多年前我曾短暫就讀的學校，並成為了班裡的「學習委員」，我有一幅素描貼在走廊裡，作文範本貼在牆上。

吸收成績優異的學生加入共青團是順理成章的事，這個青年政治組織表彰和獎勵青年的成就，目的是塑造人的思想，培養未來的共產黨成員。共青團支書說，如果我沒加入團組織，發展其他人就會顯得不合適。這件事引發了不小的爭論，一些強硬派質疑我的資格，說我需要首先與自己的父親劃清界線。最後，我的支持者獲得了勝利，認為我屬於「可以教育好的子女」。由此，我成了一名共青團員，這是我第一次也是最後一次被一種政治秩序收編。

在石河子中學我認識了周臨，她在我後來的生活中有重要位置。比我大三歲的她，家裡也是從北京遷移過來的，她的行為和穿著與其他女孩不同，有獨立自持的個性。週末她常來我家，每次將借走的一摞書籍夾在她的自行車後座上，一週後如數歸還。

一九七二年五月，確診為癌症晚期的周恩來，精力明顯減退。林彪叛逃後，在江西下放勞動的鄧小平給毛澤東寫了兩封檢討信，隨即他被安排復出，並恢復了國務院副總理的職務。一些在文革初期被打倒的「走資派」，熬過多年磨難之後，也悄然恢復了工作。

父親將自己的視力減弱，歸咎於地窩子的光線太暗。回到石河子後，一位眼科醫生確診他的右眼將完全失明。醫生說，白內障原本可以治癒，如果他早些過來的話。父親只苦笑了一下。

一九七三年夏天，父親的左眼視力也開始減退，以至於無法閱讀。鑒於病情複雜，當地醫院沒有信心對他醫治，而建議他回北京治療。在疆的幹部去北京，必須經過省級領導的批准，最後他的申請得到新疆軍區黨委的批准。流放十五年後，艾青終於可以帶著高瑛和艾丹去北京就醫。我留在石河子繼續讀中學。

回北京後，他們無處落腳，屬於自己的家被他人占用著，他們只好借住在父親的小妹妹蔣希寧家。小姑是一個身體瘦小的女人，辛勞持家的她有些駝背，耳朵也有些背，大聲說話她才能聽到。我的腦海中總有一個畫面：每天她去菜市場買菜回家，她的手中總是捏著一把青菜和一小包肉餡，笑容總是凝固在她的臉上。

父親終於見到了江豐，兩人曾經一起在上海蹲監獄，重逢在延安，一九四九年一同進駐北平，接管藝術界。一九五七年，兩人又同被劃為「右派」，其後二十多年杳無音訊，不知道對方是死是活。一向沉默寡言的江豐現在更加沉默了。父親向他打聽到幾個熟人的情況：丁玲仍然在北大荒勞改，周揚在文革中落馬後入獄。

諮詢了醫生後，父親回了趟金華。他早萌生了告老還鄉的念頭。自上次返鄉，已過去了二十年，那裡已是物是人非，可是他仍然處於政治陰雲之下，沒有返回北京的希望。江豐特意去車站為他送行，兩位老友含淚告別。

一九七三年九月，與一位外國客人的談話中，將滿八十歲的毛澤東說了些有暗示性的話；他以秦始皇（西元前二五九年—西元前二一〇年）自喻。歷史人物秦始皇通常被看作無情的暴君，而毛澤東對他頗有好感。對毛來說，儒家的中庸之道缺少吸引力，高度集中的權力才是統治的核心。毛澤東再一次敦促全黨研究歷史，批判孔子的儒家思想，保持與他的鬥爭哲學一致，抵制黨內日益增長的實用主義。

很快地，批判儒家思想與對林彪的進一步批判結合起來，一個多目的的運動有更加密集的宣傳。校園裡有許多批判「孔老二」的漫畫，得意了沒幾天的老師們又蔫了。

一九七五年五月是「文革」的第九年，對人們來說，這個階段顯得更為嚴峻和壓抑。與毛澤東的預測相反，天下非但沒有大治，反而更為動亂和衰敗。一九七四年的中國經濟表現不佳，商品供不應求。毛身邊的江青與三名左派人物張春橋、姚文元、王洪文結盟（後來稱作「四人幫」），展開了與周恩來、鄧小平之間的權力鬥爭。

隨著時間的推移，在給江青的一封信中，毛澤東警告：「右派可能利用我的話得勢於一時。」他感到鄧小平對他的陽奉陰違，表面上保留他的思想外殼，實際卻對文革持否定態度，清算文革的做法使他大失所望。一九七五年年末，毛澤東在病榻上發聲，表明他不信任鄧小平。鄧小平復出後的整頓工作被毛澤東定性為「右傾翻案風」。「批鄧和反擊右傾翻案風」是毛的最後一搏，猶如強弩之末，無疾而終。

正是在這種充滿矛盾的背景下，父親被批准回到北京醫治眼疾。此後，他和母親還有艾丹留在了首都。一九七六年一月初，我在寒假期間與他們在那裡會合。

一九七六年一月，周總理逝世，病臥在床的毛澤東也站不起來了。我返京時正值周恩來去世。對於父親那一代的知識分子來說，這是一個悲傷和沉痛的時刻。三十六年前，周恩來安排他去延安，在後來的整風運動中，同是周恩來幫助他洗脫了嫌疑。普遍認為周恩來在黨的領導人中較有人情味，對知識分子有所理解和欣賞。隨著周恩來的去世，無論是中國或是每個人的未來，都更加不確定了。悲傷、焦慮和憂慮籠罩著政治和文化圈裡的每個人，事實上，幾乎所有北京人在這個時候的感受都是如此。一月十一日，周恩來的遺體從醫院被運往位於北京市中心以西十四公里的八寶山火葬場。儘管周恩來的政治對手試圖阻止公眾哀悼，但他即將被火化的消息口口相傳。靈車從東到西緩緩駛過長安街時，成千上萬的北京市民沿街送行，我第一次見到了群體的悲愴場面，一片淒厲的哭泣聲。那天下午，我父親和我也站在密集的圍觀人群中。

我們居住在西單小姑家，那兒離天安門廣場只有二十分鐘的步行路程。廣場中央花崗岩雕刻的人民英雄紀念碑，成為了群眾悼念活動的中心。我每天擠在紀念碑下的人群中抄錄人們寫的詩詞，帶回家給父親，他會饒有興趣地閱讀這些詩。

我和父親一起去了廣場，他穿件舊棉襖，一頂棉帽，脖子上圍著一條長圍巾，那一隻未失明的眼睛凍得快睜不開了。他已是六十六歲的老人，孤零零地站在寒冬灰色天幕下，他四顧茫然，居無定所，不知該何去何從。被悲傷所籠罩的廣場上，人群層層圍繞的那座紀念碑深陷在花圈之中，白色紙花繫滿的松牆像積了一層厚雪。十四年前，當父母回北京接我去新疆的時候，我們來到天安門廣場，在金水橋上父親抱著我留影，照片中，我們的臉上有難得一見的笑容。

毛澤東選定了他的接班人。次月，華國鋒被任命為代理總理，而不是鄧小平，證實了鄧的失落。言語不多的華國鋒，不露鋒芒，與「四人幫」無瓜葛，也與周恩來、鄧小平無交情。在激進派和溫和派的權力鬥爭中，華國鋒持中立立場，他只對毛唯命是從。

四月初我回新疆後，廣場上的哀悼已成為示威活動，人民英雄紀念碑下半部分早已被堆積如山的花圈掩埋。四月四日是清明節，有近百萬市民湧入廣場。人們在此釋放他們對激進的左派的不滿。四月五日晚上，民兵們開始了清除廣場上抗議者的行動，示威者被棍子暴打，很多人被逮捕。

回到石河子，我從收音機中聽到「天安門廣場發生了反革命事件」，指出鄧小平是事件的幕後黑手。全國被告知，反動分子發表反動演說，張貼反動詩和標語，散發反動傳單，煽動建立反革命組織。我強烈認同那些抗議者，對示威遭受如此無情的鎮壓感到憤怒，對宣傳機器顛覆事實感到噁心。我知道，再也不會有任何空間來討論真正發生的事情了。在十三年後，共產黨對一九八九年的民主運動採取了類似的動作。面對和平的反對者，極權政權絕不會退縮一步的。相反，它最終總是會顯示出其基本性質，用武力進行報復，不惜以人的生命為代價。

我已經十九歲了，我的想法常常很模糊，但是唯有一點我比誰都更清楚，我盼望這個國家發生變化，任何改變都會比眼前的情形好。一九七六年七月，中學畢業了，我離開石河子前往北京。當火車經過距離北京西南兩百九十公里的石家莊市，旅客從迎面而來的列車車窗探出頭，嚷嚷說：「不要再往前走了，北京地震了。」我的內心感到一陣興奮，我希望的某種變化出現了。當時，還沒有人可以預測這次災難帶來的危機，地震中心是距離北京以東一百六十公里處的唐山市。七月二十八日凌晨三時四十二分，這座擁有百萬人口的工業城市在短短幾分鐘內被夷平了，後來據說有二十多萬個生命消失了。

到達北京時，我看到人們躺在火車站前的露天廣場上，長安街上的電信大樓準時播放〈東方紅〉定時音，仿佛這只是一個普通的日子。首都的建築物受到了輕微的損毀，並沒有出現大規模的破壞；頻繁的餘震和將會發生更強地震的傳言，使每個人都感到緊張。那天晚上，我在中山公園露營，這兒緊臨紫禁城南門，明、清兩朝的皇帝曾在這裡祭天。有一條長廊穿過覆蓋著荷花的池塘，在繪著風景和歷史典故的天花板下，兩邊長椅上睡著和我一樣無處可去的人們。餘震持續發生，一整夜可以聽到有人緊張地失去了平衡，掉進池塘的水裡。

隨後的幾個星期裡，人們害怕被另一次地震埋在自己的房子裡，百萬北京市民都住在露天的大街和任何空曠的地方。在阜成門地鐵工地的碎石堆上，我終於和我的家人團聚了。雖然房頂上只是震下了一塊瓦片，我的父母和弟弟開始在用鋼筋和塑膠布拼搭成的簡易棚裡露營。更苦惱的是，正值雨季，雷鳴電閃，暴雨傾盆。艾丹自覺地整夜守望著我們搖搖欲墜的防震棚，他不斷將棚頂的積水放掉，以防止棚頂隨時會坍塌。原始的生存現狀，使父親回想起戰火之中的重慶，回到被日本人轟炸的日子。商店關門，臨時服務站有的唯一的熱食是燒餅、饅頭和米飯；所到之處都要排長隊。

災難考驗著人們的承受力，而真正的震源在每個人的內心深處，默默承受只是我們能看到的表面。所有的真實資訊都被封閉了，我們不知道有多少人在地震中死亡，就像三十二年後沒有清楚解釋汶川地震中的死亡人數一樣。但是在那次災難中，我可以說是準備好了而真正行動起來，儘管揭示真相有很多危險，我還是要展示當局想隱瞞的事實。在中國這片土地上，如果你想了解你的祖國，你已經走在了犯罪的道路上。

在唐山地震後的幾週裡，時間靜止了，人們都在等待，可是在等待什麼誰也說不清。只知道要避難的人們，早已喪失了分辨是非的能力，喪失了憤怒和傷感，再無善意、好奇和同情。

周遭的人們小心翼翼地傳遞著某某平反了、某某回京了的信息，家裡的來客熱衷於討論這些傳聞。我不理解大人們對這些消息的熱衷，無法融入飽經劫難的人群的亢奮和激動中。這段時間，我的生活可以用一個「晃」字形容，不僅我晃，整個時代都晃，搖搖欲墜地處於空閒、無目的、不確定的狀態中。無事可做的人們都在等待社會發生一個變動。整個國家處在一個非常期，空氣沉悶得讓人感到窒息的北京永遠是灰色的、靜謐的、沉默的。父親認為我不該無所事事，而應該和其他畢業生一樣去農村插隊。而我已無法想像再回到那種被人管教的日子。

一個悶熱的午後，我和我的朋友在城市西北郊的紫竹院的湖水中游泳，公園廣播突然預告將會有一個重要新聞播出，我們都在水中昂起頭聽著。很快，哀樂在城市各處響起。一九七六年的九月九日，毛澤東死了。

毛澤東隨著另兩位領導人相繼離世，那幾個月的天彷彿塌下來了，莫名的哀傷來自末日恐懼和現世的怨恨。真正死去的不再是生命，而是人們對這個國家的理解。死亡帶走了一個罪惡的時代，剩下的是羞辱地活下去的慣性。

幾週之內，毛澤東的繼承人華國鋒，在政壇元老的挾持下政變，瞬間拘捕了江青和她的幫派。發生如此迅速的轉變，即使是江青本人都未曾料到，在被捕時她說了句：「主席的屍骨未寒。」她完全低估了策劃政變的人的膽量。華國鋒說，粉碎「四人幫」是毛的遺願，同時他還宣布了文化大革命的結束。

一位父親詩歌的仰慕者借給父親一間平房。家中開始訪客不斷，他們幾乎全是些回到首都的「牛鬼蛇神」。

這個城市昏昏欲睡，我無所適從。有千千萬萬像我這樣無所事事的人，他們走到哪兒，一眼就看得出來，同樣地不受待見。在中國的計劃經濟時代，個人的工作由國家來分配，並沒有其他可能。和父親一樣的文人、藝術家也都閒著，他們已不再是政治上的出氣筒，但仍然沒有被錄用的機會。一位常來看望父親的藝術教授，開始引導和督促我跟他學畫畫。

我每天拿著折疊凳和畫具去公園裡畫花卉，花時間在車站裡畫候車的人，或去動物園畫獅子、大象，也時常騎車去更遠的地方，在頤和園後山或圓明園廢墟畫風景。大多數時候我都會很晚回家。我雖然畫得很投入，卻不知道為什麼要這樣，除了我和我的那位老師，永遠不會有人在意我做些啥。儘管我無意去發現美，通過繪畫，我可以用另一種語言實現一種平靜。專注使我脫離其他牽絆，給我超然的解脫。我拓展了一個不曾擁有的空間，那裡雜草叢生，荒若廢墟，頹廢可以是無限的自我救贖，是一條疏離和逃避之徑。

我隨一位中央美院老師去膠東半島寫生，以獲得從大自然中繪畫的經驗。海浪起伏，漁船一次次從浪尖跌入浪谷，大海被落日染紅，藍天將漁夫的膚色映射為深紫色。我的塗抹技巧依然粗鄙，但是不乏自信，我把繪畫看作是我要做的一件事，幫助我掙脫約定俗成的規則。從一開始，我就拒絕讓自己受既定做法和傳統規則的限制。

一九七七年，在黨內幕僚的簇擁下，鄧小平重新恢復了權力。他以「實踐是檢驗真理的唯一標準」為推翻毛澤東思想提供了理論依據，從而也削弱了華國鋒的地位，為自己在一九七八年成為中國的最高領導人鋪平了道路。

這是一個過渡時期，父親以新的能量和期望回到他的寫作中。自反右以來，二十年間他基本沒有動過筆，但現在他凌晨起床後，努力寫幾個小時的詩。

一九七八年四月三十日，他的一首短詩終於第一次在上海的《文匯報》發表，詩的主題是最安全的。這首詩向父親的讀者釋放出他在沉寂多年後仍然活著的信號。

在北京的我們仍然屬於「黑戶」，未經官方批准居住在城裡。恢復了高位的王震，親自批准歸還艾青在一九五〇年代購買的房子，但事實證明這一決定很難實現，因為有幾個家庭占據了那裡並拒絕離開。於是，作協安排我父親暫時住在史家胡同，一個有六個房間的相對寬敞的房子。他們還為他安裝了電話，電話在那時還是很罕見的，理由是他要開始接待外國的賓客。

有了自己的空間，父親得以每天在書房裡靜下心來寫作。他發表在《文匯報》上的〈魚化石〉一詩，是在八月下旬較為寬鬆的政治氛圍中發表的，反映了毛澤東時代許多知識分子的困境，他們多年來被剝奪了尊重、安全和獲得工作所需資源的機會。

但你是沉默的，
連嘆息也沒有，
鱗和鰭都完整，
卻不能動彈；
你絕對的靜止，

對外界毫無反應，
看不見天和水，
聽不見浪花的聲音。

當知識分子被流放時，他們的生存受到威脅，而且很容易成為「魚化石」。但是，艾青宣稱，他們絕不應該接受這樣的命運。

活著就要鬥爭，
在鬥爭中前進，
當死亡沒有來臨，
把能量發揮乾淨。

一九七八年八月，國務院副總理王震批示「撥亂反正，正本清源」，做出了「解放」丁玲和艾青的決定。秋天，鄧小平的改革主義議程在多方面取得了進展。推翻了對一九七六年天安門廣場「反革命」事件的判決，文化大革命的決定亦被含蓄地否定。

十一月二十五日，在北京工人體育場舉行的詩歌朗誦會上，龐大的人群以雷鳴般的掌聲回應艾青的一首新詩，這首詩頌揚了

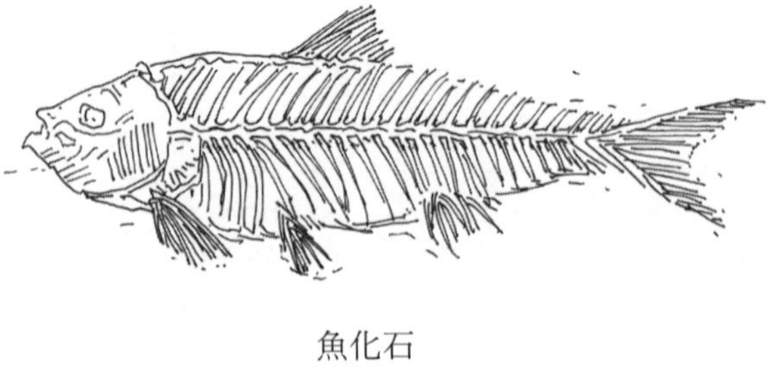

魚化石

一九七六年四月的天安門抗議活動和對四人幫的清洗。在詩的最後幾節中，艾青闡明了民眾對公正的訴求。

一切政策必須落實，
一切冤案必須昭雪，
即使已經長眠地下的，
也要恢復他們的名譽。

最後，他響亮地給予改革派路線以支持：

清除一切障礙物——
封建的、法西斯的、
宗教迷信的、腐朽的，
為四個現代化騰出基地！

「四個現代化」（工業、農業、國防和科學）是周恩來首次提出的新領導層政策議程的核心。

隨著解凍的繼續，父親的地位變得更加穩固，他變得更加樂觀。一九七八年十二月，在為自己的詩集所寫的序言中，他表達了對未來的信心：「我所經歷的時代，是一個波瀾壯闊、絢麗多彩的時代。我和同我差不多年紀的人們一樣，度過了各種類型、不同性質的戰爭，也遇見了各種類型、不同性質的敵人。真是變幻莫測！如今，時代的洪流把我捲帶到一個新的充滿陽光的港口，在汽笛的長鳴聲中，我的生命開始了新的航程。」

父親越來越明確地批評毛澤東時代的文化政策，尋求獲得更大的藝術自由空間。一九七九年一月十二日，在一個作家的論壇上，父親說，假如只有批評的自由，而沒有討論的自由，有誰還願意搞創作呢？五天後，在一個由詩歌雜誌《詩刊》主辦的座談會上，他提出了相關的觀點：沒有政治民主根本談不到藝術民主，民主不能靠恩賜，要靠奮鬥才能得到。「為什麼人們不說自己心裡的話呢？」因為，他指出，真理冒犯了權力，會帶來可怕的懲罰，毀掉自己和自己的家庭。現在和將來，詩人必須說真話，提出問題，問為什麼。

父親收到了他期待已久的消息：官方糾正了他是右派的判決，他得到了完全的平反，他的黨員身分、政治地位和原來的工資級別都得到了恢復。因他而受到牽連的家庭和子女將免於受到任何進一步的負面影響。

在香山公園散步的艾青，遇到剛從秦城監獄釋放的周揚，這個前文化界的沙皇走向前向他道歉：「艾青同志，我們對你搞錯了。」

「搞錯了」三個字聽上去簡單，許多人因為搞錯了而沒有活下來。父親後來這樣表達了他對復職的感受：「從海底撈起一些零星的記憶並不容易，經過海水的侵蝕，很多都已失去原有的光澤。多少年來我和世界是被隔絕了的。」

艾青盡力彌補了失去了的時間。在一九七九年至一九八二年期間，他發表了一百多首詩，獲得了廣泛讚譽。一九七九年五月，艾青出訪西德、奧地利和義大利三國，這是自一九五四年以來他第一次出國旅行。當他被邀請在慕尼黑的一個詩歌活動上朗誦時，艾青微笑著從他的西裝內袋裡掏出來幾張紙，遞給了翻譯，示意她念出來。那是一首關於柏林圍牆的詩：

一堵牆，像一把刀
把一個城市切成兩片
一半在東方
一半在西方

牆有多高？
有多厚？

艾青畫的高瑛，1978 年

有多長？
再高、再厚、再長
也不可能比中國的長城
更高、更厚、更長
它也只是歷史的陳跡
民族的創傷
誰也不喜歡這樣的牆
三米高算得了什麼
五十釐米厚算得了什麼
四十五公里長算得了什麼

再高一千倍
再厚一千倍
再長一千倍
又怎能阻擋
天上的雲彩、風、雨和陽光？
又怎能阻擋

飛鳥的翅膀和夜鶯的歌唱？
又怎能阻擋
流動的水和空氣？

又怎能阻擋
千百萬人的
比風更自由的思想？
比土地更深厚的意志？
比時間更漫長的願望？

——〈牆〉，一九七九年

十年後，柏林圍牆倒塌之夜，年輕人在牆下朗讀了這首詩。如果他仍在世，他看到的是他的國家仍然在阻擋自由的進程。

「老實說，」我的父親在一九八三年寫道，「經過了多少年的動盪不安之後，我的心情是極平靜的。許多比我年輕的死在我前面了，我卻還活著。要是在七、八年前死了和死了一條狗沒有什麼兩樣。自一九三二年〈會合〉出版以來，已經過去了半個世紀。我的創作生涯，真像穿過一條漫長、黑暗而又潮濕的隧道，自己也不知道能不能活著過來，現在總算過來了。」

他說的隧道的另一端是他個人苦難的盡頭，而這遠遠不是造成這種苦難的政權的結束。前途變得更不可測。從新疆回北京後，我和父親的生活都發生了變化。我的記憶不允許我認同我的新現實，像他六十年前面臨的選擇一樣，我剩下的路是離開這裡。

第十章

民主還是獨裁

一九七八年的八月，我考進了北京電影學院的美術系。毛澤東時代漸漸成為過去，瘋狂了多年的政治迷信和個人崇拜也隨之淡化，心情變得寬鬆了，人們陶醉在一種缺失的興奮之中。物質和精神生活摧毀之後，新的事物、思想有了機會，至少可以填補空白，人們為一個變化的時代的到來感到幸運。一些人的父母還在「牛棚」中，哥哥姊姊還在偏僻的農村「修地球」、搞種植，但是好像一個光明的未來指日可待。

這從天而降的幸運感與我以往的經驗完全錯位，我疲憊的內心怎麼也輕鬆不起來。雖然同學中不乏文藝圈中子弟，可是他們身上自然流露出的那種優越感讓我感到陌生和不適。

一九七八年十一月，北京的西單工地圍牆上，貼了一張署名「機修工 0538 號」的文章點名批評毛澤東的歷史性錯誤，隨之而來，要求民主、自由的討論文章相繼出現。接下來幾個月，這段三米高、百米長的圍牆變成譴責專制制度、要求政治改革、宣導民主和自由的論戰場合。

民主牆上最引人注目的人物是魏京生，一個二十九歲的環衛工人。一九七八年十二月五日他張貼的〈第五個現代化——民主及其他〉對共產黨自一九四九年以來推行的政策提出尖銳的批評。魏京生提出：「如果我們想在經濟、科學、軍事等方面現代化，首先就必須使我們的人民現代化，使我們的社會現代化。人民民主、自由與幸福，是我們實現現代化的唯一目的，沒有這第五個現代化，一切現代化不過是一個新的謊言。」是他把在我腦中尋思已久的疑惑變成了堅定的文字。

一九七九年的一月底，鄧小平出訪美國，這次為期九天的訪問是共產黨最高領導人第一次踏上美國國土。卡特總統在華盛頓甘迺迪藝術中心為他安排了演出，最後的壓軸環節是兩百名小學生用中文合唱〈我愛北京天安門〉，鄧小平為之動容，他在攝影機前與吉米·卡特擁抱。這些事讓中國最早的電視觀眾感到無比震驚。

在中國，三月二十二日，《北京日報》發表了〈人權不是無產階級的口號〉文章，算是不期而至的鎮壓的不祥之兆。三天後，魏京生貼出另一篇〈要民主還是要新的獨裁〉。看到事情不是朝著真正的政治變革，而是朝著持續的意識形態控制和壓制言論自由的方向發展，他寫道：「任何政治領導人作為個人都不應獲得人民的無條件信任。」直言鄧小平走的是一條獨裁的路線，是一個不折不扣的獨裁者。四天後的半夜時分，魏京生遭到拘捕，有關中國去向的政治討論戛然而止。

我正朝著叛逆方向發展，所謂新的生活讓我厭倦，戈壁灘鹽鹼地地窩子給我的記憶難

1930 年 9 月，唐一禾、吳作人、艾青、周圭。法國巴黎郊外

1936 年 2 月，艾青。
江蘇常州

1957 年 7 月，巴勃羅・聶魯達、艾青。湖北武漢

1958 年夏，艾未未、艾青。黑龍江省寶清縣八五二林場

1958 年冬，艾未未。黑龍江省寶清縣八五二林場

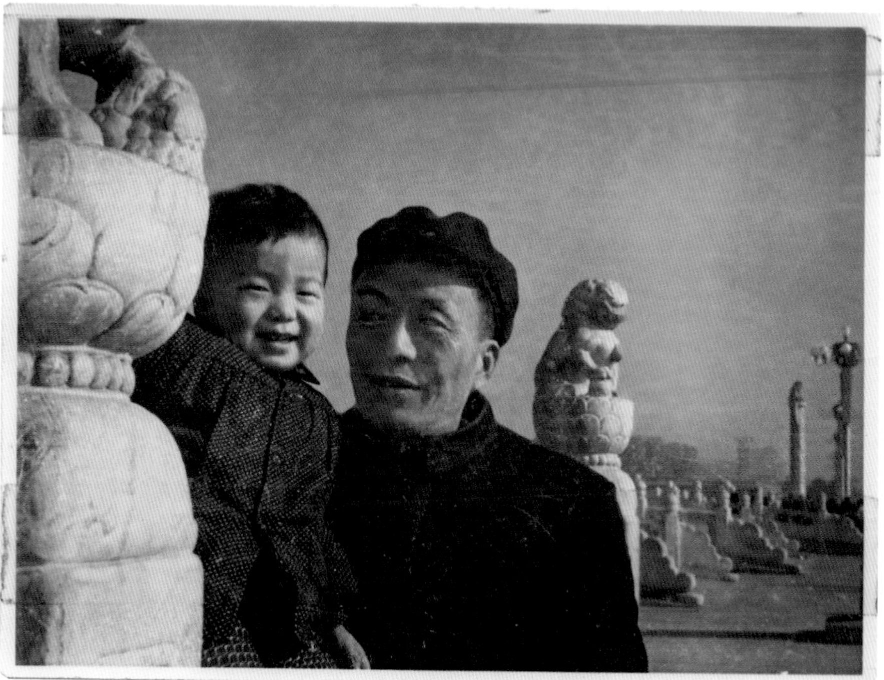

1959 年 11 月，艾未未、艾青。天安門廣場

1962 年，高瑛、艾未未。新疆石河子

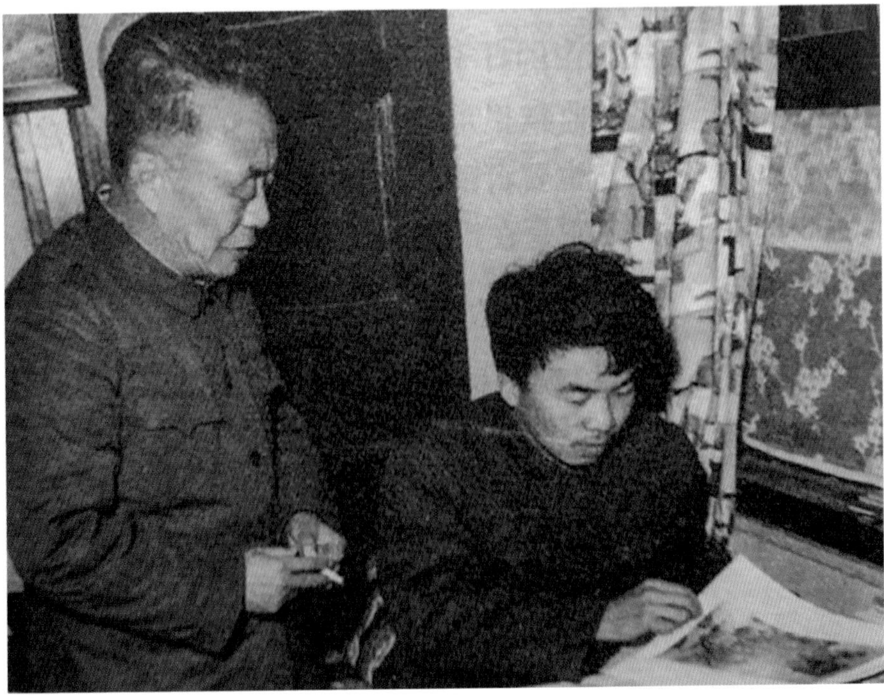

1980 年，艾青、艾未未。北京東城區家中

1980 年，艾青從新疆回到北京

1985 年，艾未未。紐約下東城

1987 年，艾丹、艾未未。
紐約 Pyramid Club 前

1987 年，艾未未。紐約現代藝術博物館，馬塞爾・杜象作品《To Be Looked At》前

1987 年，
艾未未在紐約
時代廣場畫肖像

1988 年，
艾倫・金斯伯格、
艾未未。
紐約

1989 年，
凱斯・哈林
在紐約「ACT UP」
示威活動中

艾未未，《Study of Perspective》，1995 年

艾未未，《June 1994》，1994 年

1995年，艾未未、艾青。北京東四十三條家中

艾未未，《Dropping a Han Dynasty Urn》，1995 年

艾未未，《Han Dynasty Urn with Coca Cola Logo》，
1993 年，西漢（西元前 206 年－西元 24 年）甕、塗料，25×28×28 cm

2007 年，雅克・赫爾佐格、艾未未、皮埃爾・德梅隆。北京國家體育場工地

1999 年，興建中的北京草場地 258 號艾未未工作室

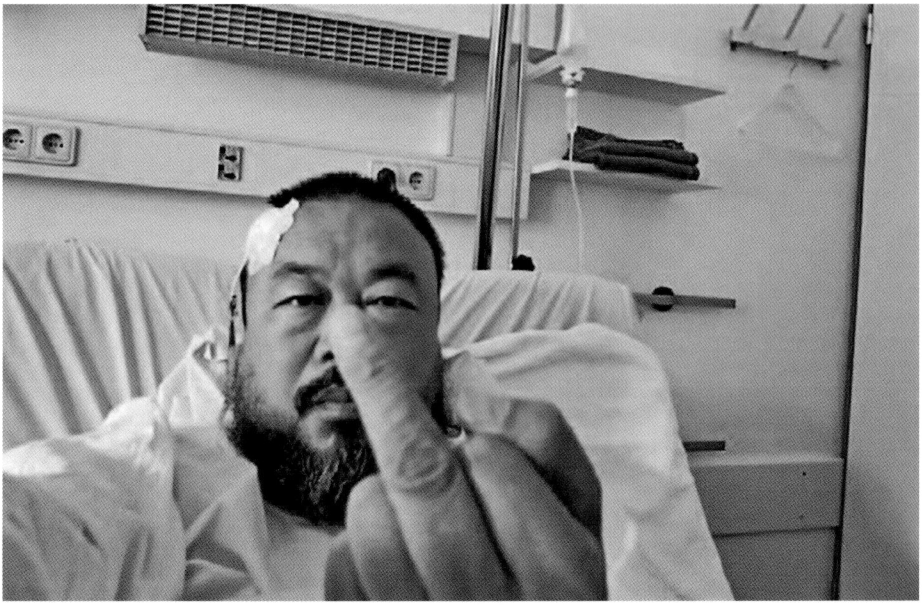

2009 年 9 月，艾未未。德國慕尼黑大學附屬醫院

2010 年，艾老走在英國倫敦泰特現代美術館展出的《Sunflower Seeds》上

艾未未，《Straight》，2008–2012 年，鋼筋，2500×600 cm
艾未未，《Names of the Student Earthquake Victims Found by the Citizens' Investigation》，2008–2011 年，四川地震中 5196 名死難學生名單
2014 年展於紐約布魯克林博物館

艾未未，
《Circle of Animals / Zodiac Heads》，
十二生肖中的狗，2010 年，青銅

2015 年 7 月 30 日，王分、艾老、艾未未。德國慕尼黑

2016 年，艾未未。希臘萊斯沃斯島

以褪去，父親遭遇的屈辱和無助牢牢將我拽回到我的過去，讓我完全偏離了尋找美的線條和色彩的節奏。

週末的晚上，我從學院回家，在路燈昏暗的胡同口撞見了周臨，已考進北京師範大學的她穿著一件藍色圓領裝，她顯得有些拘束。

後來，周臨給我的印象很深刻。她基本不進教室，在考試之前惡補兩天作業就能獲得不錯的成績。七〇年代末，多數大學生都很溫順，她的態度算是罕見的反叛之舉。

我們不但來自西北的同一個小城，我們也一樣不喜歡學校，也許該說，我們厭惡學校。周臨曾想過從教室的窗戶跳下去，她懂得我對正規教育的鄙視的態度。和她在一起，我完全沒必要解釋諸如什麼讓我們年輕時感到痛苦，也不必再說勇氣或是虛偽的含義。共同擁有的不快樂的記憶，教會我們如何自然地拒絕眼前的一切，對一切的否定反將我們牢牢地擠壓在一起。

我們每個週末見面。在她與五個女同學同住的寢室，我倆兒鑽進她床上的蚊帳中，或者去郊外的麥田中，一路走到天黑。那時道路上很安靜，偶爾有駛過的公交汽車，一切處於靜止狀態。不用隔多久，這座城市的景觀就會發生變化，我們也一定會隨之變化。

電影學院唯一的優勢是每週觀摩兩場外國電影，這在當時算是一種特權，文革期間只有江青可以看到外國電影。作為學生，我有一張票，而偽造第二張票成為我的一個挑戰。為了防止假票，每場的影票都用不同顏色的紙印，我必須滿處尋找到匹配的紙質。對我來說，看電影已不重要，重要的是找到將周臨帶進放映室的方法。憑著自己早年練就的線描技巧，我精確地模仿出來的票讓檢票人難辨真偽。一次，檢票員心存疑慮地驗證兩張票，她看了很久後，竟認為那張真票是假的。

在文革期間，外國文化遭鄙視，能夠坐在黑暗中觀看歐美電影、聽銀幕上台詞的同聲傳譯，是令人迷惑的體驗。電影學院放映室裡的氣氛，比幾年後我在費城影院看色情電影還緊張。費里尼真的打動了我，他的電影裡離奇又感人的場景讓我有許多共鳴。

後來，美國的兩個姨媽來看望周臨，一九四九年後她們首次返回北京。臨別時，問周臨想要什麼，姨媽都願意滿足她。周臨不假思索地說，她想要一套世界美術全集。於是，我有了二十四本精裝的畫冊。後來，在紐約屢次挪地方，為了這些畫冊，我總是先將自己的作品丟棄。

周臨的父親是一位外科醫生，他每天在手術台上十幾個小時，有強韌的體力和神經。周臨從不對人提及母親，據我所聞，她母親是一位英語老師。當她母親的兄弟姊妹一九四九年移民美國時，周臨的父母是唯一留下來加入革命隊伍的，他們後來又離開了北京，去新疆支持邊疆的發展。

雖然周臨自己從沒提起，但我知道她對她母親的懷念。文革早期，她被紅衛兵從家中帶走，之後再沒回家。她被毒打後吊死在一間女廁所裡，之所以引發敵意，是因為她的英語說得太完美。

周臨渴望離開中國，她的親戚們也非常樂意幫助她。我清楚她離開就不會回來了，我們都從不掩飾對所處的環境的厭惡。比我預期的更快，她就去了美國。感到傷感的同時，我為她由衷地高興，感覺像是我的一部分獲得了自由。

她去了美國東岸的匹茲堡大學，來信中附著一張她站在美術館中的梵谷的向日葵油畫前的照片。那是我熟悉的畫，就在她送我的那套畫冊中。在一起的時候，周臨總說我是一個最棒的藝術家，她並不是說在未來；鑒於我當時很少有作為，這是個奢侈的說法。但是，她說此話的神情像說謊一樣正經，她堅信自己是對的。無論如何，她的同學都相信她，她們沒有理由不相信；而那時所謂藝術只是些宣傳畫。

《Shanghai Sketch》，1979 年

一九七九年九月底，我們動畫班在上海美術電影廠實習，一位北京的朋友傳來一個令人振奮的消息。他說，北京的藝術家在一個非常顯眼的地方舉辦了一次未經許可的「星星美展」：一百五十多幅油畫、水墨畫、素描、版畫和木雕作品，直接掛在美術館前的鐵柵欄上。第二天，公安局派出一隊警察，以展覽沒有得到官方批准為由，將其拆除並沒收了展出的全部作品。

幾天後，十月一日國慶節的早上，被撤展的藝術家聚集在長安街上遊行，喊出要「藝術自由」的口號，發表了慷慨激昂的演講，事件吸引了數百人圍觀。我回京時，當局已經軟化，允許「星星」再次在北海公園的畫舫齋中展出，我被星星畫會邀請參展的美展在北海公園重新開幕，最後一天賣出了八千張門票。

第二年，我們又在中國美術館舉辦了第二次畫展，這是在父親的朋友江豐的支持下，他是中國美術家協會的主席。展覽前言說：我們不再是孩子了，要用新的、更加成熟的語言和世界對話。這次展覽吸引了二十萬人參觀。

「星星」的活動為藝術發生的變革取得了成功，政府依然對挑戰它的異議者持零容忍態度。一九七九年十月十六日，魏京生出庭受審，僅一天的訴訟後，他被判處了十五年的有期徒刑。對他的指控是：在中越戰爭期間向外國人洩露國家機密、撰寫反動文章、編輯反動刊物。這樣的處罰對我的衝擊難以表述，加深了我對專制體制的虛偽與殘暴本質的理解，再次表明共產黨從本質上與自由對立。魏京生的審判結束了民主牆作為政治平台的短暫命運，前景暗淡，我發誓要離開這片危險的土地。

《艾青詩選》封面上艾未未的《Forest》，1977 年

第十一章

「紐約，紐約」

一九八一年，我向電影學院遞了「自費留學」申請。在當時，自費留學是沒聽說過的事兒，校方不同意。於是我提出退學，學校隨後向文化部尋求指導，文化部批准了我的申請，條件是出國前要對我做好愛國主義和保密教育。

當時，赴美留學在許多人眼中等同變節投敵。從一九四九年以來，中國人自費去歐美留學幾乎不可能，這個國家與西方完全隔絕了超過三十年，與蘇聯和東歐也斷絕來往二十多年了。現在，隨著中國與美國的外交關係重新建立和恢復，我成為第一波自費出國的學生。

辦理護照並不是件容易的事。首先經過單位批准，辭去公職，再拿著單位的介紹信去公安局辦理申請，審查過程絕對比我偽造電影門票時更為嚴格。

辦護照難，取得簽證更難。只有在拿到簽證後，我才能去居住地派出所註銷戶口，再回公安局領取出境卡，憑此卡才能夠購買出境的機票。

美國使館的那位簽證官，一個高個兒年輕黑人，說著一口流利漢語，當他聽說我學的是動畫專業，推薦我一定要去迪士尼看看。我拿到了去美國的簽證。

一九八一年的中國，外匯儲蓄甚少。王府井中國銀行是北京唯一可以兌換外幣的地方。我出示了護照，兌換的理由是，需要從紐約乘長途巴士去費城的費用；這時周臨已轉去了賓夕法尼亞大學上學。那位職員用尺子在一張美國地圖上測量了那一段距離之後，給我兌換了三十美元。離開那裡的時候，在王府井街角上聚著一些農民，在他們的自行車的後架上用草繩紮捆著一只只精美的古瓷瓶，有幾個老外圍著議價，這是留在我的腦中的最後的景象。

我急於離開。一九八一年二月十一日出發那天，我母親堅持要送行。我安慰母親，大言不慚地宣稱，我去美國是「回家」了，十年後她將會看到另一個畢卡索的。

我要去美國並不是因為我嚮往西方，而是感覺在北京待不下去了。臨行前，父親對我說，他那會兒離開中國，出國讀書，很少會留在了國外。我心想，時代不同了。

在飛行的最後一段，飛機下降甘迺迪機場前，圍繞著紐約市上空盤旋。我望著艙窗下這座無邊無際的魔幻般的城市，道路上的車流像熔化的鐵水一樣傾瀉，如此迷幻的景象，讓祖國多年對我的教誨在瞬間煙消雲散。

在前往費城的路上，開始下起了大雪，我從灰狗上下來的時候，周臨站在雪中。我們在地球的另一側相聚了。我們住在了一起，那是距離賓州大學校園很近的一座聯排房的二樓。

我準備學好英語，再去紐約讀藝術。在周臨的督促下，時差還沒倒過來的我沿街按門鈴，如果有人開門，我就翻著字典向主人解釋，我是一個中國留學生，問她要請人做點啥麼？我可以做任何工作。很幸運，一位主婦應了門，她詫異地打量站在她門前的陌生人，她的神情像是總統夫人見到了她喜愛的大熊貓。

打掃這位女士的房子並維持後院的整齊，是一項正合我意的工作，需要最少的溝通技巧，而且我可以快捷有效地完成工作。唯一的問題是如何使用那些五花八門的清潔液，應用上竟是如此精確和多樣。這可是我一生中第一份有報酬的工作，我的一天所得，等同北京工人幾個月的工資。付我錢時，如果沒有零錢，她就直接給我一個整數，留下的零頭夠我吃一盒冰淇淋。我不會忘記要在離開前把住戶的鑰匙放在門前擦腳墊下面。

我的英語班同學來自地球上的不同角落，一些我聽都沒聽說過的國家，他們有不同的方言口音。我們渴望新生活，但穿著和談話內容都暴露出我們正努力但雜亂無章地適應新的文化。三月下旬的一個早晨，身材高大的教師和以往一樣興致勃勃地衝進教室，接著她一字一句地說，雷根總統遇刺了。她說這話時的表情，有點像是在說一句美國式的笑話；總統在任僅十週就遭此厄運卻是一個事實。美國人對武器的膜拜拓展了同學們對正義的理解，我本來以為，只有軍隊才有持槍的理由。

一有空，我就去了費城藝術博物館，裡面像教堂一樣安靜，通常可見衣著優雅的男女在那些作品前徘徊。回想起新疆的日子，在父親的抽屜深處，有一本袖珍的羅丹雕塑集，每一次偷著翻閱都會感到臉紅心跳。現在，我就站在羅丹的那件《吻》的大理石雕像的

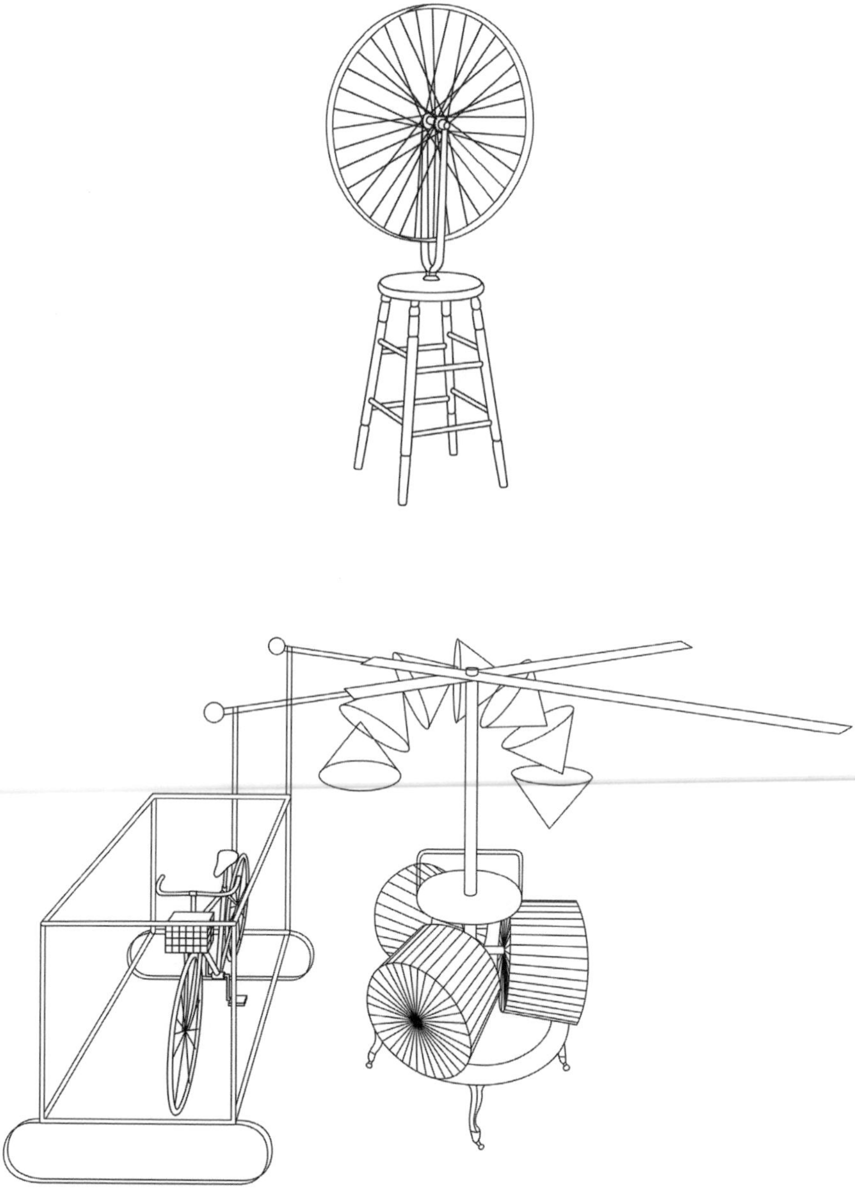

馬塞爾·杜象的《自行車輪》和《巧克力研磨機》與艾未未《Bicycle》的素描

面前，那對戀人的肌膚堅實而冰冷，已失去了深藏在我心裡的神祕光暈。

另一個展廳中，有一只自行車的前輪倒裝在一個圓凳上，距它不遠的是兩塊拼在一起的大玻璃，布滿了裂痕，上面的「新娘的領域」和「單身漢機器」間的複雜關係令人匪夷所思。而《給予》(*Given*)是這位藝術家用二十年時間隱蔽製作的，從那扇舊門的視孔看進去，稻草叢和樹杈裡仰臥著一個兩腿張開的裸女，她舉著一盞我熟悉的小油燈。我全神貫注地分析這些作品，而並未在意藝術家的名字，過了一段時間之後，我才意識到他對我有多麼重要。

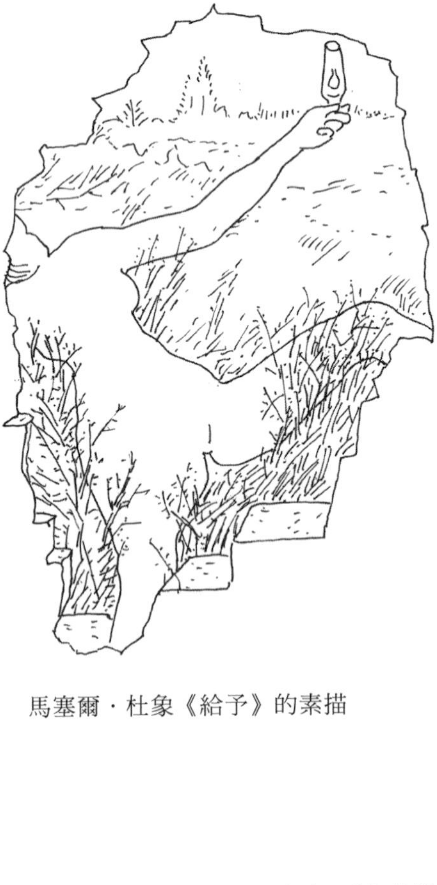

馬塞爾・杜象《給予》的素描

周臨轉去西岸的柏克萊大學讀電腦專業，我跟了過去。西岸的生活節奏輕鬆、渙散，陽光普照下的人們過著無憂無慮的日子。在校園的北端，矗立著一座前女生聯誼會，現在是個叫做 Pax House 的合作社，在那裡我找到了一份管家的職位，以換取一間頂層閣樓的月租。工作除了洗碗，也每週去超市購買食物，填充一個比我高的冰箱。每次當我再打開它，冰箱裡會像是魔術般的空無一物。

上了弦的周臨，應對著繁重的功課。課餘，她會騎自行車去看護一個孤寡老人，照顧他的生活起居。我作為一個雜工，一直忙於做些收拾庭院、除草、修整房屋的活兒。晃晃悠悠地過了一年之後，我知道，如果繼續留在柏克萊，我的大腦要被陽光蒸發得乾乾淨淨。幸運地，我如願收到了紐約帕森斯設計學院的獎學金和入學通知，周臨為我感到驕傲。很明顯，我們前面有不同的事業要完成，這一切合理得像是一顆熟了的果實要從樹上跌落。

告辭時，我發現有一張明信片放在我的桌子上，上面清晰地寫著：「有一天，我會在一張報紙上看到你的名字。」那是同住宿舍裡，一個愛踢足球的瘋女孩留給我的，她似乎在我身上發現了別人沒有發現的東西。

到紐約的時候正值聖誕節期間，站在十四街街口，面前是工會廣場 (Union Square)，我明確意識到，自己已經是這個魔幻都市的一部分。

我一直很羨慕我父親對語言的掌握，讓他即使在年輕時，也能自信地描繪出自己的領域。我現在唯一的缺憾是我沒有他駕馭文字的能力，無法在困境中，從寫作中找到我的焦點和撫慰。那樣的話，也許會使我的道路更簡單、更有成效。而此時，我的狀態是任憑時光流逝，心裡沒底兒。

在帕森斯設計學院，我的繪畫老師是 Sean Scully，一位愛爾蘭藝術家。在第一堂課裡，我將一張單人床大小的宣紙鋪在地上，用一枝毛筆勾畫出一張與模特的身體大小等大的素描，我的自信和敏捷引起了同學的圍觀。我極為專注地畫完後，這才意識到 Sean 站在我的身後，他冷冷地說了一句：這是他見過的最差的畫。

Sean 認為繪畫是一種內在情感的控制，他列印了些他喜歡的文字發給我們，那是些亂七八糟的詩句與似是而非的警句的混合體。我記得裡面有唐朝詩人王維的一首詩：「大漠孤煙直，長河落日圓」；Sean 為了說明從遠處看，山非山，水非水，或類似的意思。不同於中國教育，他的教學屬於自由交流，我聽著 Sean 對學生作品的評論，聽同學們對彼此畫作的批評。個人的詆毀性言論往往引發防禦

《Figure Drawings》，1982

性反應，氣氛變得相當緊張。

一天，我們參觀了 Sean 在 Tribeca 的工作室，像是一群迷失的鳥飛進了牠的巢穴。畫室的地板上甩著大管顏料和排刷，像是一個搶救現場，靠牆堆著一摞後來成為經典的大幅油畫。藝術評論家亞瑟．丹托 (Arthur Danto) 將他描述為：「名字屬於我們這個時代主要畫家名單中的最重要的名單裡的藝術家。」一只威士忌酒杯，在他胸前像一只拳擊手的手套一樣晃著。他的畫作色彩濃郁、筆觸厚重。十分可惜的是作為初學者，那些同學只關注顏料的厚度而忽視了美學要點。

我再次見到 Sean 是三十年之後的事兒。不知何故，我從來沒有想到他會訪問中國。有一天，令我驚喜的是他來到我在北京的工作室看我。在工作室轉了一圈後，他對我說，這個工作室和他在德國的工作室有得一拚。

話說回來，帕森斯學院像是一所貴族幼兒園，老師們一本正經地哄著一群任性的孩子。花在那裡的時間還是重要的；我覺得自己站在藝術的海岸，視野寬闊，心潮澎湃，我開始尋找吸引我的概念和表達方式。

可是，剛適應了這所學院，我卻要離開了，原因是我在藝術史課考試中的表現。那一天，演講廳裡坐滿了學生。我看了一眼卷子上的問題，然後在考卷右上角簽了我的名字，徑直走出了考場。在不遠的華盛頓廣場上，我突然意識到我沒有什麼地方可去。天高雲淡，氣候好得讓人發慌，這裡和北京的氣候太相像了，大概是處在相似的緯度上。

交白卷不是出於我對藝術史的不恭，或是覺得畢卡索和他的情人之類的話語十分無趣，而是我的心思全不在這兒。到底喜歡什麼我還說不清，很後悔我沒對老師做出解釋。她覺得我沒有嘗試，她說，如果我努力了，她也許會讓我通過。她是一位耐心、專注的老師。而我知道我的英語不能勝任這項任務，無法做出令人滿意的回答，不如交白卷了事。代價是失去我的獎學金。

離開帕森斯後，我搬去了布魯克林的威廉斯堡(Williamsburg)的一個猶太裔和西裔的混住區。但很快地，我又不得不搬家。有一天，我在曼哈頓下城的字母城等待領取一所公寓的鑰匙。在東三街和A大道的拐角處，這裡沒有大多曼哈頓街區的匆忙、急促的節奏，而更像是戰後的東歐影像中的那種灰暗和消沉。年長瘦小的女房東抬頭看了看我，用意第緒語迅速地說起話來。一間帶浴室的單間公寓，角落的廚房有一只小冰箱。在灶台上，一隻趴著的蟑螂在迎接我的到來。窗外，細雨濛濛，晃來晃去的一些沒雨傘的人，他們完全沒有會離去的意思；毒販或癮君子，無論在哪兒都很自在。

一張床墊、一張從公園裡拽回來的綠色長椅，是屋裡的全部家具。我撿了台遺棄在路邊的電視，自從把它搬進房間後就再沒有關過，黑白螢幕上播放著伊朗門事件，民主表象下的那些不雅的表演還真令人咋舌。

歸屬感對窮人和富人同樣重要。下東城讓我感到自在，它給我一種髒、亂、差的歸屬感，此時，誰若是給我一棟公園大道的閣樓，相信我一定很快會鬱悶而死。遵循紐約人特有的明智和機敏，無論乘地鐵，或是行走，我都像其他人一樣，不會與任何人打招呼，好像是一架一旦停頓下來就再難以重新啟動的機器。跨入我的房間時，我會迅速地將房門反鎖，即使門鈴響，也絕不會應答。沒有任何規律的日子可以隨心所欲，穿著一身綠軍裝的我，每天在街上野跑。

離開了下城區我就心慌意亂，儘管那裡的人都像吸血鬼一樣兩眼發直。我報名了紐約藝術學生聯盟在西五十七街提供的課程，要不是需要正式註冊來維持我的學生身分，大概我絕不會選擇去城市的那個地方。這家學校有點歷史，但更重要的是它的學費分月交付，而不需一次付整年的學費。相比帕森斯設計學院，它簡直像個叫花子，卻出了些有出息的學生。

這一次我的老師是浦西大德 (Richad Pousette-Dart, 1916-1992)，說他是一位德藝雙馨的藝術家並不過分。年近七旬，幾乎看不出他與波洛克 (Jackson Pollock) 的圈子有任何關聯，可他是那個神聖的紐約藝術群體中僅存的人物，一張他的早期油畫就掛在大都會博物館的大廳中；碰觸到鮮活的歷史總會讓人一陣眩暈。大德先生鼓勵我要堅持做我在做的事兒。我深知自己並非一個塗抹下去的料，待在這兒，是因為我找不到更合適的地方。

通常，我會鑽進一家家畫廊，與那些費解的藝術面面相覷，不慌不忙、鄭重其事，一次次地完成莊重的欣賞儀式，努力培養自己的耐心和修養。剩下的時間，胡思亂想占去了我大部分時間，反正找不到更好的打發之處，漫無目的地邁出門，哪邊的綠燈亮了就走向哪兒。

我的新工作是在西邊的第十三街和第十大道的一家印刷廠上夜班。過去曾是曼哈頓生肉批發市場，空氣中有一股濃濃的血腥味。丟棄的貨運托盤堆積在人行道上。冬天一來，那些無家可歸的人們聚在一起，他們將廢木料丟入鐵桶中燒火，喝著酒，閒聊著，一張張臉被火光映得通紅。去工作的路上我總會經過那些火堆，我的手裡拎著一盒甜甜圈，很快就會輕鬆地吃掉。

在位於 Broadway 的 Strand 書店地下層的盡頭，我翻到了一本叫《安迪・沃荷(Andy Warhol)的哲學》的書，在扉頁上還有他的簽名。這可以說是我讀的第一本英文書，它的語言很像今天推特上的簡明扼要的短句。閱讀能帶來快感，我對書籍的喜愛還來自對快感的想像，無法盡悉書中的奧妙強化了我需要它的理由。對書的依戀，如同肯亞人手裡拎著的那根長棍，無論跋涉或舞蹈，它都形影不離。我有許多書，一模一樣的封面，同一個版本。我似懂非懂地閱讀，似宗教儀式一般，好似一切都讀明白了，那些文字的魅力與許會在瞬間化作烏有。

後來，我被踢出了紐約藝術學生聯盟。失去我的學生身分後，我正式成為每七個紐約人中的那一個非法居留者。這當然是個打擊，也是我料到的遲早會有的結果，我放鬆心情、聽其自然。無拘無束的自在是我的困境，有時，困境即是對自由的最佳注解，既是自由的代價，也甚至是我的自由的標誌。只要在冰箱裡還有一盒牛奶，我就有滿滿的安全感。

我始終相信，一隻螞蟻在一棵大樹上不會為活下去發愁。紐約不是一棵樹，而是一片漫無邊際的森林，淹沒其中，既不被辨識，也無人在意，正是我愛它的理由。那段日子裡，自由是沒有牽掛、被遺忘後的頹廢。

馬塞爾・杜象《走下樓梯的裸女》的素描

八〇年代，東村刮起了一股藝術風潮，出現凱斯・哈林(Keith Haring)、巴斯奇亞(Jean-Michel Basquiat)之類離經叛道的塗鴉。離我不遠的「國際紀念碑」(International with Monument)的小展廳中陳列著幾組魚缸，射燈照著在魚缸裡面漂浮的籃球上，令人印象深刻，可是價格卻是我一年房租的很多倍。在Cooper Union側面的停車場旁，立著一個瘦高個兒中年男人，寒風中，他蜷縮在一件呢大衣裡，腳前整齊地擺著幾個雪球，一本正經地希望有人會買走它們。

這個有著成千上萬藝術家的城市，其中有幾十個混得如魚得水。對於一些人來說，藝術是投機的目標，是尋找下一個競爭機會的一部分。藝術一直是一種文化消費，是迎合富人的平庸口味的裝飾品，在資本壓力下必然扭曲、墮落。價值攀升的藝術品往往在精神層面乏善可陳，類似於股市的投機行為。

西百老匯有一家瑪麗布恩(Mary Boone)畫廊，精緻的展廳中展出了費歇爾(Eric Fischl)的非洲婦女和在沙灘上遊戲的兒童、巴布拉(Barbara Kruger)的標語式短句，還有朱利安・施耐波(Julian Schnabel)的巨幅油畫，與這座城市的資本氣質十分相稱。我很欣賞她展出的這些作品的勇氣。有一天，我見到了瑪麗・布恩本人，一個時髦的、嬌小的、精力充沛的女人。像二十世紀八〇年代在紐約流行的許多藝術一樣，這些作品無論形式還是其內容，都與我的生活經歷完全脫節。

差不多十年後，在北京的霧霾天中，我在望京接到一個電話，話線另一端自我介紹是Mary Boone，她說希望為我做一個展覽。除了答應以外，當時我不知道說什麼好。

又要搬家了。蘇荷（SoHo）一個叫做「廚房」的空間中有塊告示板，貼滿了各種啟事，算是無數朝聖者的資訊交流站；無論信心十足還是憂心忡忡，都要找到一處可以合上眼睛的地方。我依著手中的紙條指引，停在Tribeca的哈德遜大街一一一號門前，按下門鈴。前來開門的是一位亞裔男性，他的個子不高，他叫「Sam」，中文名字是謝德慶，我得知他是位來自台灣的藝術家。幾年前，他在工作室中安裝了一個11.6×9×8英尺的木籠子，將自己囚禁在裡面整整一年。期間不與他人交談，也不閱讀和寫作。他的一位朋友為他送來飯菜，取走他的糞便。我跟他見面時，他的此類作品已完成了三件，每件的難度有增無減。

謝德慶此時正在籌備他的下個作品：他準備與一位來自加州的女藝術家琳達拴在一起，準確地說，他和琳達將拴在八尺長的繩子的兩端，互不相干，耗時一年。這個專案無疑將占用他的所有精力，德慶準備將他的工作室部分轉租，這正合我意。

謝德慶聰明、能幹而又果斷，他的灑脫和從容是屬於紐約的一部分，但他也有台灣人的克制和隱忍力。和許多藝術家的工作室相同，這裡曾經是一間重型機械車間，油漬滲入在破損木地板中，散發出機油的氣味。我注意到窗戶上下拉動時，會發出一聲巨響。有一條橫貫的鐵槓門栓，像是故宮宮門的門槓一樣，任何力量都無法攻破。

現在空曠的筒倉裡，我可以聽到自己的腳步聲。夜晚降臨之後，我被另一個現實驚醒了：在我下面的樓層是個著名的迪斯可舞廳，「GIRLS JUST WANT TO HAVE FUN」的樂聲和尖叫洶湧，一浪高過一浪。此後，夜晚不再屬於睡眠，我放棄所有的嘗試，蹬著一雙中國帶來的懶漢鞋，午夜穿行在稀有人跡的西岸的庫區。很快我開始習慣噪音，直到噪音對我變成一種真正的安靜。後來，當我離開那裡，搬去沒有聲音的地方，還真的不習慣。

德慶在他的房間裡特意安了兩張單人床，並排放著，床與床之間相距三尺。他和琳達拴在一起，緘口鉛封。之後的生活依舊，德慶繼續做他的本行：室內裝修，而琳達在接受採訪之餘只需要打坐，只是現在他們必須全時陪伴對方。當琳達進入冥想佳境時，德慶只能在一旁望著牆上的那只鐘發呆。兩個人一旦進入個別活動或是任何活動，那是世界上最嚴酷的懲罰。他們堅持每天拍一張照片，作為他們被捆綁時期的實物紀錄。

德慶的藝術占據了他生活的全部，但無法將其延伸得更長，這恐怕是他最大的困惑。為了實施「下一段的生活」，他必須做長遠同時細微的準備，或許這是後來他沒有繼續下去的原因。藝術始終是一個事件，無論以何種方式闡述，它都會有始有終。

德慶有一隻黑色的、體型不大的藏犬，我已記不住牠的名字了，也稱牠德慶。牠和牠的主人一樣，時常光顧我的畫室，因為屬於我的那部分空間，沒有一扇可以關上的門。冬天，在我厚厚的一摞素描上，德慶狗撒了尿，乾了以後竟然結出一層閃亮的晶體。我真的沒有生氣，頓悟到這隻狗是在給我一個不那麼微妙的暗示：現在是放棄繪畫的時候了。另有一天，我在地板上見到一張字條，上面寫著：「未未，不要試圖變得完美，世上沒有什麼是完美的。」署名是琳達。某種意義上，我也算他們的作品的一部分。

一年就這樣過去了。在眾人的注目下，琳達和德慶兩人面對相機燈光的閃爍，用一把盜賊剪車鎖用的鋼鉗斬斷了將兩人拴在一起的繩子。現場觀眾無不噓了口氣，朋友們都為這個時刻慶祝。但想到他們為了藝術，像僧人一樣受苦，我的心裡有些不是滋味，如釋重負。琳達不久也就離開了，自那以後再沒見過她。

怎麼說呢，琳達和德慶是我的榜樣。他們為理念付出、義無反顧的事兒總是令人鼓舞，有他們存在，我才不感到孤獨。德慶像是卡夫卡書中的人物，沒人真正理解他在做什麼，也沒有多少人會在意；他像是一枚完整精美的植物標本，沉浸在自己的存在之中。再後來，德慶和我每次見面，依舊是探討藝術人生的簡單含義，他像拳手一樣習慣性地隨時出拳，而我願意扮作那只拳袋。

我所見的一切只是開始，我不會離開這個大到可以是自成一個或多個世界的地方，也無疑將會在這兒度過此生。當事態不容選擇時，生活會主動為我選擇，我所做到的只是不著急，放鬆面對一個個短暫的片段，讓其自我循環，無論從哪兒切入終會是平凡的、如我所料的有始有終。

我的一切似乎很無常：非法移民身分、一再搬遷的住所、打零工、無穩定收入。至於學位和身分，我了無興趣，我要的是誰也別管著我，因為連我都懶得管自己。虛無的最大化就是堅持一種迷惑之中的存在感，它的可能性永遠不會耗盡。生活本身才是一件偉大的藝術品，因為可以有足夠的幻滅和虛無。

八四年的十二月下旬，在聖馬可教堂詩歌朗誦會上，有一位年長者正在台上朗誦，一臉鬍鬚的艾倫．金斯柏格（Allen Ginsberg），穿著一件深色的西裝，台下聽眾顯得異常專注。他談到他剛剛結束的中國旅行，有下面的片段：

> 我聽說大躍進害得幾百萬個家庭挨餓，打擊資產階級「敗類」的反右運動讓革命詩人去新疆省鏟屎，十年之後，文化大革命把千百萬個文人趕到西北偏鄉的寒冷破屋，讓他們餓肚子。＊

艾倫．金斯伯格像是一塊燃燒的炭火，他的熱度在冬夜裡吸引著人們。朗誦完畢後他走下台，我走上前對他說，你說到的那個右派詩人應該是我的父親。他瞪圓了黑眼珠仔細盯著我，說我的父親給他的那一個擁抱，是他中國之行中最溫暖的記憶。離開教堂，我們去了不遠的「基輔」咖啡屋，我不喝咖啡，他為我點了份布丁。

六十多歲的艾倫住在東十二街他母親留下的單元裡，藏書壓彎了書架，木板地面有些下沉。他的臥室角落有一只佛龕，上方是一幅藏教上師送給他的經文。突如其來地他對著

＊原文：I learned that the Great Leap Forward caused millions of families to starve, that the Anti-Rightest Campaign against bourgeois "Stinkers" sent revolutionary poets to shovel shit in Xinjiang Province a decade before the Cultural Revolution drove countless millions of readers to cold huts and starvation in the countryside Northwest. ("Reading Bai Juyi," 1984)

我大喝一聲「啊」，腔調拖得很長，說這是他的啟蒙口訣。艾倫的手上總離不開一只小型的奧林帕斯相機，用它靜靜地記錄一天中的許多時刻。即便光線黯然，他也從不使用閃光燈；燈光會破壞影像虛幻的豐富暗部。他的廚房窗戶外一口天井，是他四季中拍攝最多的對象。

八七年聖誕節之夜，在我的地下室裡，艾倫朗誦了他的長詩〈White Shroud〉，那是他寫給母親的一首詩。他記憶中的母親是一個激進者和活動家，在艾倫很小的時候，她就將艾倫領向了政治，艾倫還說她在家裡時常赤身裸體。艾倫時常會讓我想起了父親，一些長不大的兒童，世界只是躲藏在他們意念中的自我，當他們離去時，就帶走了那部分的世界。

有位和艾倫一起走著的，風塵僕僕的灰白髮的中年女性，她叫蘇珊．桑塔格（Susan Sontag）。艾倫向她介紹我，說我是個中國的哲學家。我手中拎著畫板，正急於去格林威治村給遊人畫像。

艾倫並不總是如此奉承。有一次他看了我的作品，說想像不出有誰會對一個中國藝術家感興趣，這事兒讓我記憶猶新。他不僅僅是個美國詩人，儘管他是一個地道的美國詩人；其他人的觀點可以完全是美國式的，而艾倫更有左派的全球視野。但是這個自恃為熔爐的美國文化，更像是一缸硫酸，毫無保留地溶解了各種異類。

另一次，當我分享我和父親的流亡生活時，艾倫全神貫注地聽著，之後，透過黑邊眼鏡他望著我說，你有這麼些故事，寫下來吧。他還說，初念是最棒的。我並不明白，因為我對自己的記憶沒有任何依戀，可以說我的那些記憶並不屬於我。在我記住的最清楚的片段裡，正是它們拒絕了我的存在。假如我將記憶寫下來，結果一定像是一捧撒向風中的沙子。經過幾十年之後，我才有能力將這些記憶凝固下來。

在艾倫的公寓裡，有個年輕人熟睡在他的床上。艾倫說他現在只是索取，而不能給予了，他的話音中有些傷感。在我的印象中他永遠年輕，總是無私地奉獻。離開紐約時我沒與他道別，後來聽說他在病床上的最後日子裡，曾經向人索取我的電話。

馬汀王出生在三藩市，他的母親是華人，父親是一半中國人一半墨西哥人。這是在第八街與第二大道的拐角處，離那家「love saves the day」禮品店不遠，幾步路之外設有一排付費電話亭，那些新澤西來的年輕人在那裡無休止地煲電話。在人行道邊，我們一邊看那些過往的行人，一邊聊天；馬汀站在我旁邊，不時地冒出一兩句不著邊際的話。這離我的住處不過百米，不含糊地說，這是在和平歲月中最具末日感的景象：兜售水貨的攤販、龐克、橫臥路旁的癮君子、印度教教徒和光頭黨渾球，混跡在詩人、流浪漢、搖滾樂手和年輕的日本歌迷之中。馬汀個子比我高，有點駝背，他愛戴頂牛仔帽，腳上穿的是一雙紅皮靴，腳尖翹起的那種，他夾克衫袖子上還有圈穗子，泛白的藍牛仔褲，地道的午夜牛郎模樣。

他每次開口前，我都知道他將要說什麼，那是一句他重複了無數次的開場白，大意是問我是否受過社會寫實主義的繪畫訓練，一種先在蘇聯而後在中國普及的技術，能夠真實描繪鼓舞人心的革命場面。為了讓他高興，我給了一個簡短的回答，我說，畫一張領袖的肖像不過是小菜一碟。說這話是為了不讓他失望，雖然我早沒心思畫任何狗屁畫。我繼續說，我們信奉同一個上帝，其差別只是我還沒有去教堂。他靠著牆開心地笑著，與一個來自共產國家的畫家交談，不能不說是種值得珍惜的樂趣，他幻想著我的童年的艱辛痛苦。

馬汀的畫可不俗，是唐人街的那種牆面。有幅畫裡用紅磚壘出一顆心，溫暖而憂傷，很拙的筆觸卻透出他的實在和真誠。我沒有機會看到他正籌畫的塗鴉博物館，我離開紐約後他就去世了。所幸我有他的一幅小畫，畫的是一小塊磚牆。

紐約的朋友不過如此。假設哪天我沒了，發現屍體的一定是我的房東。在競爭氛圍中，人們以懷疑的眼光對視，只有某種魅力會被人欣賞和看上去挺酷。我幻想一些並不存在的朋友，在每條街上、每棟樓的某個窗戶裡，在路上匆匆行走的人們，皆是我不認識的朋友。紐約和鄉下可大不相同。

回到上世紀的八〇年代初，在中國文化大革命期間被送去農村的知青開始返城，失業的人太多，社會結構受到很大的壓力。中國新的最高領導人鄧小平，淡化人的權利，將人道主義定義為「保證多數人的安全」；政府對犯罪零容忍，迅猛而無度。一九八三年始持續到一九八七年，有一百七十萬人被判刑，罪行往往與量刑極不相稱，處決急劇上升；某些狀況下，男女發生性關係都以流氓罪被判處死刑。「嚴打」政策讓人想起了毛澤東時代對「反革命」的鎮壓，其恐怖程度並沒有改變。

是在一九八七年「嚴打」的聲浪中，艾丹來到紐約的。他有幾個朋友進了監獄，因此，他想離開中國並不足為奇。我們已六年沒見，現在二十五歲的他計畫來美國學習攝影。

我的冰箱中，只有一桶牛奶和幾卷柯達膠卷，艾丹和我一樣要出去打工。我們在電線杆上張貼廣告、翻看招聘啟事，終於為他找到了一份送紐約地區中文報紙的活兒。每天清晨，艾丹拖著一個拉桿車出門，他穿梭在曼哈頓和皇后區地面和地鐵的報攤之間，回收舊報，再換上一份當天的新報。對初來乍到的人，這件繁瑣的工作是一種無法緩解的折磨。他每天回來時，天色已晚，喝著啤酒的他和我之間的話也變少了。窘迫的日子永遠是禁不住推敲的，我沒有盡兄長應有的責任，十分羞愧。

與艾丹相處，我意識到屬於我的那些日子有多麼不正常。典型中國人到了美國，口袋裡有個百十美元，他們無不渴望在社會上獲得地位，實現那個美國夢。他們通常在餐館中獲得一份穩定的工作，或者鑽進大學的實驗室中。所有人都在追求出人頭地，過上更舒適的生活。我明顯缺少投機和利己的基因。

在種種荒誕不經的行為中，值得一提的是，我們成功地被歌劇《杜蘭朵》應聘，在大都會歌劇院做臨時演員。單憑我們的經典的蒙古面孔，導演佛朗哥．則費雷里（Franco Zeffirelli）隔著舞台，遠遠地瞟了一眼，當即表示錄用。對熱愛古典音樂的艾丹來說，能和多明哥在同一個舞台上，簡直像在做夢。給我們的角色並不理想，演劊子手的助理與艾丹的非暴力理念有些衝突，不過戲畢竟是戲，他沒有異議。我們的角色把我們放在舞台中央，屠夫在那裡戲劇性地揮舞著斷頭刀，以至艾丹有時忍不住地笑了起來。帷幕落下，詹姆斯・萊文的指揮棒剛落，我們就從林肯中心劇場的後門溜去百老匯與七十二街街角的Papaya，開始盡情地享用熱狗和木瓜汁。

艾丹無法完全適應昏天黑地的日子，半年後他打道回府。之後他足不出戶，一口氣寫了本回憶錄《紐約札記》，要想了解我的那段生活，可以找來看看。艾丹的風格不同於流行文學時尚，他認為那是平庸而淺薄的。他從不尋求大眾的認同，有那麼幾個會心的讀者就滿足了，他更樂意與主流保持一段距離。

八七年，在紐約期間，我開始試著把我的一些想法寫在紙上，發表在一本詩歌刊物《一行》上，這裡是其中的一些摘錄：

> 藝術有自己的語言，這個語言可能是非美學、非理性的但卻是藝術的；消極的行為中包含著積極的意義；
>
> 評價一個人有才能會說「他做了件有意義的事」，將來有一天，人們會這樣評價一個有才能的人，說「他什麼也沒做」。
>
> 當一個人進入現代藝術館而沒有羞恥之心，那是他的感覺器官的功能不健全，或是沒有道德；在現代藝術館中展示的盡是偏見、勢利和虛榮。

我開始意識到藝術只是一種身分，而不是其他。掙脫了束縛並不意味著獲取了自由。自由是勇氣的表現，是持續的冒險，無論何時何地，面對自由都一樣困難。我的生活方式無須再解釋，因為它不能被歸類為特定一種方式，擺在面前的是閒散和不著邊際，像美洲的印第安人一樣，漫無目的的時光。

安迪．沃荷一九八七年突然離世，正值我的紐約時光過半。安迪是個自我製造、繁衍的產品，傳播是他的生命特徵，他創造了背離傳統精英價值觀的現實，沒有誰比他自己說得更清楚：

> 我認為每個人都應該是一部機器，每個人都應該和另一個人一模一樣。
> 我喜歡無聊的東西，我喜歡一樣的可以被不斷的重複的事。
> 我從來沒有不在狀態，因為我從來沒有狀態。

一九八七年二月十四日，在去世前一週，沃荷在日記中寫道：「做瑣碎的事，很短的一天過去了，沒有什麼發生，我上街購物，回家電話聊天，如此，真是很短的一天。」與我毫無干係的安迪．沃荷的離去，更加深了我的空虛感。

開始時，我越畫越少是怕一旦畫起來會剎不住車，而變成另一個梵谷，一個腦子有問題的藝術家，房間裡塞滿了畫。另外，我討厭將一張帆布繃在畫框上，和顏料與松節油的混合氣味。這樣說吧，與繪畫有關的一切行為都會讓我感到不適，我失去了耐心，還沒有找到合適的語言去替代它。

在八〇年代中期的紐約藝術世界沉醉於德國新表現主義（Neo-expressionism）的宣洩中，尺度變大的作品粗製濫造，那種慓悍誇張的情緒尤為時尚。我歷來傾向於達達（Dada）的反省態度，我將一把小提琴與一只鐵鍬把接在一起，將一只安全套鑲在一件軍用雨衣上。此前，我還將一只普通鐵絲衣架擰出一個杜象（Marcel Duchamp）的側影；杜象強調藝術作為一種智力活動，而並非簡單的視覺體驗，可以說對我有救命之恩。他對「現成品」的興趣，一直影響著我的懶惰的藝術創作。

就在此時，我在 SoHo 的 Art Waves / Ethan Cohen 畫廊舉辦了我的第一場個人展覽《舊鞋、性安全》。這個名不見經傳的展覽對我來說可是一個劃時代的事件。關於展覽的評論出現在《Artspeak》上，一篇評論將其描述為「一個新達達主義的全壘打，在西方反叛自己的前輩本身就是一種自我顛覆的傳統，我們只能為它的膽量和藝術性鼓掌。」「毋庸置

《Hanging Man》，1985 年

疑的是，杜象會喜歡這個致敬，並贊同艾未未的不羈之才。」異常興奮，我遇到了一個知己，雖然那些作品一件都沒有賣出去。

在同一時間，我有兩張拼圖參加了一個東村的群展。群展結束後，我沒有把作品帶回家，而是將它們直接丟進了展廳外路旁的垃圾箱中，此類大型垃圾箱在紐約隨處可見，裡面應該是不乏名作。這些年裡我肯定搬了十次家，每一次首先丟掉的是作品。沒錯，作品算是我的一切，可是當它被完成後，我們之間的友誼也已了結，我們兩不相欠。當我不得不再見到它們，那羞怯程度，有似見到往日的情人。這樣說吧，它若不是掛在一處不屬於我的牆上，還真的什麼也不是。

我開始在街頭畫像，去格林尼治村的 Christopher Street 附近或時代廣場，用木炭或粉筆畫肖像賺錢。從地鐵口湧出來的那些人群，我並不關心他們是誰，或是正準備去做些什麼，重要的是，他們是否能抽出十五分鐘時間，讓我為他們畫一張體面的肖像。一旦開始動筆，我的身後便會排起長隊，就再沒有一刻鐘可以進食或去廁所。客人中最慷慨的當然屬於美國人，外國遊客中以色列和印度遊客最難對付。

完成一張肖像，無需任何想像力，遊人拎著自己的肖像姍姍離去，他們也帶走了我的理想，看來我暫時不會成為另一個畢卡索了。房租和過冬的暖氣則有了著落。

湯普金斯廣場公園（Tompkins Square Park）離我住的地下室有兩個街區，座椅上躺著遊民的公園周邊有很多廢棄房，砸開門窗住進去不用交付房租。公園裡常有零星共產黨人派發革命宣言，Hare Krishna 在每個週末布施一種甜膩的飯糰，新納粹和光頭黨人與往日嬉皮士混跡其中，這同時是一處社區遛狗和獲取違禁藥物的聖土。

畫廊像雨後的春筍一樣冒了出來的同時，附近地區開始被仕紳化，窮鬼們面臨被擠出去的前景。每個週末開始舉行反仕紳化和反警察暴力的抗議活動，終於在一九八八年八月釀出暴亂。

一九八八年夏季，一個炎熱的夜晚，市政府決定對公園實行宵禁，東村的居民激烈抵抗，一時狼煙四起。我頭一次見到全副武裝的美國警察對手無寸鐵的抗議者施以暴力，他們個個都凶相畢露，不可理喻地蠻橫，無政府主義的村民令他們如臨大敵。在天黑後大打出手的騷亂中，我拍下一組示威者被警察打得頭破血流的照片，這算是一段社會活動的速成課程，幫助我認清了資本權力的力量、制度化權力和個體間的利益衝突，以及在暴力威脅面前，維護權利和資訊自由的必要性。

一個名字叫 Clayton Patterson 的抗議者，一個無政府主義者，錄下了幾個小時的警察暴力行為。地區檢察官傳喚他交出錄音帶時被他斷然拒絕了，他說自己還沒有傻到相信這個司法體系。法院繼而對他提起公訴。進入法庭之前，他轉過身對我張開握著的拳頭，在掌心寫著「Dump Koch」；那個艾德・科赫是當時的紐約市長。我及時摁下了快門，我知道這個畫面有力量。我跑到街上抄起了一份《紐約時報》，然後在路邊的電話亭撥通了時報編輯室的電話，跳上了一輛計程車。紐時的編輯從我的相機中熟練地取出膠卷，十分鐘後，他帶著一個購物者從菜攤上挑選番茄般的輕鬆和自信，選擇了一張沖洗出來的照片。

凌晨三時，在聖馬可街的二十四小時便利店門前，我耐心地等候送報車到來。在大都會版面上出現了我的照片，有一行小字寫著「NEW YORK TIMES, AI WEIWEI」。這讓我的睡意全無，這是一座每個晚上都有足夠理由讓我失眠的城市。那張圖片之平凡，就像是秋天無數落葉中的一片，可是在我心裡的重量不同尋常，這是我第一次與我選擇的城市建立了確鑿的聯繫，而不再只是一個靜觀者。

現實事件轉化為媒體傳播的意義，還要在多年之後，我才真正領悟到它的重要性。我開始對新聞獨立和公正的承諾印象深刻，《紐約時報》的「All the News That's Fit to Print」應該不算句空話。我完全想不到的是，此般經驗有一天我還會用得上。二十年後，在地球的另一端，面對暴政和審查制度，我的拍攝和記錄變得尤為重要。

那次東村居民和警察的衝突，是我見到的這座城市的最後的瘋狂。我拍攝的警察暴力照片作為「美國民眾自由聯盟」(Civil Liberty Union) 指控警方暴力的證據。在華盛頓廣場，紐約民眾自由聯盟的執行主任 Norman Siegel 遞給我一張他的名片，他說，任何時候如果有警察敲我的門，即使是在深夜，他強調，記住打電話給他。

湯普金斯廣場公園騷亂之後，我持續地保持對參與、記錄其他抗議活動的興致。在一次聲援「愛滋病」的示威遊行中，醫務人員突然改變了遊行路線，闖上一條主要交通道，致使交通阻塞。他們激烈地抵抗拘捕，四個警員將一個示威者抬上警車的景象確實很刺激，這也引發了媒體的關注。藝術家凱斯・哈林也常出現在遊行隊伍中，他是ACT UP

運動的積極參與者。我還參與了反對海灣戰爭、同性戀平權、保護無家可歸者權利等大大小小的抗議活動，儘管我知道此類政治行動微不足道。

真正的大動亂來自地球的另一邊，一九八九年春天，我與艾丹的電話通話不斷被北京市區上空的直升機的轟鳴聲淹沒。他說傳單散落一地，要求學生立即撤出天安門廣場。

一九八九年四月十五日，前中共中央總書記胡耀邦因心臟病猝逝，觸發長期以來圍繞著「政改」與「經改」的權力之爭。北京的大學生前往天安門廣場的悼念活動，發展為要求政府控制通貨膨脹、處理失業、官員貪腐、新聞自由、民主政治與結社自由的示威活動。五月中旬學生發起絕食行動，四百多個城市陸續支持。不久後，政府放棄與學生對話，以軍委主席鄧小平為代表的強硬派決定實施武力解決。五月二十日，北京戒嚴，三十萬的野戰部隊開往北京。

六月四日凌晨，配備有突擊步槍和實彈的軍人在裝甲車和坦克的支持下，沿長安街（通往廣場的主要道路）開槍射擊，奪走數百名無辜者的生命，留下一地被坦克壓毀的自行車和燒毀的公車。北京市民不信軍隊會對那些和平請願的學生開槍。政權的合法性被一個又一個的失誤所破壞，在這次的屠殺中更是化為烏有。但是國家暴行並不影響其繼續執政，他們只是將手中的槍桿子握得更緊了。

「以人頭換政權」是北京流行的說法。據說，在一九八九年鎮壓前夕，鄧小平和他的幕僚們說：「我們用了幾十萬人頭，才奪得這個政權；現在有人想要，那就請先拿人頭來換。」還有：「中共政權是犧牲了兩千萬人得來的，誰想要，拿兩千萬人頭來換！」也有人說這是中共元老王震說的。這種所有權和已得權益的態度，決定了這個國家在未來的發展。

我像有強迫症一樣在CNN上盯著北京的事態進展，日復一日。還能做些什麼呢？媒體改變了認識世界的方式。人們不是離新聞事件更近，而是成為發生的那部分：新的現實。眼前世界更適用以無序的混亂的未知狀態來表述，資訊與生活本體一樣泥沙俱下，一樣沒完沒了，在一個好與壞、對與錯的無序混合中。

和一些藝術家朋友一起，我在聯合國前絕食，還組織了遊行和去中國領事館遞送抗議信。當抗議活動仍在進行時，我們

「奪走數百名無辜者的生命，留下一地被坦克壓毀的自行車和燒毀的公車。」

組織了幾次慈善拍賣，為支持廣場上的學生，並在鎮壓之後協助中國人權組織編輯了一本關於廣場的畫冊，畫冊內容是各國記者從中國拍攝的照片。

那年九月，在四十二街的凱悅飯店，我和「六四」幾位逃亡者一同參見達賴喇嘛的講座。三十年前離開西藏時，達賴喇嘛只是一個二十四歲的年輕人。五十多歲的他身穿一件絳紅色袈裟，他的藏語裡夾雜著英文和中文，他說，希望西藏有宗教自由和真正自治，這與中國宣傳的立場大相徑庭。

當時流行的觀點是，中共政權將面臨六四之後的國際制裁，在引發的經濟衰退中崩潰。而達賴喇嘛的看法不同，他說，共產黨由小到大、由弱到強，有其歷史根源，並不會因為學生反對而垮掉。他接著說到流亡者要自律，否則內部的分裂和腐敗將會發生。我們告別離開時，賓館的走廊裡有許多遠道而來的仰慕者在等候。屋裡屋外恍然兩個截然不同的世界，在精神充實與現實粗陋的對比之下，去往時代廣場的路上，一種無助感油然而生。後來我發現，我那天拍的照片全拍虛了。

日子這樣一天天過去，我感到自己越來越疲憊。無約無束、毫無牽掛的日子了無新意，像一個戰場上退下來的老兵一樣，尋找活下去的理由。人們說我會是最後一個回國的，我曾經也是這樣認為。但我們都錯了。

一九九一年的夏天，是我在紐約的第十年，發生了一件事讓我質疑起無限期留在紐約的承諾。

在那時的街頭，被搶劫是尋常事。例如，一位來自上海的藝術同行，在他公寓下面的人行道上被人用刀指著，搶走了他身上的一切；「一切」指的是他最後被扔在大街上，赤身裸體地站著。曾在杭州藝術學院學習的林林，很有才華，但就沒那麼幸運了。與眾多來紐約的中國年輕人不同，林林有著樂觀的態度，並利用一切機會與美國社會接觸，他甚至住進了哈林區的一個公寓裡。一個週末晚上，他在時代廣場的肯德基餐廳門前畫像，一個年輕黑人與他發生口角。這名男子很快從口袋裡掏出一把手槍，朝林林的胸部開了一槍，幾乎沒人聽到那一聲槍響，只見林林眼睛瞪直地倒在了混亂喧雜、光怪陸離的人行道上。

林林被殺，可以說使我對這個社會的荒謬更加敏感。深植於美國社會的暴力無法迴避，反映出這個制度存在著的深刻的瑕疵。

一九九三年，我離開北京已經十二年了。一場空前的經濟發展使中國發生了許多變化，但是我對它不存幻想，該發生的變化並沒有發生，也許永遠不會發生。但是我年輕時的焦慮和恐懼早已遠去，在父親離世前，我決定要待在他的身邊。

我曾經告訴自己，紐約是我最後的著陸點，我違背了自己的誓言，兩手空空，一無所獲。究竟紐約在我心裡埋下了什麼，要過些時日才會破土而出。可以肯定的是，無論在哪兒，我身上永遠會沾著它的氣息，而我在北京要面對的，依然是漠然的、無望的、看不到盡頭的，實實在在而無關緊要的日子。

第十二章

透視學

離開北京十二年後，一九九三年我回家了。父母住在一個小四合院中，家人溫暖地接待了我，他們從不張口問我這些年都做了什麼；他們知道，即使問我，我也一定說不出個所以然。所以，一切不在話下。母親除了高興以外，並沒發現我有啥改變，多少有些尷尬；她對來搓麻的朋友說，未未這孩子啊，跟沒出去過一樣。

八十三歲的父親坐在輪椅上，他多次在醫院進進出出是由於一連串的事故：腦血腫、右臂肱骨骨折，脊椎骨也壓縮性骨折。現在，他坐在院子裡，數著玉蘭樹上初開的花蕾。在小院子上空，有一群鴿子飛來飛去，哨聲時近時遠。

當父親對我說：「這裡是你的家，你不用客氣，想做什麼就做什麼」，他一定是感到了我的局促不安。沒錯，這曾經是我家，是我僅有的血緣關係。唯有家裡人，才對我有無限的理解和包容，而沒有過多期待。我除此之外，並沒有其他的牽掛，也就沒有失落，沒有對未來的想像。儘管家的感受於我，像是水面上漂著的浮萍一樣不確定。

恢復自我存在感，要緩過氣來還需要些時間，也許能讓我的今天與過去重歸於好。我面對一個熟悉的困境：我知道自己不要什麼，卻不知想要什麼。去了美國那年是雞年，十二年後，現在是另一個雞年，生命中的又一個輪回開始了。艾丹說，本命年要小心才是。

北京在擴張，感覺上它卻變小了。新修的地鐵線環繞，一條高速路將機場與市區連接，新三環將周邊的發展連在一起。八〇年代初我離開時，北京仍沒有私家車。

現在，艾丹有一輛自己的車，他擔心我在家待不住，每天帶著我去逛古董市場，那裡可以見到不同時代、不同地區的文物。那些店主們對艾丹的期待很高，他是民間的鑒定權威，一旦他相中、經手，那些器物的價值就會飆升。當我遇到喜歡的玩意兒，他的討價還價的說服力就遠勝於我了。「你就像個美國人，」他總這樣說。

五〇年代初，我的父親時常去在南城的琉璃廠溜達，古玩店店主們客氣地稱呼他「艾先生」。古城北京有近千年的歷史，清末年間的遺老遺少有提籠架鳥、把玩古物的嗜好。四九年的革命將所有私有財產充公，之後再無人問津收藏之事。文化大革命期間，古玩字畫被視為「封建、資產階級、修正主義」的文化殘餘，它們遭到破壞和徹底地掃除乾淨。八〇年代的改革開放初期，市場經濟復蘇，古物收藏有了今天的盛況。可以說這是有史以來的黃金期；市場上貨多、懂行人少、價格也還不高，關鍵是假貨還沒出現。

北京的潘家園以其「鬼市」而聞名，每天黎明前，攤販就開始了祕密交易，一束束手電光束在黑暗中閃爍，人們蹲在那兒議價。石器時代的石斧、商周的銅器和玉器、漢唐陶器，以及後面的宋、元、明、清瓷器，都堆放在一片工地的攤子上。沒多久，東四十三條的院子裡擺滿了罈罈罐罐。

我發現了新大陸。一切要從頭一回逛古玩店說起。在皇城根一家店鋪，有一捆拆散的木料放在角落裡。好奇的我以很低的價買了下來，回家後，我將它們拼在了一起，那是一張雞翅木方凳，有不尋常的體態和做工。這是一個浩瀚的疆域，我開始每天探索新的角落，從一件件遠古的遺物中，發現美感和工藝價值。四千年前的玉斧，被對切成兩個更薄的薄片，有誰能解釋它絕對的型制是如何形成的呢？它的製作精美程度，超越了任何文化時期的觀念和工藝。一柄商代（西元前一六〇〇年—西元前一〇四六年）的牙璋，這件禮器吸引我，則是出於另外的原因；在它的背脊上有一排方孔，不僅是工藝，更是它所消耗的時間和精力，讓人難以想像。看到每天我沉浸在冥想中，母親說，她希望自己像那些器物一樣被關注。

對過去的凝視，拓展了我的想像空間。當代中國人生活在一個精神貧瘠的時代，但是文化並沒有遠離我們，它深深地根植於被暴風雨打擊的土壤中，頑強地存在著，同時也證明專制主義無法以它的瘋狂敘事重塑自我，真正的文化敘事存在於當今秩序之前，比專制活得更久。我沉浸在古物世界裡，那些古玩商對我的行為感到困惑；我不遵循流行品味或傳統的教義，相反地，對那些晦澀難懂的題材更感興趣，常常買些似乎沒有價值的東西。通過想像著每一件器物背後潛藏的故事，我的飢渴得到了滋養，對遠古的洞察力刺激我開拓新的園地。

為了向艾丹證明一架相機的連拍功能，我們記錄了一件陶器從我的手中滑落，這只漢代陶罐留在了膠卷底片上，它作為一幅作品展出還是十年以後的事。這是一個不經意的無聊之舉，隸屬於我層出不窮的怪誕行為之一。藝術存於內心的未明之處，可是又如一地碎片一樣地確鑿。不想被母親撞見我的輕率之舉，所以清掃了一地的碎片，好在市場上不乏漢罐。艾丹自小理解我的種種惡作劇，他除了寫小說，幾乎用他所有的時間來陪我，小心翼翼地像是在呵護一隻受傷的鳥兒，幫牠找回遠去的鳥群。我只是飄著，通常的說法是光陰虛度。

不久之後，我有一個更妥切的表達。當我意識到漢代陶罐的器形上還缺點什麼時，我描上了一個「可口可樂」的商標，它立刻變得精神起來。兩年後，一個瑞士客人出現，看到放在角落裡的陶罐，他無法相信自己的眼睛。

一九九四年的系列惡作劇，成為我開始做事的起點。是一種態度幫我找回了自我，開始對過去和現在交替地破壞和重構，製作些與眾不同的玩意兒。輕蔑和荒誕不經是權力無法越過的障礙，可以讓強大的秩序望而卻步。

在我的周圍隨時可見一九八九年民運留下的創

「是一種態度幫我找回了自我」

傷，專制無處不在，它對生命的傷害比想像的更深刻和持久，將恐懼與麻木深植在民族的骨髓中。在北京市區的路口常常可見一些持械的武警，叫停過往車輛，驅使乘客下車搜查。戶籍管理制度要求每人隨身必備身分證和暫住證，無證件、無住所、無收入的「三無人員」會被送去京郊篩沙子，直到他們篩出一張車票的票費後，再遣返回原籍。

這一時期的北京藝術圈很是荒涼，當局一直對現代文化持懷疑甚至敵意的態度。來自各地的藝術家聚在西郊圓明園一帶，艾丹帶我探望了他們。

專制國家的藝術大致分為兩類，一類作品以昏暗的色調呈現出陰鬱、暴力主題，另一類恰恰相反，是色彩斑斕、詼諧調侃的「政治波普」，常見以粉色光頭男或是諂媚矯情女為主，疊加一些文革時期的圖示。儘管它們自嘲、頹廢、荒誕不經和玩世不恭的程度各異，大多都捕捉到喪失理智和矯揉造作的現實。有一個住在那一帶的流浪詩人，當我們邁進他的土屋時，他正在將鼻血一把一把地抹在牆上，像是完成一幅崖壁上的岩畫；他的生活困頓到連張紙巾都沒有。

被極端政治扼殺了半個世紀之後，中國發誓要富起來，渴望得到西方的接受和認同，認識到這才是改善苦逼生活的關鍵。我在紐約的經歷已被演繹為傳奇，常有藝術家找我指點迷津。像是一個有經驗的老中醫，我開始為他們號脈和診療，開出的那些藥方，無非是些規勸：不要分心，要守住元氣。當代藝術是世俗文化的眼中釘、肉中刺，是鞋殼兒兒裡的一粒石子兒，之所以不可忽視是它壞了格局；變革是客觀的存在，無論情願與否，唯有對權力的挑戰能夠延續精神的火種。我還告誡他們，不要試圖做別人的夢，面對自己的處境更為重要。不幸的是，冷漠現實與審美激情相距甚遠。

那些身無分文的藝術家給自己起了新的名字，他們的美學與中國當代現實嚴重脫節。他們無不對西方世界充滿好奇，渴望成功地塑造自我。中國還沒有一個當代藝術空間，他們只是寄望於港台藝術經紀人偶爾出現，挑選些作品出售。他們以別人的看法來定義身分，長期地處於意識混沌的狀態，每天在考慮下一頓飯從何而來，這讓我想起在紐約的日子。

北京三環之外還沒有開發，有一些二十出頭的藝術家和搖滾樂手在東郊一個小村莊裡定居。此地稱為「北京東村」，他們稱我為「東村教父」。一個叫張洹的河南藝術家，請我監製他的一件行為藝術作品；在一個夏日的午後，東村村口的男廁中，赤身裸體的張洹將一條鯉魚的內臟塗抹在他的身上，瞬間，身上落滿了蒼蠅。他說，他的觀念來自我父親在新疆打掃廁所的啟發。類似的地下藝術無需觀眾，攝影紀錄即是作品的主要構成，這是為啥它不算真正意義上的公共藝術。這件《十二平方米》的作品是我為他拍的那些照片，都用在了《黑皮書》中。

我初次見路青是在一輛「麵的」上，那時北京計程車叫「小麵」，滿街都是黃顏色小型麵包車；破舊的座椅上，時常露出鋼絲彈簧。路青和朋友邀我去酒吧，當時，酒吧在北京還是新鮮事兒。像她一樣的美院畢業生都不確定如何規劃自己的未來，國家已經不再分配工作了。我記得路青突然問我，對博伊斯（Joseph Beuys）怎麼看？我的回答有點掃興，我說對博伊斯了解甚少，他不像美式文化明星。路青有些心不在焉，再沒說一句話。

我與她再次約會，在家聊到很晚，我挽留她住在了一起。對我的這種安排，母親頗感失望，因為她的四合院裡又添了一個閒人。

用整整一年的時間，路青完成了一幅三十尺長的畫卷，畫面是由密集的小方格構成。每一天，她專心致志地完成長卷的幾百分之一，整個過程像呼吸一樣平靜、舒緩。當這一條深灰色的長卷張開後，就像是一條穿過了生命的不同季節的小河。在她的畫中沒有對峙、不安和騷動。我們的生活經歷完全相反，但是以各自的方式反抗蠻橫的干涉。權力無法取締個人的存在、取締內心自由，也無法化解我們對愚昧的藐視。

一九八九年廣場鎮壓前，美院同學製作了天安門廣場的自由女神像。坦克進來的當天，在美院附中宿舍，路青喝了一碗二鍋頭，說了句「我們失敗了」，就醉了過去。

為了洗去暴行留下的痕跡，長安街和廣場重裝了花崗岩石板。但是，我拒絕忘記那些罪行。一次次地，像被一塊磁石吸引，我們默契地回到廣場、重建記憶，設身處地的存在已是一種對抗。

在天安門前的國旗下，路青挑逗般地撩起她漂亮的短裙，露出了她的內褲，同時，我按下了相機的快門，記錄下這輕佻的一刻。她面無表情，和周圍的遊客一樣顯得無辜。而這幅畫面的荒誕折射出了所謂盛世的真實的悲劇：佯作什麼都不曾發生。

一個紋絲不動的士兵立在那兒，他年齡不過二十歲；我用長焦從遠處拍攝他，從頭到腳拍了七張照片，最後一張，是他鬆開的鞋帶。我已經不記得有多少次來到這兒，每次來到廣場，我都陷入同樣的無力和屈辱中。這一種無形的對峙感，讓我意識到我的存在。我沒有因為離開紐約而後悔，相反地，我找回了某些丟失的感覺。

一九九五年冬天，在天安門廣場西側的人民大會堂前，我拍了一張面對廣場和在遠方的天安門的照片。我伸出左手，中指與往常一樣指向那座城樓，平靜、陰沉的灰色天幕下，廣場上有零星的遊人。古老的天安門和往常一樣，那幅毛澤東的畫像在霧霾中依稀可見。毫不含糊的輕蔑之舉，以挑戰的姿態彰顯了我的存在，幾乎容不得一絲曲解。一無所有，我的態度即是我的全部。拒絕忘記、拒絕原諒、拒絕放棄，是拒絕，讓我理解了回北京的幸運，也找到了回家的感覺。它還不是一件所謂的「作品」，而作為一個宣言，它略顯輕鬆，卻難以取代。

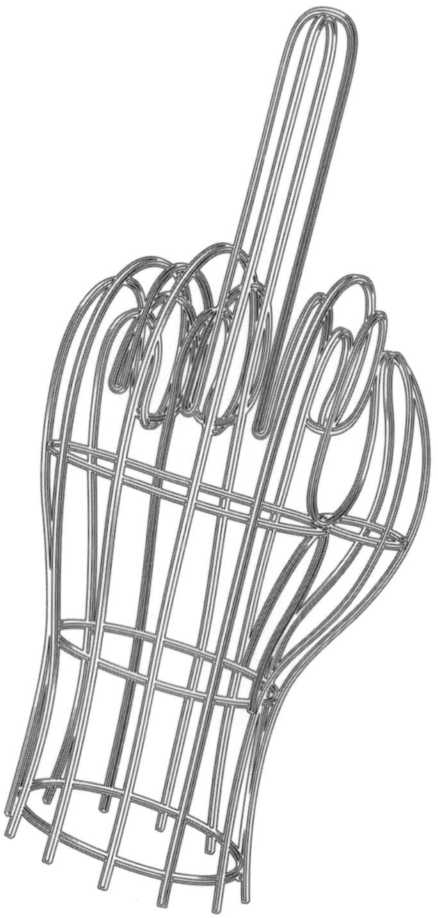

《Bamboo Finger》，2015 年

今天在中國的年輕人，全然不知道在八九年天安門廣場發生的那一次學生運動，即便知道，也許也並不會在意；在他們的成長中，學會質疑和爭論之前，他們首先學會了對權力的順從。

我準備好從藝術家或是評論家的位置，以自己的語言建立新的現實，梳理我的藝術理解。一九九四年的夏天，我決定出一本書，為現實的藝術營造地下生存空間，同時為未來留下一些思考的依據。同樣的想法可以追溯到我的父親，他在二十六歲時就自費出版了他的第一本詩集。

我約上在紐約的徐冰和波士頓的曾小俊，我們一同商議。徐冰和我一起在曼哈頓混過一陣子，我離開後，他留住在我的東村地下室中。結論是，徐冰負責收集海外藝術資訊，小俊出資，我和在北京中國美協做事的馮博一負責組稿和編輯出版的事兒。

《黑皮書》收錄了正在中國發生的藝術，以文字和圖片將國外的藝術活動介紹到國內。我提供了對行為藝術家謝德慶的訪談，對杜象、安迪．沃荷的文獻的中文翻譯，也收錄了我拍的張洹滿身蒼蠅的照片。我想說明藝術不再是一種手段，而是實踐本身。

出版物必須經由國家審查，甚至連複印任何一頁文稿都必須在警方備案。出於出版安全和品質的考慮，我決定去深圳編輯和印刷，這是一座緊鄰香港的「特區」城市，那裡有較寬鬆的政策。

一九九四年，熱得出奇的夏季，我們在深圳的一家酒店入住，馮博一、路青和我在睡鋪上鋪開了稿件、尺子、裁刀和膠水，開始了編輯和排版工作。最後我設計了封面，算是對審查制度的無聲的抗議：黑色的封面上沒有標題，一行小字注明出版時間和地點。

在試印時我發現，印刷機油滾黏上的灰塵使圖片出現白斑點，於是我們換在香港印刷，然後偷運入境。困難總是與它的意義成正比，不難辦的事兒，不值得去做。

《黑皮書》運回北京前，公安部門找了美術家協會，他們說馮博一「捲入了一起政治案件」。這一威脅性的指控與該書開篇的一件行為藝術作品有關，那是一張馬六明的裸體照片。

馬六明是一個身體苗條的年輕藝術家，他蓄的長髮和戴的耳環突出了少女般的外表。他在自家院子裡赤身裸體地煮土豆。警方以「淫穢表演」的罪名將他拘留；儘管他的演出無害，甚至有些天真。後來我問他，在監獄裡是啥感覺，他說他的腦中一片空白，處在一個奇怪的、沒有意義的邊緣，仿佛體內的一部分慢慢離去，而另一部分在慢慢醒來。兩個月後，他被放了出來。

徐冰從美國來電話，要我擱置《黑皮書》的發行，他擔心如果這本書開始流傳，會給馮博一帶來更多的麻煩，更擔心自己的前途變得複雜，他一直計畫回國發展自己。我毫不猶豫地回絕了他的這個請求，我無意在危險發生之前停下腳步；老實說，我甚至希望發生點什麼，使我有機會親身體驗，而不僅僅是道聽塗說這類事。我有責任向書中的那些藝術家兌現承諾，自我停止發行即屬於自我審查。僵持不下，徐冰和馮博一就一起退出了。

三千本《黑皮書》很快就發行了。它像沙漠中湧出的一股清泉。之後的幾年，我繼續做它的兩本續集《白皮書》和《灰皮書》。公安開始注意到我的存在，但是除了輕微的口頭威脅，並沒有直接干預。《灰皮書》的前言中我寫道：「今天的痛苦現實是，在引進科學技術和生活方式時，無法引進精神覺悟，無法引進正義力量，無法引進靈魂。」不知不覺地，我變得政治化了，開始做類似我父親當年做的那些事情。

一九九六年五月五日凌晨四時，在協和醫院，我的父親的心臟停止了最後的搏動，監護儀上的心率成為一條水平線。特護區的醫生和護士們都摘下了口罩，急救設備也一件件地從他的病房中挪了出來。之後，作為家屬，我們將他的遺體送到停屍間。

放遺體的不鏽鋼抽屜推進去的那一刻，我的一部分隨之走了，感覺到些許解脫。一生遭受不幸，而現在，在無數的遺憾中，他徹底地擺脫了命運的考驗。從醫院走出來，剛亮起來的天空，落著濛濛細雨。

父親的遺體告別式將在八寶山烈士公墓舉行，我志願布置靈堂，要求撤除那些被死去的領導人反覆使用的紙花圈，從而換上了白色的鮮花。父親的遺體被安放在一張素淨的白色花床上，被素潔的花海簇擁。

隨後發生的事令人不快。作家協會堅持要在父親的遺體上覆蓋一面黨旗，這個粗暴而虛偽的動議讓人震驚，我對被強加的「榮譽」極為不適。國家再一次讓死者成為一件政治飾物，這樣的做法有悖倫理，是我父親永遠不會接受的。但是，儘管我極力反對，他們還是照做了，我們被告知：「艾青並不只屬於他的家人。」

無論如何爭辯，在中國，所有事情的結論都是由程序規定的，個人無權挑戰權力，權力甚至可以將羞辱作為榮譽賦予你；權力總會抹去個人的思考和感情。當送葬者們向我父親致以最後的敬意時，一面中國共產黨的旗幟，巨大的黃色的錘子和鐮刀披在他的胸前。

從表面上看，父親對我影響甚微。在他生前，幾乎沒有給過我直接的指導。但在很大程度上，這也反映了我其實並不願意尋求他的建議。如果我問，他一定會回答，但他不曾干涉我，也不指望我有所作為。像天空中的一顆星星，或田野中的一棵樹，他作為一個座標，甚至一個警示，站在那兒，以我無法繞開的一種平靜而神祕的方式，幫助我在完全屬於自己的航道上前行。我們之間形成了一種精神默契，他以他的方式監護著我。

九〇年代中期做《黑皮書》那會兒，我結識了戴漢志(Hans van Dijk, 1946-2002)，我通常稱呼他為「漢斯」；一個荷蘭瘦高個兒，看上去有點弱不禁風，羞澀眼神裡閃爍著狡黠的光，那是一種友好的眼神。《黑皮書》的反體制態度給他留下了深刻印象。他本人膜拜蒙德里安(Piet Cornelies Mondrian)的畫風：平衡和秩序。他先是零星做了一些藝術交流的展覽，痴迷於資料的搜集和整理。為了獲得簽證，每個月他必須離境一次，這讓他有機會偶爾在香港享受美味的冰淇淋。和他的朋友弗蘭克(Frank Uytterhaegen, 1954-2011)一起，我們想做一個藝術空間「藝術文件倉庫」；後來，成為了中國第一個另類藝術空間。

一九九五年夏天，我認識了希克 (Uli Sigg)，是那次接觸改變了我的運行軌跡。希克是一位瑞士駐華大使，他也是中外「合資」模式的始作俑者，其他國際資本都在他的身後湧入了這片蠻荒之地。他的經歷涉及廣泛的主題，似乎掌握所有的答案，他的興趣和經驗更是與他非凡的精力相匹配。交流時，我們的話題往往可以任意發展，有如他開車時給我的感覺，在複雜彎曲的道路上保持穩定的速度，不猶豫地朝前方推進，那輛車和車前方的道路只是他身體不斷延伸出去的部分。在一次駕駛中，他指給我看，在側面的山崖上有一隻野鹿；與往常一樣，我什麼都沒看到，只是聽到石頭掉下山谷的聲音。

希克對中國著迷，開始著手一個藝術收藏計畫。他相信，有一天中國終會恍然大悟：它的最好的當代藝術作品都不復存在，它們被忽視和無人欣賞了太久。我既不擔心也不介意那個他想像中的未來。

希克走訪藝術家工作室，見一些不說英語，甚至連普通話都說不好的藝術家，可是他們都期待希克的來訪，因為被他認可標誌著事業的成功。但是，他所做的努力要等很多年之後才能得到充分肯定，在當時似乎是痴人說夢。

一九九七年，大使任期結束時，希克創建了一個「中國當代藝術獎」，我自然是頭幾屆的評委。一些在西方藝術界有影響的守門人，如 Harald Szeemann、小漢斯 (Hans-Ulrich Obrist) 和克里斯・德肯 (Chris Dercon)，都受希克邀請，初次來北京，參與了評選。一九九九年 Harald Szeemann 選了我的兩件作品，參加他策劃的威尼斯雙年展。威尼斯小城的水面上微風拂面，令人陶醉，可是遊人和景點讓人心煩，難免無聊。展覽開幕前，我在聖馬可教堂前留了一張中指照後，就匆匆逃走，再多待一分鐘，我就不再是我。對流行文化我有一種頗為幼稚的抵觸。

父親離世後，在北京東南角的龍爪樹村，我租下一處舊廠房，用它作「藝術文件倉庫」的展廳。雖然那兒沒有文化氛圍，街道上滿處是垃圾，可是我們的院子很整潔，展廳也比中國美術館的展廳還大。我找來了幾個木匠，開始為我做木工活；拆散一張舊方桌，將桌面切開，旋轉九十度，再以傳統的榫卯結構重組在一起，保護好櫸木表面的包漿，像是沒有被碰過一樣。現在，它兩條桌腿著地，另外兩條腿依在牆上，沒事一樣地立在那兒，之後許多年沒人注意到它的存在。

實用性發生變化使器物的身分改變，演繹出不確定性，有了斷裂和轉換的多重含義。像發現了一條礦脈，解構和重釋給了我自信。

我的木匠既不理解在做什麼，也不在意有何意圖，並不需要我解釋什麼。他們簡單地接受我的想法，隨即開始工作。八年之後，我在瑞士的第一個展覽，主題是對倫理秩序的解構。

二〇〇〇年，在看似政治上寬鬆的上海，一位朋友請我策劃一個展覽，臨時的展覽場地在蘇州河邊，那個碼頭倉庫修建於八十年前的殖民時代。今天正值全球化的高峰期，是國際資本力量再次將上海塑造成一個無自我意識的魔幻之都。父親操辦的前衛「春地畫會」已是七十年前的事；在這片土地上，藝術被視作洪水猛獸，可是上海還不理解現代文化的顛覆性。我不想錯過這個機會，這個展覽算是我做出的回應。

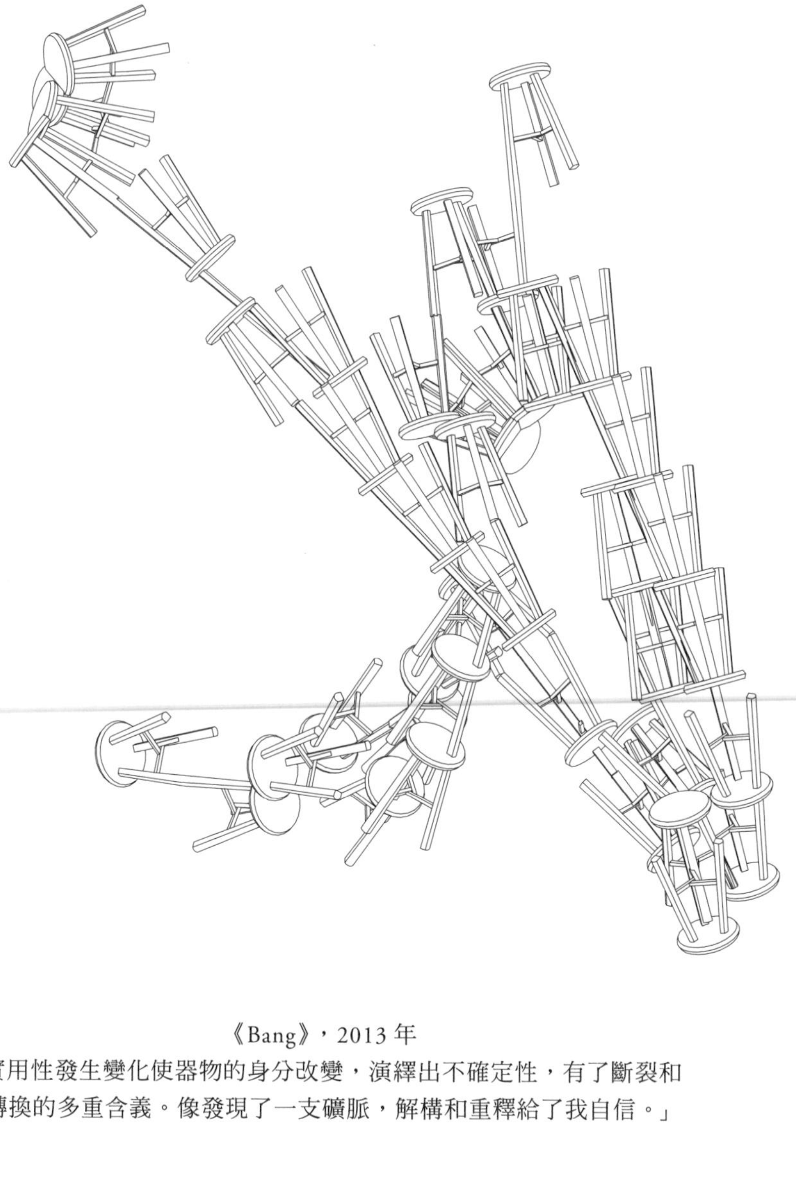

《Bang》，2013 年
「實用性發生變化使器物的身分改變，演繹出不確定性，有了斷裂和轉換的多重含義。像發現了一支礦脈，解構和重釋給了我自信。」

《Fuck Off》中文翻譯為「不合作方式」，展覽顯然是我的《黑皮書》概念的延伸，我再次與馮博一合作，募集四十多位藝術家參展，整體回顧九〇年代以來的地下文化，攝影、繪畫、裝置和行為藝術。十一月四日展覽開幕，它的挑釁性立場自然與當局形成了對立。據說，有一位中央領導人，他手裡舉著展覽圖冊，在政治局會議上發飆：「看看藝術已經變成什麼樣了！」他並沒說錯，許多圖像都難以悅目；一張照片記錄一位藝術家的口中咀嚼著一個死嬰的肢體。這類作品不留情面地對應現實，中國持續二十年的「一胎」政策致使千萬生命死亡，誰能再譴責藝術離現實貼得太近呢？

所謂的靈感和勇氣，來自我對現實的困惑和厭倦。我固執地對上輩的膽怯感到厭倦，不迴避地申明現實衝突，以不合作的態度重申自己的立場和責任。

《Fuck Off》像是一個死亡宣言，在展示其獨特性的同時，它宣布了自己的死亡。展覽一開幕即被公安查封，可是展覽引發眾多的評論。隨後，文化部發布的通知指出：「禁止在公共場所表演或者展示血腥、殘暴、淫穢場面，禁止展示人體性器官或進行其他色情表演等有傷社會風化的演示行為。」與體制分庭抗禮、拒絕合作的《Fuck Off》，是我將現實政治作為「現成品」的一次公開嘗試。

謝爾蓋·愛森斯坦(Sergei M. Eisenstein)的影片《十月：震撼世界的十天》向一九一七年俄國革命致敬。影片中，叛軍的軍艦穿過冰河、駛向冬宮，革命軍發動進攻、大炮轟鳴，冬宮裡懸掛著的一頂水晶燈搖搖欲墜。這成為舊制度崩潰、王朝傾覆的象徵。二〇〇二年十一月的首屆廣州當代藝術三年展，我製作了一只巨大的水晶燈，七米高的幾何形燈體被鏽跡斑斑的腳手架支撐。水晶燈與腳手架作為隱喻：奢華的權力被貧瘠所支撐的不變的現實。

組織展覽和出版之餘，自然地回到我的創作中，那些沒頭沒腦地揮之不去的想法，終於在許多年後找到了一個理想的平台。

第十三章

發課設計

若不是母親對我的活法看不下去，我會待在家裡，一直住下去。她開始不耐煩了；我那些藝術家朋友，蓄長髮留鬍鬚，多半都找不著北。建一個自己的工作室，是我由來已久的奢望。我拽上艾丹幫我實現這個想法，此時他已寫完兩本小說，基本上是調侃和譏諷。而現在，他要不就是跟伙伴們喝酒，要不就是鑒定古代的玉器；真正令我嫉妒的正是他的收藏。

北京城的發展以紫禁城為圓心，現代化城市圍繞著它，縱橫鋪開。從地圖上看，唯一的一條東北向的斜線是機場路，草場地村就在這條高速路邊。村北有條通往蒙古首都烏蘭巴托的鐵路，列車經過時總會鳴笛。再久遠一些，這兒是皇室的御馬草料場。村子周圍沒高樓，沒商業街，只有一條舊的機場路，現在很少有人使用，找輛計程車，需要等上很久。我和艾丹開車路過時，發現這兒道路整潔乾淨，守著機場高速，也方便進城看母親。

草場地村的黨支部書記，是個五十來歲的男人，他帶著我們看了一處村邊上荒廢的菜園子。這一片土地在他的控制之下，租了出去就有穩定的收入來源。五畝地的年租金六千美元，租期為三十年。為了合理化土地的用途，書記建議我的工作室起名為「農業發展研究所」。他是典型的基層官員，狡詐、不擇手段、隨機應變。我們離開時，他說：「你的膽子可以再大一些。」我還不太清楚他說的「更大膽」是什麼意思。幾十年來，一個流行的說法是：人有多大膽，地有多大產。

在八〇年代之前，中國沒有房地產市場。城鎮人均住房不到七平方米，半數以上的家庭缺房或無房，或住在不合格的臨時建築裡。「改革開放」之後，城市主要財源來自出讓土地。理論上說，土地屬於所有的人，包括像我這樣的，但是政府侵占和壟斷了土地市場。自一九七八年起，二十年間土地上漲了一百多倍，一九九九年至二〇一五年的十七年間，土地入帳二七·二九萬億。

中國對土地的掠奪勝過其他資本積累，其運作很簡單：政府強制性以最低價從農民手裡購回土地的使用權，轉手高價賣給開發商，拿到地的開發商也就拿到了銀行貸款，在動土之前已經將圖紙上的房子售出。這種明搶暗奪的戲法，會讓人高興得發狂，財富來得比左手遞給右手還方便。所謂「改革開放」，它的每個毛孔裡滲透著貪腐和欺詐，這僅僅是這個高速發展的邪惡帝國的冰山一角。

我只用了一個下午，畫了張工作室的建築草圖；我想像一個傳統灰磚的方盒子，方方正正、稜角分明，南牆有一扇大窗戶，東牆的拐角處有扇門，還有一條灰磚小道通向院子大門。這張草圖看起來像兒童畫一樣。

這張圖最終讓我成為一個建築師。如果追溯我的建築啟蒙，多年前，我看過一本維特根斯坦（Ludwig Wittgenstein）為姊姊設計的別墅的書。加上我有動手的經驗，少年時期就製作木床、爐灶、背簍和一台手推車。建造並不那麼陌生，那些必要的挑戰，總會給我刺激。

從我父親那裡，我還繼承了樸素的風格，他酷愛樸素。在我看來，簡潔才是有效的；省去那些不必要的東西，就像我在地窩子牆上鑿出的那個空洞，為的是容納一盞小油燈，而不是別的。

二月底開凍，民工破土打做地基。工作室用去了十三萬塊青磚、八十噸水泥、七點五噸鋼筋和四十五立方米的沙子。每天砌牆一米，幾個星期內，房子就升了起來，在雨季到來之前它封了頂。來自山區的土建民工建造品質粗糙，由於我的設計如此簡單，以至於沒有什麼可出錯之處。

基本結構完成之後，光禿禿的房子內部，是與外牆同樣的清水磚牆。我不準備做任何室內裝飾。

「就這樣停下了嗎？」民工們完全不能相信地問道。

省去解釋的麻煩，我說我的錢已經用完了。

我的設計並不規範，有許多違反常規的地方：清水牆面與青磚

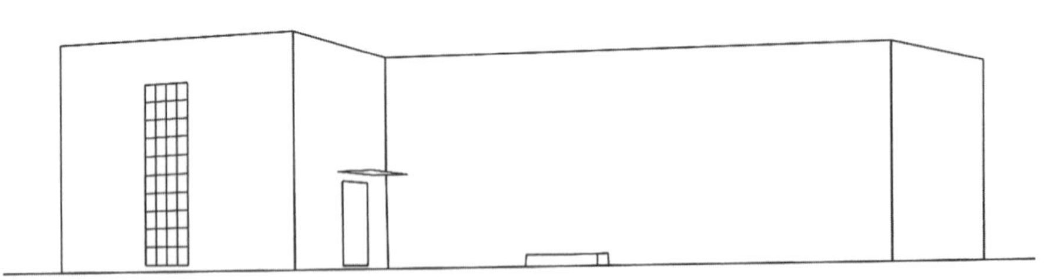

草場地 258 號

「這張草圖看起來像兒童畫一樣」

地面是撞接，省去了沒有必要的地腳處理，同時省去了屋檐；是違規使它顯得更完整和另類。空間中少有窗戶，頂部天窗使室內光線均勻。省去樓梯扶手的二層衛生間更為開敞，衛生潔具裸露在視野中。自由並不是空洞的，如果要說它的最大魅力，首先是違章，它有被拆除的可能是它最突出的優勢。這片土地上，有不違章的「臨建」麼？另類的存在沒有可比性；未經規劃、未經批准、自成一體，野草一樣生長是它的自由的本質。

破土後一百天，我搬進草場地工作室，有了個自在的空間，卻還是不知道要做什麼。一個日本建築師參觀了以後，他居然說：「在中國沒有其他建築師，艾未未是最好的。」

去工商局註冊時，我給了三個供選的名字，那個工作人員鄭重地選了「發課」（中文拼音 fake）。在中文書面語上，兩個字符放在一起既沒含義，更是無害。但是在羅馬的拼音系統中，fake 是英語的「贗」字；它的亮點是，用標準中文發音，「發課」聽上去與英文的 fuck 沒兩樣。無論如何，它足以警告你，別把我當回事。

我有了工作室，草場地遂即變成一處當代藝術的避難之地。同年十一月，我、戴漢志（漢斯）和弗蘭克把「藝術文件倉庫」搬來了草場地；在往後的日子裡，我們每年做十個展覽，啟動了北京的地下藝術活動。

我與漢斯有約在先，我們一同策劃展覽。儘管我們對藝術的看法不盡相同，我大多由他去做，我知道如果由我折騰，畫廊幾天內就會被關閉。漢斯似乎靠香菸、啤酒和咖啡維生，常隻身一人靜坐在院子裡晒太陽。一次，他在家中摔倒，之後再也沒站起來，送進醫院一個月後就去世了；死亡總比預期更突然。我失去了一個不錯的伙伴，一個既有信念，

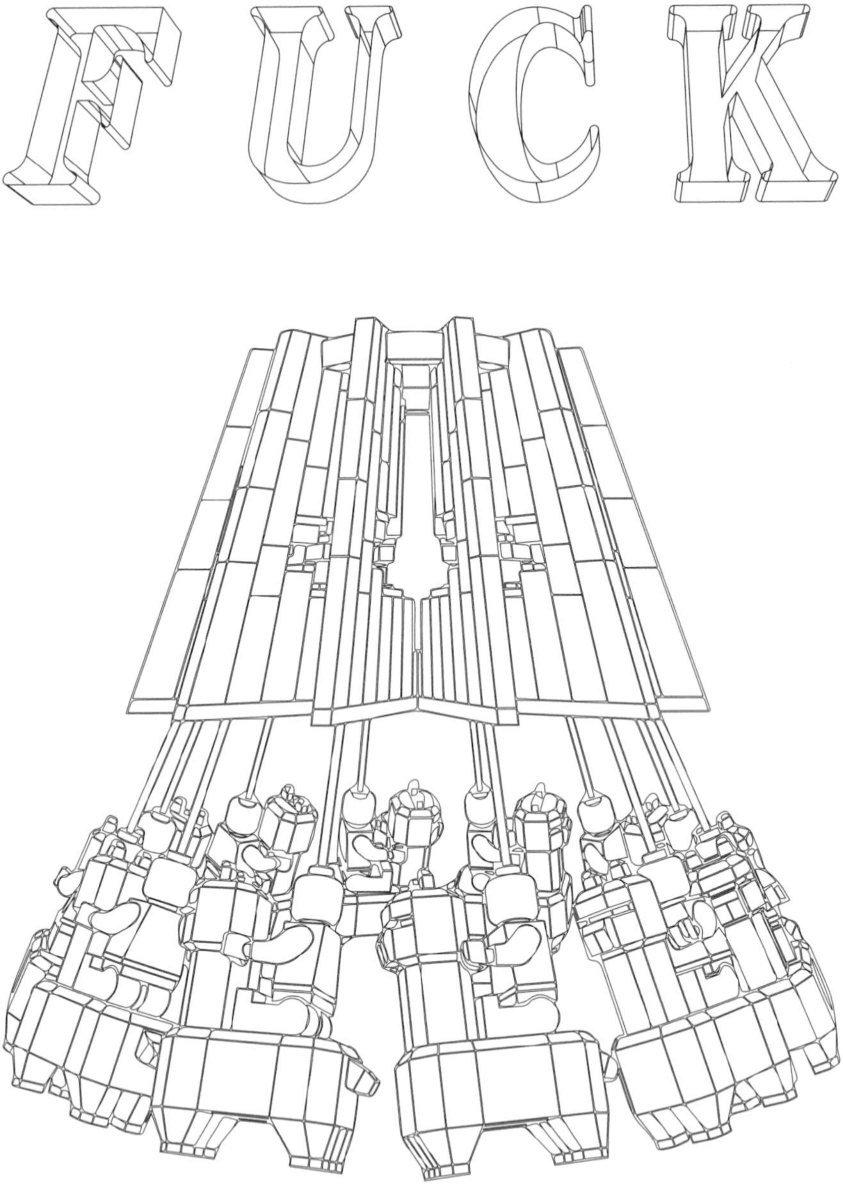

「無論如何，它足以警告你，別把我當回事。」

又有出色的幽默感的荷蘭人。為了惦念他，從他的遺物中，我選出他拍的一百張寶麗來照片，做了一個傷感的展覽。那些照片隨意、平淡，像他的來去一樣形影難分，轉瞬即逝。

現在，我變得忙了起來，母親再不必為我操心。幾年當中，我完成了六十多個大大小小的項目，有規劃、設計、裝修和一些景觀，有政府也有私人委託，那時我與政府間的關係並不緊張。

在這些活兒中，在草場地、貼近我工作室的，全是同樣方式的設計，它們的區別在於牆的顏色；灰磚或是紅磚。隨著時間推移，我不再去工地監工，因為這些房子同樣是極簡風格，建造過程中既不會出差錯，也不可能得到改善。我對建築設計的務實態度，在國內引發了一些對建築美學的討論，因為此類事兒此前並不存在。我的基本觀點是，建築僅僅是人們生活中的一種需求，自然會有不同的解釋，但無論如何，這畢竟還是一個美學和哲學的命題。我開始有清楚的意識，是專制政治阻礙了創造性的理解和發展。創作的前提首先是，我們需要一個言論更為自由的社會，通常所謂科學、民主的社會。

有一段時間，我把我的所有精力投入到設計和施工中，而這些乏味的事務，包括與開發商、施工方無可避免的折騰，層出不窮的疑難雜症，正是屬於這個時代的主要特徵。不知不覺間，多年以來，包括我與父親早年生活期間為我累積的經驗和反思，使我早已不自覺地為未來的挑戰做了準備。建築僅僅是社會生活的一部分，但是把話說清楚才是一件不可想像的事。在此地，是絕對的威權決定了意義，而真正的獨立思考並不存在；所有的一切，只是權力話語的延續。

父親去世後，出現了對他的紀念活動。二〇〇二年，他家鄉金華政府委託我做一個「艾青文化公園」的設計。起初，我懷疑這麼做是否適當，但是母親最終說服了我。她說，如果我拒絕了，項目會由他人完成，我一定不喜歡這樣的結果。

探訪父親的家鄉，是讓人沮喪的經歷。經過歷次運動的肆意破壞，傳統秩序早已不存，我再也見不到父親詩中的鄉景，而是滿目瘡痍，到處亂搭亂建，村舍中一座座爛尾樓，培養淡水珍珠的水面上漂浮著塑膠瓶，河道都已汙染，道路上工程車和小摩托穿行。現實使對過去的想像變得陌生了。

畈田蔣村村口的那兩棵老樟樹還健在。村書記陪同下，我們走街穿巷。蔣宅在父親去世後已做了修繕。我見到了大葉荷最小的兒子，一個瘦小的老頭。田野中有座土丘，那是爺爺的墳。

義烏河畔的一塊綠地，是指定的艾青文化公園。為了防洪，河岸改造為水泥床，兩岸沒有田野，沒有河邊小路。我強調，無障礙環境是專案成功的重要性，提出要把設計擴展至河的兩岸綠地的規劃。市領導同意我的想法，將沿河南岸延伸一至一點五公里的地區納入了設計範圍。我用三十六根石柱排列的石陣，沿岸的幾何階梯都使用了一種當地的石頭，讓廣場有了一個迷宮一樣的空間。通過石頭和水的並置，喚起父親一首詩中的句子：

一個浪，一個浪
無休止地撲過來
但它依然站在那裡
含著微笑，看著海洋

二〇〇二年十月，有一天，在電話裡希克說，一家瑞士建築事務所收到中國國家奧運體育場的競標邀請，赫爾佐格(Jacques Herzog)和德梅隆(Pierre de Meuron)的團隊想尋找一個有中國背景的合作伙伴，他首先想到了我。我對兩位建築師了解甚少，但是沒有什麼是不可能的，也就應許下來。

二〇〇三年春節，中國發生SARS疫情，人人處於恐慌之中。我將要離京去與赫爾佐格&德梅隆開會，首都機場航站樓的旅客寥寥無幾，我乘坐航班的客艙幾乎是空的。為了安全起見，在巴塞爾，赫爾佐格諮詢了瑞士衛生防疫機構，如何對我實施隔離防範。他被告知，為了避免接觸到我可能攜帶的病毒，也許應該將我隔離在一只大玻璃罩中。

二〇〇二年底，中國南方出現了第一例SARS病毒患者，隨後有醫生被感染，疫情迅速蔓延全國，感染數攀升得像一部恐怖片。接下來的情形和中國每一次的災難一樣，政府首先做的是封鎖資訊、控制輿論。北京的空氣中，彌漫著消毒液的氣味。衛生部長在電視上宣傳「疫情已經得到有效控制」，世界衛生組織也不再把北京列為疫區。直到二〇〇三年四月八日，一位老軍醫將疫情的嚴重實情披露給境外的媒體：僅他的醫院裡，收治的六十例SARS病人中已有六人死亡。疫情以神祕的力量與不透明的政權對峙著，被冷凍了一般的北京幾近癱瘓，人們之間的猜疑和敵視與日俱增。想不到的是，十七年後武漢重演了COVID-19的情形，如此相似，只是規模已大不相同。

外國公司需要幫助，以適應中國的陌生文化和政治，正如有經驗的攀岩者，面對困難的高峰，希望找到一個可靠的支撐點。我能做什麼呢？在巴塞爾，前往事務所的路上，我問希克。他說，他們已經做了些準備，現在想聽你的意見。這很簡單，因為我總有意見，而且願意自由地發表。

穿過一串大小不同的房間，圖紙和模型隨處可見，赫爾佐格&德梅隆事務所有八十多位建築師，兩人和項目裡的同事、希克和我，聚在一個不大的房間裡。很快地，我們就體育場的屬性、功能和社會環境做分析討論，深入到建築結構、外觀及頂部的開啟方式。

早期概念的形成猶如嬰兒誕生前的幾小時，大家小心翼翼地專注於進行分析和做出判斷的同時，也尋找時機進行干預。談得越多，越趨向一個共同的結論，那就是以大膽和戲劇性的語言，將體育場的結構和外觀化為一體。我們開始畫草圖，用紙和剪刀拼出粗糙的模型。大家已忘記SARS的存在。希克坐在旁邊，一言不發。

體育場在我們的構想中，高七十米、長三百米；三百三十米的跨度遠遠超過了流淌在窗外的萊茵河的寬度。像一個鳥巢一樣，在想像中，它的結構與外觀渾然一體，是一個開敞的網狀結構。儘管有巨大的尺度和重量，卻給人玲瓏剔透的印象。經過十個小時的討論，我們堅信這樣的概念有了清晰的解釋和合理控制。

第二天早晨，我們說再見的時候，赫爾佐格說：「未未，你知道嗎？我們這個設計會贏。」他預言其他方案中，十有八九類同，而我們跳了出來，無論概念和形式都如此。飛機穿過厚厚的雲層升到平流層，興奮的狀態一直伴隨著我。我為堅實而不含糊的設計概念感到滿足，它完整、平衡、裸露、有張力的結構和通透的理念，正是我期望看到的中國的政治形態。北京爭得了向世界展示自己的機會，奧運會將是對這個古老、神祕的封閉社會的一次開放檢閱。我期望這是尋求開放和理解的開端，成為普世價值的一部分。三個月後我們得到中標通知。

二〇〇三年十月，我受邀為清華美院建築系授課，帶著十六個同學租了一輛大巴，因為我想不出比探索快速變化的中國首都更好的研究方式。我在車前安裝了一架攝影機，我們用了十六天，穿過北京每一條街道和胡同，整個過程被拍攝下來，有了一段一百五十小時長的影像，這應該是奧運會之前這個城市僅有的視覺紀錄。這座有千年歷史的城市，在中華人民共和國的前五十年中，已經被基本摧毀。在一九四九年還在的歷史建築只剩下不到四分之一殘存，曾經縱橫交錯的三千多小巷僅剩下了四百條。

二〇〇四年冬季，我完成了《長安街》的拍攝，算是一份北京東西向軸線的文獻紀錄。在其四十三公里沿線，每隔五十米就拍一段一分鐘長度的影片，總時長是十個小時十三分鐘。此後我的助手趙趙又拍了兩部姊妹篇：《二環》和《三環》，一同構成了一個

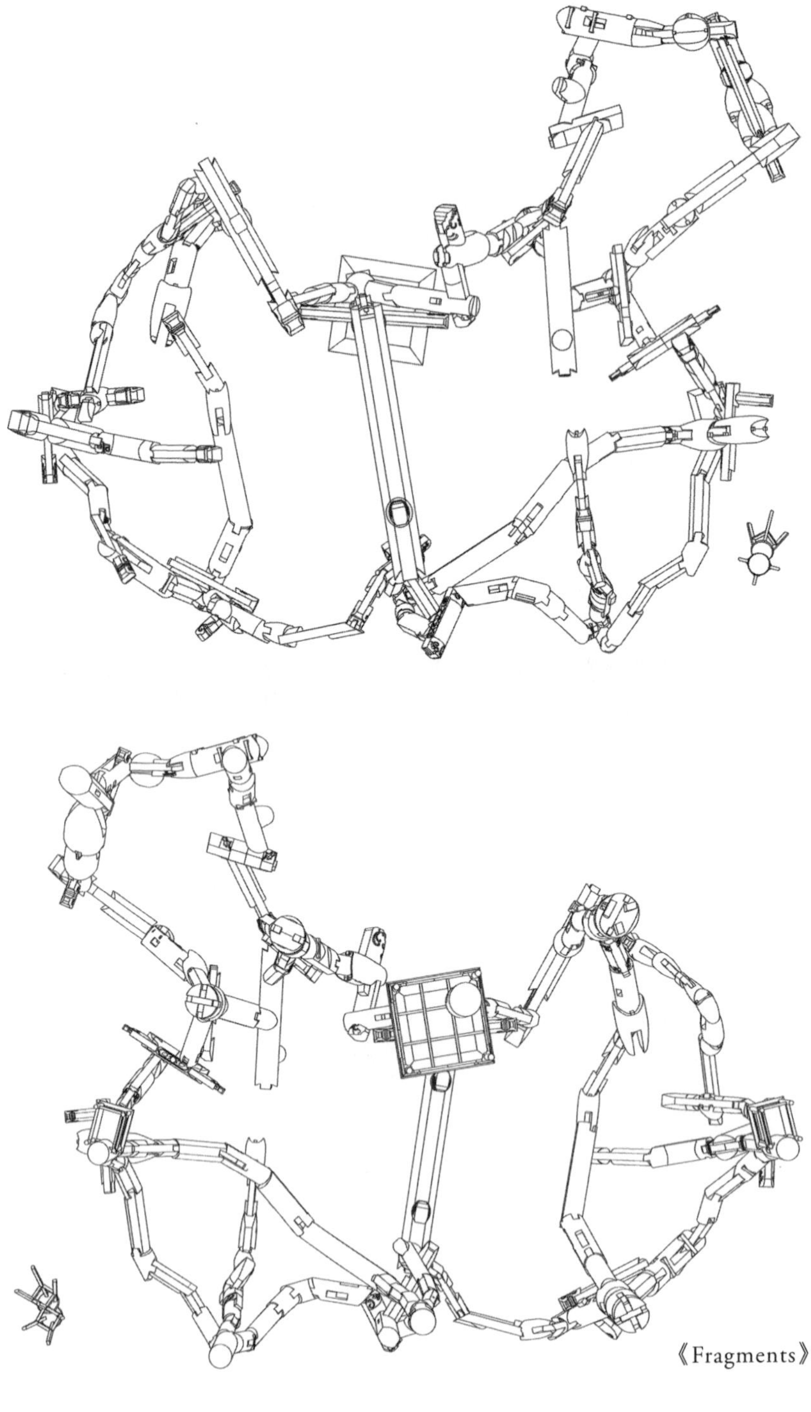

《Fragments》，2005 年

監測國家資本主義高潮時期，首都城市變化的歷史紀錄。

令人難以置信的事發生了，「鳥巢」並非一帆風順，北京的保守勢力發出的反對聲音幾乎終止了它。中國建築院的眾多院士們，集體聯名上書國務院，指控「鳥巢」是「殖民主義建築」，還說中國已成為外國建築師的試驗場，「用鋼過量」的鳥巢存在著巨大的「安全隱患」。在鋪天蓋地的討伐聲中，「鳥巢」停工了。一年後再開工時，它的那個開啟式頂部消失了，「科技奧運」的口號改變為「節儉奧運」。如果不是因為施工工期緊迫，它早就被排擠出局。

建築實踐讓我認識城市的同時，也認清了言而無信、在美學上無能的社會和政府。不由得想起艾丹對我的提醒：「不要涉世過深啊！」經歷了這些挫折，我再也不想耗在建築上了。

第十四章
童話

一九九四年，網際網路以64K的網速進入了中國。十年後，中國一點一億網民超過了全球使用者的十分之一。當時，除去收發電子郵件，我還沒有太多的想法。二〇一五年年底，在鍵盤上我勉強地敲出了第一篇部落格：「表達需要理由，表達就是理由」。無論是我還是網路安全部門都無法想像，這是一個劃時代的動作，我像一粒出膛的子彈進入了公共視野。

網路表達是父輩們難以想像的事，政治審查控制著思想交流。一直到本世紀初，寫作的特質才發生了本質的變化，網路失去控制，出現了即時、便捷和無成本的資訊和思想傳播。這也不同於艾丹的小說，它無需構架一幅外在或內心的完整畫面，它的魅力來自斷裂和錯位。

是部落格給了我機會。早上起床後，我的第一個動作是打開電腦，查閱我的部落格流量和跟帖量，那感覺像是，頭天播下的種子，第二天長成了一片麥田。網路拓展了人們的視野，每當我回覆一次，一個永遠不會認識、不會遇見的人，他或是她會完全明白我說的啥，並分享自己的觀點。接觸與交流不是幻想，它像愛的宣言一般地真切，那是一個零散、無關緊要、轉瞬即逝、將瞬間和永恆混為一體的混沌世界。鍵盤上敲下的每個字，都是一起不尋常的事件，象徵著一次突破，突破就是自由。不誇張地說，網路消解了專制的重力，摧毀了思想控制的障礙。

對自由的渴望激發著表達，很快，與我朝夕相處的網友，他們比我的家人更了解我。分享志趣和愛好，形成公眾輿論，這是一場革命在醞釀中的跡象，超越了時間和空間，超越看得到和看不到的一切，來得像呼吸一樣自然。

公民社會無疑是對專制的挑戰，而政府做出的所有努力，可以簡單地理解為消除個人空間、壓制自我表達、抹殺個人的記憶。在網路最終變為慘烈廝殺的遊戲之前，二〇〇三年九月，中國啟動了一個叫「金盾」(Golden Shield Project)的資訊工程，這是一個公安部的計畫，目的是網路監控，包括了語音識別、自動監聽、遠端監視和面部識別技術。隨著時間推移，這個計畫延伸到無線網路監聽的實施、截斷、復位、審查活動、電話監聽、藍牙傳輸，強制性將「過濾軟體」植入使用者的桌面，實施文檔監控，並且要求軟體公司提供軟體使用紀錄、社交軟體的聊天紀錄，以及下載掃描用戶文件。

網路的限制激發了更激烈的抵制，權力不可能同時出現在每一處，即使是太陽，也無法把世界上的每一滴水都蒸發乾淨。我清楚地從對手的眼中看到了畏懼，同時，一個誘人的自由表達的地平線，正在我的眼前升起。

《Leg Gun》，2014 年

「我不再把生命看作一次單向運動，而是由無數的片段和瞬間，
多向的、任意繁衍的複雜現象。」

這一切對我的影響難以評估，像一隻起伏的水母，網路是我的海洋，我不再把生命看作一次單向運動，而是由無數的片段和瞬間，多向的、任意繁衍的複雜現象。我上傳的每張照片、每段影片、每個表情，甚至一聲嘆息，都屬於我的選擇。我正在敲下的這些字元也是我躍動於光纖中的脈搏。一個瞬間可視為一個完整的世界，它既不可預知，也無法重疊，徹底結束了古典主義的自始至終的意義和目的。這也許解釋了我為啥突然變得繁忙起來，我覺得，只有傻瓜才會把未來都想清楚才行動。

不再浪費時間做測試，很快地，我開始每天花上十二小時，甚至二十四個小時，進行線上交流。二〇〇三年，一個叫孫志剛的大學生，因為沒有隨身攜帶自己的身分證，在廣州被拘留時遭到暴行後死亡。這樣不受法律保護的拘禁存在了多年，「非正常死亡」時有發生。孫的死亡，激發了對司法公正的批評，最終，「收容制度」被徹底廢除。

三年後，有一件事再一次引發網上關於社會正義的辯論。起因是二〇〇六年五月，醫學界的發言人鍾南山院士的筆記型電腦被盜，他氣憤地呼籲恢復已廢止的收容制度。他說：「在設計法律制度方面，我們應以什麼人為本？就是應以好人為本，而不是以壞人為本，對敵人的寬容就是對人民的殘酷。」

針對他的謬論，我寫了：「知識分子鍾南山，扮演著舊制度的維護者，放棄原則站在權力一方，他們總是這樣。」同時發問：「一個否認事實、掩蓋過失的族群，是否可能自強？今天的政治生存是建立在怎樣的基礎上呢？」幾個小時後，這篇部落格被閱讀、轉發了幾十萬次，算是觸碰了一個敏感點。更無法想像的是，十三年後的二〇二〇年，同一個鍾南山因為配合掩蓋武漢發生的疫情，再次陷入爭議中。

類似的爭論是沒有盡頭的。中國為經濟增長付出了高昂的代價，廣東省珠江三角洲是世界上最密集的加工業基地，在那裡，每年有四萬多工人的手指被機器軋斷，中國每年有一萬五千人死於工傷事故。三十年來的「富國」夢想，耗盡社會的人性，像殘體一樣無法復活。

「幾十年中，是誰在瘋狂地斂集財富，他們的財富來自何處？誰在富國夢中狂歡？什麼將會永久失去，永無償還？何時勞動者會有維護自身權益的工會和社會保障？何時這個國家，會因為人的肢體被殘害而感到羞愧，為失職瀆職付出代價？要到何時，社會不再崇尚奢侈和浮華，實現公平正義？」（〈工傷斷指〉，二〇〇六年十二月二十五日）

我的部落格成了一個虛擬空間中的戰場，每一天都屍骨遍野。我端坐在一只板凳上，我面前的電腦螢幕中閃爍著一些冷峻而精準的文字，試圖激活無處不在的麻木和冷漠。最終，存在與表達之間的疆界被神奇的數位空間抹平。

那些年，我拍了數十萬張照片。將眼前的事件，以二維的數位化資訊構成可辨識的片段，形成一個個自我世界。

二〇〇八年北京奧運會之前的三年內，我錄影和攝影，記錄了奧運體育場和首都機場T3航站樓的建造。每週一次，我的助手趙趙開著艾丹那輛白色富康，車窗前放著一張借來的新聞採訪許可證，出入在鳥巢和T3基地，記錄它們的生長。此類事我不做，沒有人會去做；陶醉在成就感中的人們並不在意為其所付出的代價。而記錄是記憶的一部分，拒絕著被壓制和被拋棄。

我還記錄了拆遷運動，伴隨瘋狂的城市化進程，在動盪和毀滅的醜陋現實面前，唯美似乎並無用武之地。五〇年代初就已開始對舊城的毀壞，在九〇年代來得更徹底；經濟增長的核心來自土地交易和城市化。觀察和記錄是理解的前提，對我和對社會都同樣重要。

在北京奧運會開幕前夕，來自西方的賓客蜂擁而至，盛況非凡。我的工作室像長城或兵馬俑一樣，也吸引了觀光者的目光，它們的平行存在或者平衡了美學上的差異。

兩者間的差距從未像二〇〇六年五月二十三日那樣明顯，那是一個溫暖的春日，有兩輛旅遊大巴停靠在草場地二五八號的門外。他們是紐約現代藝術博物館 MoMA 顧問團，由七十多位收藏家和博物館基金會理事們組成，其中有不少人第一次來中國考察中國當代藝術，我的工作室是這條長線上的一個站點。來客們個個儀表光鮮，談吐得體，在草坪上悠閒地散著步，沒人意識到院子的角落裝有四台攝影機，以不同角度記錄這次訪問。顯而易見，中國已是全球化奇觀的一部分，它與西方的熱切擁抱，難免引發疫情。

代表團領隊說了番話，大意是，這個陽光明媚的日子有特殊意義，中國的文化藝術已邁入國際視野。不可思議的是，遠在六十四年前的同一天，我父親和一百名作家、藝術家聚集在延安，聽取了毛澤東在一次座談會上的講話。那個講話指出文學和藝術是為農民階級和士兵服務的工具，明確黨對藝術創作的控制。自那時起，文學藝術淪為功利主義的宣傳工具，而現在，正是那段歷史延續下最暗淡的時期。奇妙的是，二十一世紀初的今天，西方勢力再次大搖大擺地進入中國，放棄馬克思主義的暴力裹挾的中國，再一次投入資本主義懷抱。

擁有十萬件藏品的MoMA，是建於一九二九年的現代藝術之巢穴；全球化和資訊化帶來他們對中國的關注。此前，草場地見不到遊客，村裡的人，只是一些來城裡找事做的農民工。

在紐約時我寫過：「當一個人進入現代藝術館而沒有羞恥之心，那是他的感覺器官的功能不健全，或是沒有道德；在現代藝術館中展示的盡是偏見、勢利和虛榮。」可見我年輕時的輕佻。二十年過去了，MoMA團來訪草場地，我依然保持對它的精英主義傾向反感。藝術應該被認可，是的，但絕不是作為收藏，存放在恆溫、恆濕的倉庫裡，那樣的話它們會變質得更快，成為一種浪費。在我看，藝術對現實生活的態度和表現方式，是一種動態關係。試圖將自我與現實分開的藝術，我沒有興趣。

網上談論的範圍迅速地擴大，成為謀取公正和恢復人性的手段，遇到讓人憤怒的事兒，我常常是第一個被想到的尋求支持的人。二月十一日清晨，天津「小動物保護協會」一個志願者告訴我，她們在高速收費站截獲了一輛卡車，車裡載有四、五百隻貓，在運往廣州的途中。將貓肉和蛇肉燒在一起，叫「龍虎鬥」，是廣州流行的一道名菜。我匆匆趕了過去。這些二十出頭的年輕人，身上有上代人缺失已久的同情心和體面感。

一處位於天津郊區的倉庫，是貓咪臨時的避難所，在它的門前摞著一疊疊的鐵籠子，每只籠子裡擠著二十多隻貓。走進倉庫，我被眼前所見驚呆了，小動物躲進了一個個角落，在庫房的梁上或任何可以藏身的地方，牠們在被抓捕和運輸中已受傷、飢餓和缺水。

生命的含義永遠會超越人的理解。處在極端政治環境中，人失去了同情心，變得麻木和無動於衷，接受和認可施害者。接著，我做了個紀錄片《三花》，記錄了保護動物免受虐待的努力。在網上激起公開的、坦誠的討論，這是對抗愚昧的良藥。

我不得不收留了四十隻流浪貓，牠們在草場地有了個家。每一隻貓都有很不同的表現：「三花」在草地上的樣子很帥，「來來」總愛跳上桌子，臥在我的鍵盤旁，幸福地打著盹。

二〇〇六年八月，我收到卡塞爾 (Kassel) 文獻展的邀請，那是在德國五年一次的藝術展。距開幕還有十個月，我看了場地之後，順道去瑞士北部看望希克。希克和我一起出門跋涉，那座山不高，走一段，歇一會兒，他備了些香腸和香蕉。我心裡琢磨著展覽的提交方案，腦中像空氣一樣稀薄，空空然。實話說，我不知道要做什麼，僅僅是要別落俗套，讓機會從手中滑落。

山上小徑的兩側長著些小藍花，當我們停下喘息時，有些人群從身旁穿過，有的小孩騎在成人肩上，婦女攙著老人。他們的衣著舉止不是本地人，該是義大利遊客。

是這支徒步旅行者的出現，深深地觸動了我。八〇年代初的中國，極少有人能出國，

《山海經》中貫胸國的素描，2015 年

中國人一離開家，就感到自己孤獨得像一瓣被剝出來的大蒜一樣。在國外的中國人喜歡和同鄉聚在一起，即使是不喜歡的人，也總比一個人落單好。獨處的孤獨感源於社會缺乏安全保障，而親朋好友是僅有的可以依賴的東西；一離開家，往往感到困惑和不自在，四處尋找安慰。

這時我的腦中，出現了一群牽腸掛肚的中國人，在一起跋涉的景象。走著走著，我腦中的概念漸漸變得清晰起來。我要面對的是那些勇敢的參與者，願意克服政治環境的束縛，衝出與生俱來的不安全感，重新審視和發現一個新的世界，從文化體制跳出來。這是社會行動的雛形。

一個簡單的想法，把兩件無關的事兒連在一起：卡塞爾文獻展與一千零一個中國觀眾。我說給希克聽是想得到他的回饋，和以往一樣，他只是禮貌地應許著。無論我有多不靠譜，他從來不持否定態度。

也許是由於海拔兩千米的空氣稀薄，我有了這個想法，這並不是偶然。那個晚上我清醒得合不上眼，腦子飛速旋轉，我的想像逐漸宏大起來：呈現出一個中國與西方的文化對應的現實，在實施過程中，它的意義才會出現。

我的方案得到策展人夫婦羅格．比格爾 (Roger M. Buergel) 和諾雅克 (Ruth Noack) 的默許。有兩個瑞士私人基金會表示，願意提供相應的資金。項目的名字叫「童話」，卡塞爾是格林兄弟的故鄉，這個名字比較切合。

比獲得贊助更難的事兒，是為一千零一名中國人拿到德國簽證。為了安全起見，希克先生專程趕回北京，他陪著我去見德國的駐華大使。在大使住宅，面對史丹澤(Volker Stanzel)大使，我談了我的想法，坦言我要面對的是簽證挑戰。史丹澤大使認真地聽我把話說完，他肯定地回答，願意為我提供全力的支持，讓每一個申請人都拿到簽證。離開使館時，我由衷感到幸運，我的思緒已經轉向了未來的旅程。

二〇〇七年二月二十六日，我在部落格上公開了《童話》的概念，這是在網路上招攬參與者的一個關鍵步驟。我希望說服未來的同行者，成為作品的載體是件嚴肅的事兒，它不是網路上的某個騙局。坦白地說，我沒有足夠的信心能贏得信任，這個藝術活動很難解釋，因為只有在行動中，前去一個從未去過的地方時，它的目的才會顯現。

以下是我最後發布的文字：

《Fairytale》2007

1001 個中國人的卡塞爾之行

《童話》是藝術家艾未未參加第十二屆卡塞爾文獻展的作品。艾未未將與 1001 個中國人一同前往德國中部城市卡塞爾，這個由 1001 人組成的卡塞爾之行是這件作品基本組成部分。

整個作品活動的週期為 2007 年 6 月 12 日至 2007 年 7 月 14 日組織方負責組織參與者於同一時間前往並返回。

活動方式：組織方在 2007 年 3 月 1 日前發出徵集資訊，

2007 年 4 月 1 日前審查申請表格、確定參與者名單。參與者在接到活動組織方的通知後，在 2007 年 4 月 1 日前將護照原件、身分證影本通過郵寄至活動組織方，組織方在 2007 年 5 月 1 日前集中辦理簽證手續，所有參與者將在確定的時間、地點集合前往德國。

三天中我們收到三千多份申請，為防止失控，我終止了線上申請。我認真給出九十九個問題，讓申請者回答，諸如「你去過德國嗎？」「什麼是童話？」「藝術能改變這個世界嗎？」「你相信進化論嗎？」。我用設定的問題，探究人們的自身認知及期望。

二〇〇七年，網路應用僅限於大城市，我努力將「童話」告知一些沒有機會出國的人，使出行的群體多樣化，而不限於精通網路技術的人。西北的一位農民，對我的那些問題給出了相同回答：「我不知道」，為了和山溝裡的二十戶農民一同去德國，他在表格上簽了自己的名字。

我仔細閱讀了每一份回覆，那是虛擬空間中湧動著的志願者的血液和體溫。我發出了邀請：「你寫信給我，意味著在你的身上發生了一個奇蹟，你已經在用不同的眼光看世界，獲得了另一種思考方式。」這些志願者將會成為童話的一部分，現實讓我激動。

記者，也是歌手的吳虹飛，將童話的資訊告訴千里之外的家人。侗族婦女一生中，從未離開山區，那兒的農民年收入不到一千元。侗語中沒有「藝術家」、「童話」，去德國和登月球大概是一個意思。吳虹飛說：「德國跟天安門一樣好玩」，他們就都懂了。

拍照和辦護照讓她們跑了兩次縣城，繁複的手續弄亂了她們的平靜。有幾位老年的姨娘，從來沒有自己的名字，在嫁人時使用的是夫家姓，戶口欄上填的是誰誰之母。辦護照，需要給出準確的個人資料，她們也不得不為自己取上名字，譬如「吳奶保正」中的「吳」，是姨娘丈夫的姓，「保正」是她的長子的名字，侗語中的「奶」，是「媽」的意思。

申請者的身分不同：他們中有農民、教師、學生、詩人、畫家、歌手、茶商、安檢員和許多無業遊民。我們選出的志願者，年齡從兩歲到七十歲。

《童話》不是一件掛在牆上，或陳列在基座上的作品，而是一件正在發生的事，一個人將自己的理想的付諸實踐。作為一次小型的社會活動，也許會持久地改變每個參與者。我希望從《童話》的社會學意義上，找到一種恰當的話語和形式。普通人，似乎與正在發生的當代藝術並無關聯，但是，每個人的認知，將會是我的作品的本身。有人問，我的作品到底想說些什麼，我說，那不是我的目的，相反地，我努力做到啥都不說。

那陣子，我的電腦旁摞著一堆堆的護照。一千零一個志願者分為五組，每組兩百人，將於二〇〇七年六月十日至七月十一日之間，分批搭乘漢莎航空和國航飛往法蘭克福或慕尼黑，之後轉乘巴士去卡塞爾。

我在卡塞爾大學校區裡租了一處倉儲房，搭起臨時隔間，安裝了廚房和男女衛生間。十個四十英尺的集裝箱中，除了鍋、碗、勺、盤等廚具，更多的是床、床單和被子。四名中國廚師為早、中、晚三餐備了菜單，中國人的胃，一頓不合胃口，馬上想回家。也配備了德國香腸和豬肘。

辦理護照、簽證、買保險、買機票的事兒幾乎讓我發狂，甚至忘記了我是在為一個藝術展做準備，而更像是一個經理或領隊，應對後勤、公關、媒體、安全措施和每項服務。我這樣做是為了弱化作為美學決策者的角色，任童話自然生長，避免被藝術化。

一千零一把清朝的椅子是《童話》作品的一部分，是一個文化形態和記憶，與一千零一名參加者相對應，作為一個植入的家庭文化傳統，不僅僅是供人們歇腳的展品。

《童話》是對未來的社會想像，既是一次現實的行為，也是過去和未來的會面。它強調的元素，在此後的全球化及難民危機中找到了共鳴。《南德意志報》文章〈中國人來了〉中說：「對於東道主而言，這一千零一個中國人可能是對全球人口爆炸性增長的一種先鋒隱喻，也可以象徵著一種對文化以及物質喪失的恐懼。」

長長的隊伍，緩緩地，從機場海關走出來。《童話》志願者對當代藝術並無了解，也不清楚我在做些什麼，是網際網路將我們引入了新的現實。人與人互動，是一件並不尋常的事，這個與生俱來的權利，人們並沒有機會行使。

被媒體形容為「戰地醫院」的住地，分為上下兩層，一層歸男生，二層為女生宿舍。白色的布幔將它分為十個隔間，每間中有十張床。志願者有一件領口綴著「F1001」的標誌的T恤和一只USB手環，憑手環可以在各個展館間自由通行。宿舍入口處的告示板上有各種公告：當天的日程、網路的使用說明、活動報表和其他資訊。卡塞爾市民為我們捐贈了十多輛自行車，儘管參與者也可以免費乘坐公車。

許多基本面上，中國與西方是分離的，他們在不同層面和背景下運作，甚至朝著相反的方向發展。卡塞爾的大街小巷湧動著一千零一名中國人，東方和西方之間的想像和困惑，在這個德國小鎮的街道和小巷中蕩漾開來。人們如願地走到一起，成為一個異國他鄉的童話。我的紀錄片攝製組拍攝了一千多個小時，完整地記錄了《童話》參與者的肖像，他們的日常生活、憂慮、夢想和面臨的挑戰。

在十九世紀的卡爾斯奧宮前，綠地上，我的一件大型裝置作品《Template》是由一千扇木製舊門窗搭建而成的，材料來自一個被拆遷的小鎮。用殘件組成為一個混搭的、困擾的、矛盾重重的裝置，像是一座聯繫著過去和未來的寺廟。可它具體是什麼我並不在意，即使被雷擊中、倒塌了也無所謂，我是這樣對採訪我的記者說的。虛擬實境中鮮活、短暫、瞬間即逝的快感卻是實在的，固有的思路框架不再滿足我，我並不在意媒體或是MoMA 對藝術的期望。

然而，在六月二十一日，也就是文獻展開幕後的第二天，一陣突如其來的暴風雨，將《Template》刮倒了。這個消息讓我異常震驚，更像是一個厄運的預兆。雨後，陽光明晃晃的，我環繞著倒塌物巡視了一周，這是一個我花了太多精力建造的巨型裝置，已經被自然的力扭曲旋轉為另一種形態。神奇的是，《Template》並沒有被完全摧毀，相反，它以強健的筋骨，頑強地抵抗著摧毀它的力量。現在它呈現出的形態，其生命力比直立時更為慓悍，從廢墟中投射出的暗示：藝術並無止境，它永遠只是一個開始。

《童話》引發了持續討論，它的影響比預期的還要複雜。一位觀察者寫道：「將一千零一個人帶到卡塞爾去的『童話』，是艾未未藝術生涯的一個轉捩點。從那以後，他更多地用激進的方式看待社會問題。」是的，我不是舊秩序的維護者，厭倦秩序對人性的約束，對自由選擇的限制。唯有與它分離，進入抗衡的緊張狀態；當你感覺不舒服的時候，你才是警覺的。

我時常感到迷惑，是迷惑引領我前行。就社會參與而言，《童話》是未來的標誌，我開始踏入了藝術與政治之間糾結的道路；一個體內生長的生命，它的根莖蔓延在地表之下。

在這個鮮活的興奮時期，我認識了王分，她是一位年輕的紀錄片製作者，我們開始交往。我喜歡的東西，總是比愛更真實，更貼近。路青，她天性溫柔善良，她的寬容給了我更多的空間。我們相處多年後她沒有改變，改變的是我。

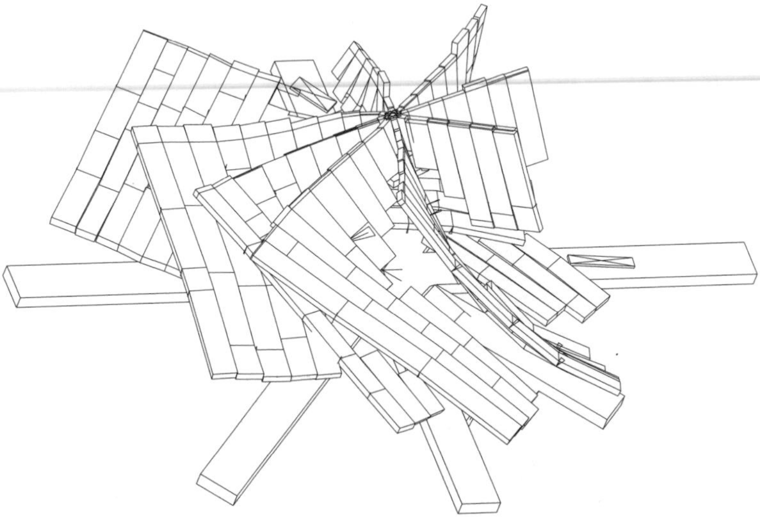

《Template》，2007 年

「然而，在 6 月 21 日，也就是文獻展開幕後的第二天，一陣突如其來的暴風雨，將《Template》刮倒了。」

童話是誘人的，但是，現實畢竟不是童話。生活只是一次次地教會我放棄，可是我無法預知將會面對什麼。

第十五章
公民調查

孤零零的旗杆上有一面國旗在晃著，站在廢墟中的我感到一陣顫慄，死亡的氣息已將我吹透，周圍是散落的衣物，雨水澆濕的課本、角尺、小鏡子、學生書包。幾個穿白色防疫服的軍人，他們拿著黑色尼龍裝屍袋，圍著一台已經停下工作的挖掘機。在兩週前，七百四十名中學生，埋在了瞬間坍塌的校舍之下。

二〇〇八年五月十二日，四川省發生了八級地震，震央在汶川。震幅強烈，幾分鐘後，在一千五百公里外的北京可以明顯感到震波。災難發生後，舉國傷痛迅速地蔓延開來。

我再沒有心情繼續寫部落格了。我是在五月二十九日和助手趙趙飛往成都的，首先趕往都江堰。我們去看了坍塌的聚源中學，現場是一堆山一樣的碎磚，和斷裂混凝土、裸露的鋼筋。在廢墟下掩埋了兩百八十四個學生。

有一對四十歲左右的夫婦在廢墟中茫然地站著，男子是計程車司機，那個婦女手中捧著一個小小的粉色文具盒，在盒子裡，有一顆乳齒和一副紅色鏡框的學生眼鏡。她哭訴著，關於她死去的女兒，她說，那是他們生活的全部。她已沒有眼淚，只是不斷地重複地問：「為什麼會建這樣的學校？」「誰應該對『豆腐渣』工程承擔責任？」她問的這些問題，永遠不會有人回答。這次汶川地震，至少有七萬多人死亡。真正引起我關注的，是多所學校的坍塌，有太多像她的女兒一樣的孩子，被埋在了倒塌的學校下。

一位在北川去世的女生的母親在我的部落格中留言：「在這裡我看見了我的女兒：楊小丸，女，七歲，曲山小學一年級學生。」她說：「我唯一希望的就是讓更多的人知道我的女兒楊小丸，她曾經快樂的在這個世界活了七年，我希望大家記住她的名字，記住所有遇難同胞的名字。」

即便沒有這次地震，二〇〇八年也是不尋常的一年。迫近的奧運會在公眾視野中，與自然的或人為的災難共享空間。為了控制輿論，北京的資訊控制行動使這些災難變得更加嚴重。一月底二月初，一場異常的暴風雪，使南方的交通癱瘓。隨後，西藏流亡政府在二月發起了一次抗議運動，三月，在拉薩和其他地區的反對統治的示威被當局鎮壓。部落格並不可能減輕悲劇發生，但是，我可以提醒人們，這一切是如何造成的。很快就發現，我要做的事更多了。

二〇〇八年奧運會開幕的六週前，七月一日，在上海市閘北區公安局大樓中發生了一起慘案。根據官方說法，一個戴著面具的人衝了進來，在被控制之前，他用一把尖刀刺傷了一名門衛和大約十名警察，其中有六名警察當即死亡。這一起襲警案，也被稱作楊佳案。鑒於此案對國家機關攻擊的性質，案情自始被重重懸疑和猜測所圍繞，我有了做一個紀錄片的想法。

一年前的十一國慶假日，在北京，跟母親同住的楊佳去上海旅遊。在那裡，楊佳租了一輛自行車，騎到閘北路路口時，遭到一個交警的盤查，那個警察懷疑他的自行車是盜竊而來的。楊佳與他爭論後，被帶去派出所，對他的審問一直延續到深夜兩點，楊佳才被放了出來。在警局，他打了一一〇報警，也給母親通了電話，訴說他在派出所裡遭到警察毆打。

此後，楊佳開始了漫長的投訴。再之後，事情開始變得撲朔迷離。在被捕後，他說了：「有些委屈如果要一輩子背在身上，那我寧願犯法。」以及「任何事情，你要給我一個說法，你不給我一個說法，我就給你一個說法。」

可以明確的是，楊佳案的整個案情處理過程，充滿了程序上的違規行為。政府為楊佳指定了所謂的辯護律師，放棄讓重點證人出庭作證的訴求，放棄對事件形成原因的詢問，直接斷送了案件取得突破的可能。在最後的法庭上，楊佳只是要求他的律師要坦率、直截了當，把話說清楚。為了促使法庭討論，是什麼事情引發了他的報復行為，楊佳反覆地問：「警察到底打了我沒有？」並要求一個簡單的回答。上海當局斷然拒絕對楊佳進行心理評估，排除了精神錯亂的辯護，注定楊佳將被處決。

在中國，公權力不受約束，司法無監督，資訊不公開，導致了社會正義和道德的沉淪。司法腐敗只是政治沉淪的表象，像一塊傷疤，留在了這個時代的臉上。

二審維持死刑原判，我連續地在部落格上寫了幾十篇文章，直到我再說不出話來。一個月後，楊佳在上海被執行死刑。在行刑之後，他的母親王靜梅才得以知道她的兒子已死。為了對她封口，在案發的當天，她被來自上海的公安從北京寓所中帶走，丟進了公安局下屬的一家精神病醫院，他們還給她換了個名字，對她進行了強制性「治療」。

在中國，死刑處決比任何其他國家更多，占世界死刑人數的一半以上。在不公正的社會中，死者並不是唯一的受害者。在楊佳被處決的第二天，我的部落格上燃起了一支蠟燭。我的紀錄片放在了網上，它對楊佳案提出質疑，並追問司法程序的合法性。紀錄片題為《一個孤僻的人》。

此時，全世界的目光正聚焦在另一處。二〇〇八年八月八日，第二十九屆夏季奧運會將在北京開幕，那兩週間，地球會變得比以往更小，權力和資本占有很多空間，但容不下其他，特別那些無關緊要的。民工被強迫離京，小商鋪關門，市民的娛樂也被中止，以滿足當局的奇思妙想。

鳥巢試圖告訴人們，自由是可能的，它裸露的結構和外觀體現出透明和公平的精神。堅持這樣的原則，我準備和奧運會拉開距離，它將是一次民族主義、自以為是的政治宣傳。自由是公平競爭的前提，沒有自由的競爭只是一場騙局。

懷孕兩個多月的王分，在八月八日做了次產前檢查，黃昏降臨前，奧運會正式開幕了。我和王分在一家離她家不遠的咖啡店門外坐下。不久我將會成為一個父親，人生大事，像其他與生命相關的事兒一樣突然，一樣地不容分說。世上沒有比懷孕更突然的事，也沒有比成為一個父親，更讓人無所適從。孩子、我和王分結合為一體，這是確鑿的。

開幕式的煙花，一簇簇地在掛在牆上的電視螢幕上炸開。在懷孕檢測報告那張薄紙的背面，我草草地寫了下面的字：「無處不在的政治世界裡，今天卻說要反對政治化，說這只是一次短暫的體育遊戲，說它與歷史無關，與人的心智無關，與倫理道德，甚至與人性無關。因為政治總是提醒人們，是誰築建了兩個不同的世界，築就了迥然不同的夢想。」「我們有太多要告別的，首先告別任何形式的專制。無論它以什麼理由，其結果都是踐踏平等、拒絕正義、扭曲民眾的歡樂。」

汶川地震百日忌日的那天，中國在奧運會上獲得的金牌數量遠遠超過了美國，它給了世界一個完美的虛假的笑容。奧運會將三十年的經濟增長推向高潮，是這個專制制度的出場亮相，向世界展示它發生的變化。但對我來說，它只是證明了中國沒有發生本質的變化，意識形態不再是真正的戰場。真正的戰場是利益，赤裸裸的利益，跨國家、跨地區、跨集團地嚮往資本主義和全球化邁進；中國政權渴望粉飾與西方國家之間的意識形態差距。公開批評這個現象，使我成為了一個特立獨行的人、一個政治上的對手、一個潛在威脅。

二〇〇八年夏季，中國的配方奶粉和乳製品中發現了三聚氰胺，那是一種摻入牛奶中的化工材料，它會導致腎結石和腎功能衰竭。政府刻意隱瞞下，幾千噸三聚氰胺汙染的奶粉流入市場，這個危險的資訊，一直隱蔽到奧運會閉幕後，才浮出水面。此時受毒奶粉影響的兒童已有三千多萬。

在二〇〇八年的最後一天，我在一袋臭名昭著的「三鹿奶粉」上簽了字，並放在網上拍賣。導致社會巨大損失的這袋奶粉的底價僅為二十元，最後它拍出一千六百元。我買了一些棉衣，發放給那些睡在北京橋下的農村上訪者，他們期待某一天，他們的冤案被處理。

二〇〇八年是我關注社會最多的一年。年初雪災，眼巴巴地看著那些滯留在風雪中無力前行的民眾，西藏騷亂的不清晰的血腥畫面報導，奧運遠離人性的怪誕的盛會，以及中國社會中，那些比三聚氰胺更隱蔽的政治毒素。我看清了中國自一九七八年「改革、開放」以來走著的一條荒誕不經的絕望的路，和它所造就的奇異惡果。

撲在網上，是自我抵禦的最後防線。二〇〇八年底的一天，我的部落格的評論功能消失，這個部落格被關掉，是一件遲早的事。萬般無奈下，「不要對我存有幻想」是我在二〇〇八年年底說的最後一句話。

在一年即將結束時，我沒忘記北川中學家長對我的懇求，要求政府對學校倒塌事件進行調查。我計畫收集兒童死者的名單，同時著手拍攝一部紀錄片。在汶川，我們採訪了上百個遇難者的父母，傾聽他們訴說地震，說他們的孩子，說震後救援和「維穩」現狀；

「維護穩定」是政府壓制那些要求對學校偽劣建築進行調查的人的藉口。簡單說，政府並沒有履行調查建築品質的承諾，死亡學童的名字未被公布。

二〇〇九年三月，在我的草場地工作室，我打了上百個電話，給四川的學校和各政府部門。我跟四川省、市、縣的教育局、民政廳、公安局和受災學校通話，查詢死亡學生的名單，我得到的答覆大致雷同。

首先，他們說：「沒有一個這樣的名單，即使有，也不能給你，因為它屬於國家機密。」後來，在我的追問下，他們承認有一份名單，但是不能分享，他們說，所有能讓公眾知道的細節都已經公布了，沒有公開的是國家機密。這樣的解釋當然是可笑的，當我指出這一點時，另一端的人就會問我是誰，相信我一定是某個由外國反華勢力資助的敵對分子。有些人甚至會反問我是否是間諜：「你這樣做是給家長的傷口上撒鹽，如果保持沉默，人家本來都忘記了。」但是，我每天都會收到家長的信息，他們唯一的希望是他們的孩子不會被遺忘。學校的建築品質永遠是一個禁忌話題；媒體對地震的報導，完全集中在黨如何成功地領導人民戰勝了災難。

在網上，我發起了「５１２地震死亡學生名單調查」，宣布開始對地震中遇難兒童的姓名進行調查。

線上近百人志願參加「公民調查」，我們以小組組合，兩三個一組，前往災區的不同學校。調查第一階段，三十一個志願者在四個月中走訪了十七個重災縣、四十五個鄉鎮的八十七所中、小學。第二階段，十一個志願者核實資訊。最後，志願者再一次在四十天中訪問了三十一個鄉鎮的五十四所學校。我們通過簡訊、電話和電子郵件保持聯繫，他們把搜集的名字傳送到北京草場地工作室。我時刻守在電腦前，將整理好的名單放在我的部落格上。

即使在墳場裡，新土覆蓋的墳頭也沒有名字，只有拉丁數字。政府對災區嚴格控防，禁止分享資訊、採訪，禁止遇難者的家長與外界接觸，不允許給出遇難學生的名字。遇難者家屬受到被拘留、威脅，甚至被毆打和綁架的騷擾。一些家長被迫地簽了放棄追究地震相關責任的協議，否則，他們無法獲得賠償，也不被納入新住宅計畫。因此，他們不透露哪怕是最基本的資訊。

無一例外，志願者被警方拘留、審訊和遭到虐待。有一回，兩個年輕志願者在四川西部藏區被抓，當手持攝影機的警察打開他們乘坐計程車的後備箱，從毯子下面起獲了一支土

《山海經》中泰逢的素描，2015 年
「《公民調查》真相。責任。權利。」

《公民調查》

真相。責任。權利。

十個月前，我去了四川汶川地震災區，看到無盡的傷痛和恐懼。今天，我們仍然不能夠知道在地震中誰離我們去了，那些孩子為什麼會離開，是怎樣離開的。

他們說學生的死亡與他們的存在無關，說這是必然的，是不可避免的，是經過專家論證的，閉口不談腐敗，迴避「豆腐渣工程」，掩蓋事實，以「維穩」之名威脅、監禁、迫害要求真相的父母，踐踏憲法和人的基本權利。

在地震中死去的孩子不是語焉不詳的一串數字，不是「維穩」業績的成果。孩子們有父母、親人，有幻想，會歡笑，他們都有一個屬於自已的名字。三歲、五歲、十八歲、十九歲，這些是他們可以被記憶被喚起的全部。

拒絕遺忘，拒絕謊言。我們啟動「公民調查」追憶逝者，關懷生存，承擔責任，尋找每一個孩子的姓名並記住他們。請記住，我們一天沒有離去，這些孩子就不會離去。這是我們的生活理由的一部分，我們是不會放棄的。

有意參與「公民調查」的人，請留下你的信息。你的所為即是你的世界。2009 年 3 月 20 日。

槍。兩名志願者無法得知這一支槍是來自警方或是那個司機，嚇得幾乎癱瘓；在中國，私藏武器是一項嚴重的罪行。他們被逼著雙手抱頭，面向牆壁，蹲在地上。警察問他們：艾未未是誰？他有什麼目的？為什麼要搜集學生的名字？是什麼樣的組織在背後支持他？

經過六個月的不斷努力，無數次地被逮捕、沒收紀錄、刪除錄音錄影，我們最終完成了獨立調查。從建築廢墟中我們取到混凝土和鋼筋的樣本，分析了建築的原設計圖紙，找到了「豆腐渣工程」的確鑿證據。通過覆蓋十七個受災的區、縣、鄉鎮的「公民調查」，確認了五千一百九十六名遇難學生的姓名、出生日期、他們的性別，和生前就讀學校的班別，包括他們父母的資訊和住址。我們採訪了數百個遇難者家屬，完成了紀錄片《花臉巴兒》。

調查完成之後，我們並沒有停下。我們開始向中央機關、四川省、縣遞交出一百八十三份要求資訊公開的申請。我提出了上萬個問題，涵蓋救災政策、災情核實、建築品質評估、救濟捐款和災後重建。可是，沒有收到任何回覆。除了兒童的死亡，更讓我震驚的是，人們對這一切越來越漠不關心。他們拋棄原則，忘記發生了什麼，陷入沉默；仿佛這一場災難與他們無關。

我從藝術家變成了社會活動家。如果你關心你的祖國，你就走在

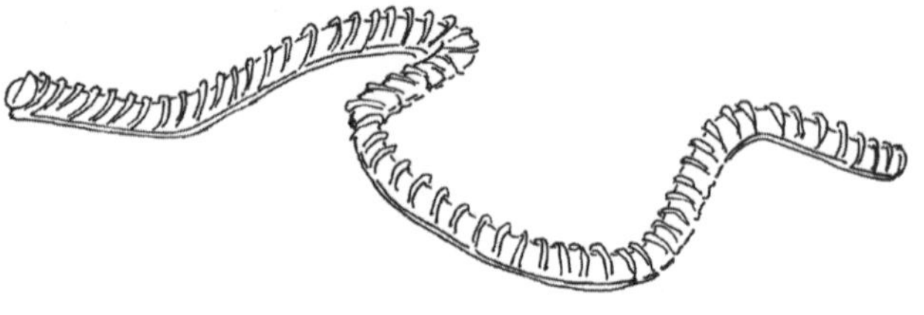

鋼筋

了犯罪的路上。從某種意義上說，我面對的是一個脆弱的政權，需要我的行動來證明它的邪惡之處。我同時希望人們看到我的努力，我所面對的，與杜象的「現成品」無差別，現實是藝術的更大可能，也是我的信心所在。

是網路，讓我有了將個人表達和公眾利益放在一起的可能，讓人們意識到，即使他們認為自己從不關心政治，一旦看到正在發生的事情，他們也會說：「嘿，事情不能這樣下去。」然而，促成意見的機會，比我希望的時間要短得多，有時它只有幾秒，它僅僅存在於發出的信息和它被審查員刪除之間。可是，如果不利用這個機會，在中國，剩下的只是更加令人厭惡的空洞和虛偽，和對人的智力的侮辱。

任何關於人權的討論，無可避免地會成為一個政治話題，自然地，我成為了一個政治人物。這沒有錯，此時此地，我需要面對現實。而無法與生活對應的藝術，它一定沒有未來。

第十六章

老媽蹄花

二〇〇八年是動盪的。幸運地，我活著度過了這一年。二月九日是元宵節，當晚月亮升起時，它大而圓。八點鐘過後，在東三環外，中央電視台新址失火，火焰失控，火光沖天。一個路邊的圍觀者把他拍的手機照片上傳在網上，幾小時內，這張圖的訪問量超過了三十七萬次。一時，這個獨裁政權的喉舌被大火吞沒的罕見場面，成為中國網路上最火熱的圖像。看著這座樓燃燒，我還真期望它會在大火中坍塌，帶走這個國家的整個宣傳機器。

當「公民調查」穩步進行時，我必須應對新的機遇和困境。首先是我的多重角色，這涵蓋了網上的追隨者、藝術群體和公眾對我的認知，即使有越來越多的人，認為我是某種威脅。這一場滿月下的火災，是一切的最為恰當的前奏，是戲劇性的危險與機遇的組合。

兩週後凌晨兩點，在朝陽區的美中宜和婦兒醫院的產房中，電視播放著第八十一屆奧斯卡的頒獎典禮，螢幕上，演員西恩·潘從勞勃·狄尼洛手中接過了小金人，在他成為最佳男主角的同一時刻，我的兒子出生了。王分的分娩意想不到地順利，僅十二分鐘。護士拎起嬰兒，在他的足底拍了兩下，健康的嬰孩「哇」地哭了出來。此時產床上，王分平靜自若，顯得疲憊、鬆弛。她說，我們有了自己的小獎座。

我們的兒子取名艾老。人們也曾經這樣稱呼我父親，「老」是對長者的尊稱，而艾老與他的爺爺出生相隔了差不多一百年。我從沒有視延續後代為我的目標，對我來說，穩定的家庭生活是全新的概念。每當我想到這一個幼小的生命會成長，慢慢地但肯定地，變成一個像我和他的母親一樣的成年人，我的心裡唯有不安。

在新生兒初始的頭幾週，父親的作用很有限。是那兩隻十八世紀的青銅獸頭在拍賣行的拍賣新聞，將我的注意力從兒子和他母親身上轉移，成為了製作一件新作品的靈感。

話說這兩尊獸頭，是義大利耶穌會士郎世寧設計的十二生肖的組成部分，用於裝飾乾隆年間圓明園夏宮的噴泉。一八六〇年第二次鴉片戰爭中「八國聯軍」入侵，英法聯軍闖入皇宮，並開始搶劫，此後這些獸首消失近一百五十年。最近在巴黎舉行的已故伊夫．聖羅蘭 (Yves Saint Laurent) 收藏品的拍賣會上，佳士得拍賣行提供了鼠首和兔首出售。

民眾被國家主導下的民族主義煽動，如火如荼。中國政府痛心疾首，譴責兩件獸首的拍賣行為，同時威脅要對佳士得進行報復。一位競標者為了強調他的愛國主義，呼籲要將這些雕塑送回國，稱它們為「國寶」。回購獸首成為彰顯愛國之舉，被炒作得沸沸揚揚，被誇大到荒謬的程度。具有諷刺意味的是，這些獸首，是為滿族統治者設計的，他們在十七世紀征服了中國，將漢人視為臣民。在部落格上，我問：「怎樣的奴隸會喜歡曾經鞭打過他的鞭子呢？」是藝術學生那會兒，我在頤和園裡外花了不少時間，從滿朝對外夷掠奪頤和園的憤慨中，不難嗅出虛偽的味道。頤和園並不完全是由於入侵者而成為一片廢墟，八〇年代，宮殿建築的大理石雕，被附近農民用來砌他們的豬圈。

我想要製作一套新的完整的生肖像，以七隻尚存的獸首作為樣本。我做了尺度和形態的調整，原作虎頭看起來更像是熊，也許郎世寧從未見過真正的老虎。其他五隻消失了的獸首，全部來自我的想像。一位評論家後來說，我的行為將使文物返還、共同文化遺產，以及有關藝術和公共空間民主化等當代期待的討論，變得越發複雜。

我的目標是在紐約市的一個公共空間展示這組銅首，讓更多的人看到它們。想法醞釀已久，在我的朋友Larry Warsh的全力支持下，雕塑家李占洋和我一起最終完成了青銅鑄造的《動物圈．十二生肖》(*Circle of Animals / Zodiac Heads*)。兩年之後，在紐約曼哈頓中城皇宮酒店前的水池前，那是第五十九街和第五大道的拐角處，十二個獸首圍成半弧形。二〇一一年五月二日，細雨濛濛，市長布隆貝格(Michael Bloomberg)為展覽揭幕，還做了感人肺腑的致辭，之後多位紐約藝術家朗讀了我的部落格片段，呼籲中國政府釋放我；此刻，在北京的一個祕密地點，我已被關押了近一個月。

自二〇〇九年的「公民調查」，草場地二五八號工作室周圍出現了許多監視。白天，路邊總蹲守著幾個陌生人，夜間他們縮進一輛白色的無牌照的車中。在我看來，他們對我構成的威脅與在天空中盤旋的禿鷹差不多。我完全適應這樣的日子，沒有祕密也無所畏懼，並不介意將我的一切活動公開。公開和透明是我與他們的本質的不同，這只會對我有

《Circle of Animals / Zodiac Heads》的素描
「我想要製作一套新的完整的生肖像」

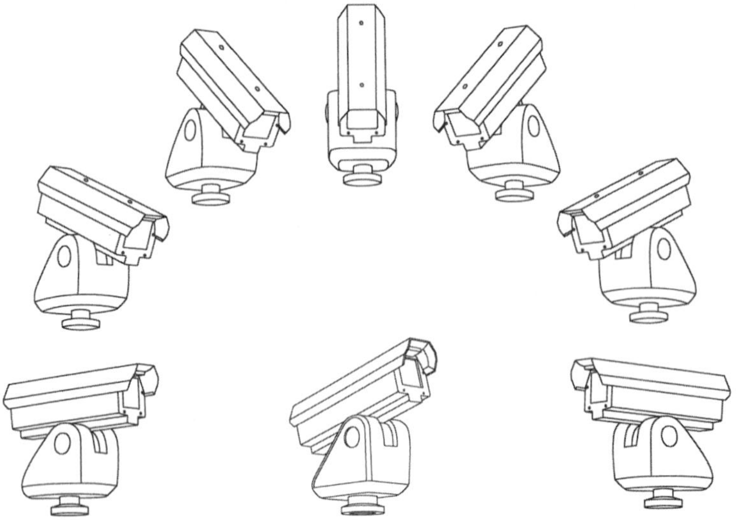

「草場地 258 號工作室周圍出現了許多監視器。」

利。但是他們沒有就此罷休，很快，他們將尋求直接接觸。

北京朝陽區的東方東路，有片企業模樣的建築群，在它四周警戒森嚴，釋放著一種粗陋的功能主義氣質，這是美國大使館。二〇〇九年五月底，眾議院議長南茜・裴洛西 (Nancy Pelosi) 訪問北京時，使館邀請了一些人參加為她舉行的招待會，我在他們的客人名單上。

南茜・裴洛西女士的致辭聽上去很輕鬆，她玩笑說，美使館的建築設計成功地抓住了中國傳統的元素。一週後將是一九八九年學生示威鎮壓的二十週年，她並不提及人權和西藏問題，只談到了環境和氣候變化。市場崩潰和歐巴馬就任總統後，西方政客渴求中國幫他們跳出金融危機，口徑一致地迴避任何可能引起中國不快的敏感話題。全球化和經濟利益至上，人權被淡化，真的是「有錢能使鬼推磨」。這是不妙前景的開始，歐美深陷的困境並不會因中國加盟而削弱，相反地，真正的麻煩才開始出現。

我提早離開，正懊悔不該來這種場合，穿過使館重重安全警戒線走了出來。回到車裡，打開手機就看到了母親的來電，於是我給她回撥電話。電話接通後，她輕聲地說，有幾個公安人員在東四十三條的家中等候我，我說這就過來。

對將發生的事兒，雖說我已有心理準備，但是沒料到他們會找到我母親的家裡。接下來發生的，像是一章寫壞了的荒誕小說中的一幕：在我母親的院子裡，我遇到三個陌生人：兩個穿著警服的和一個便衣，後者留著北京寸頭，肩上斜挎著包。沒有做任何解釋，開口就問我住在哪兒。

我客氣但堅決地，請他出示他的警證。這不是他預期的回覆，讓他有點手足無措，他說他沒有帶在身上，說了各種藉口。我不想與他多扯，要求他離開；在他拒絕時，我用電話報了警，報告有人擅闖民宅。警察在執行任務時有義務攜帶警證，並隨時準備出示，只是大部分中國人絕不會問這事。

在我身旁的母親，感到有些不安，她要我好好說話：「不要不通情理。」而我堅持，既然來家裡抓我，就該遵循適當的程序，我尤其不想在我母親的注視下溫順地就範。這名便衣男子一籌莫展，煩躁不安地撥電話，請示他的上級。

院子的門鈴響了，兩個警察走進來，片警（派出所員警）應了我的緊急呼救。同樣，我首先請兩位出示他們的警證，他們面面相窺，說忘記帶了。在我的堅持下，他們駕車回警局取證件。折騰到後來，我和他們去了派出所完成我的舉報手續。此時，寸頭幾乎沮喪得要爬牆了，發展出乎預料，最後澄清了我的居住狀況；我後來意識到，如果他們對我提出指控，這個細節將涉及地方法律管轄權。天黑了下來，離開派出所時，我最後說，下次有事找我，不要忘記帶上手銬。

幾乎是同時，我在部落格上報導了這一傳奇故事。

「小心啊！你準備好了嗎？」網友擔心地問。

我準備好了，或者說，我沒什麼可準備的。畢竟我只是一個人，而「艾未未」是我可能奉獻的全部，也是他們所能得到的。

我的網上活動，最終使我成為了目標，要回頭已為時過晚。我現在是父親，有更多的利害關係，但更有理由為一個美好的未來而努力，造就能讓中國的孩子免受傷害的未來。

「拒絕犬儒，拒絕合作，拒絕恐嚇，拒絕喝茶。」五月二十八日，我匆匆地將幾句話放在部落格上，我意識到，這已是說清話的最後機會。「喝茶」是國保對持不同政見者發出的警告，是恐嚇並削弱你的抵抗力的方式；「國保」的全稱是公安部政治安全保衛局，也就是祕密警察。但是，自我審查等於自我貶低，而恐懼是一條通向絕望的路。

人們問我，你怎麼敢在部落格上說這些話？我回答說，如果我不說，只會讓我陷入更危險的境地。我說出來可能引發改變，說出來比不說好，如果每個人都說，社會早轉變了。當每個公民都說出他或她想說的話時，變化就會發生；一個人的沉默會使另一個人面臨危險。

不久，我接到作家協會書記的電話，他奉勸我在未來的日子裡保持沉默，他指的是六月四日屠殺二十週年的日子。我坦誠地回答，我無法做出保證。在他電話掛下後，我的所有努力即刻在網路上消失了，我再無法登錄我的部落格，三年七個月的夢幻般的日子，三千篇文章和上萬照片都消失了。隨之而去的是幾千萬的閱覽量，再在網上搜索「艾未未」，只是一片空白；我的名字是「敏感詞」。

社會對我的關注，並不是我的藝術家名聲，而是我的網路活動。我從一個用中指打字的電腦生手，變成一天多篇文章的老手。在人們眼中的我，正在進行一場西西弗斯式的鬥爭，發布的內容一次次地被刪除。在部落格消失的那一刻，我感覺肢體撕裂，這同時宣告了「公民調查」的結束。政府拒絕另一種聲音，要讓發出聲音的人消失，理由很簡單，一旦思想開放，他們的日子就寥寥可數了。

五月二十九日，我的部落格被封的第二天，我註冊了國內的「飯否」微博，還有境外的Twitter（推特），以接觸國外的讀者。「飯否」微博為不經意的評論提供了一個奇妙的空間，短語交流消解了話題的嚴肅性，它在一段時間內避開政府的關注。可以自由發帖聊天、討論觀點或胡言亂語，只需要長話短說。我調侃說：「由於不涉及國家安全問題，藝術家艾未未今天沒有被警方帶走調查。」此無聊玩笑，瞬間幾十個跟帖，將它改為荒誕的句子：@魚小羊 @aiweiwei「因涉及國家安全問題，艾未未把國家帶走調查。」@躲貓貓 @aiweiwei「因為國家涉及艾未未安全，問題已被警方帶走。」@西坡居士 @aiweiwei「因為警方涉及安全問題，國家已被艾未未帶走。。。」@拿鐵匠 @aiweiwei「因為艾未未被警察帶走調查，警察已經涉嫌危害國家。」@阿丁 n@aiweiwei「因艾未未涉及維護國家安全，安全已被國家帶走接受調查。」

我依然端坐在那只方凳上，眼前的網路像是一隻夢幻般的章魚，將觸角伸及網路的各個角落。我用中指敲打著鍵盤，幻想我的行為將葬送一個陳腐的世界，有時難免會有飄起來的感覺。它像一條潺潺的小溪，引領著我流淌，不斷刷新和拓展我的視野。

從我部落格被關到微博上線，只過去了一天。一天裡，我的沮喪很快就被熱切的期待所取代。接下來的日子裡，網警不停地刪號，而網友不斷地為我註冊了新號。在現實中，沒有這樣的暴動，我的回貼

「網友不斷地為我註冊了新號。在現實中，沒有這樣的暴動，我的回貼像以石擊水，泛起陣陣浪花。幾百個我的頭像的新帳號出現，我成為了神話中的不死神。」

像以石擊水，泛起陣陣浪花。幾百個我的頭像的新帳號出現，我成為了神話中的不死神。我使用的化名：「未未未」、「未未艾」、「未艾艾」、「艾未來」。一陣子，混亂使審查崩潰，再無法確定哪個是真我。歷經上千次的刪號，我變得更情緒化了。然而，激動人心的日子並沒有持續很久。

到二〇〇九年，中國網路使用大幅增長，公眾抗議活動在網上引起強烈關注。「穩定壓倒一切」，政府做出了相應的反應，「維穩」預算開始超過國防預算，監控更加收緊。被關閉的不止是我的微博，一個月後，飯否網站也被關閉。我只剩下了推特，但推特已被防火牆屏蔽，需要使用VPN「翻牆」。一百四十個字元的推文，頗有詩意，我刷推文可以刷到凌晨，睡眠驟然減少。我陶醉於網上的存在感，我的藝術家身分在這段時間裡扮演著次要的角色。我在尋找另一個舞台，讓它也能接觸到觀眾。

坐落在六本木之丘大廈頂層的森美術館，是東京最可愛的藝術空間。二〇〇九年七月，《起因於何》我的首次大型個展，二十六件作品，三個展廳，策展人Mami Kataoka以「基礎形體和體積」、「結構和工藝」、「對傳統的改革和繼承」三個單元為題。門廳上方懸掛了一個巨型水晶燈，乘坐自動扶梯上下時，吊燈的形態發生著巨大變化。展覽入口被一百張「鳥巢」的壁紙覆蓋，像是走進侏羅紀公園，其結構的骨架類似恐龍的殘骸。

一個《Kippe》的裝置，將兩種不同的材料堆在一起。一個元素是從一個廢棄的工廠回收的雙槓；我年輕時，記憶中的社會主義祖國，每個工作單位的運動場，都有一套一樣的雙槓，那是受蘇聯體操實力的影響。另一個元素是數以千計的鐵梨木塊，一種沉重的熱帶木材，整齊地堆放成一堵堅實的木牆，這些木材來自南方的一座遭到拆除的古寺。

對展覽的劣評，反映出我在國內的處境。作為活躍分子，我被普遍認可，但我的藝術卻經常遭到詆毀。聽我談政治時，人們同樣不屑一顧，說我是個藝術家，藝術家知道什麼呢？現在評論者走到了另一條路上，說我是在「搞政治」，「艾未未的作品沒有任何的獨創性，昂貴的材料、巨大的規模以及在歐洲的影響，只對艾未未在日本的名氣有提升作用。」附和著，同樣居高臨下地說：「艾未未的創作因為簡單，沒有深刻的思想而容易被人接受。」一種視角不可取代另一種視角，我從不指望取悅他人，立場不同自然會勢不兩立。

《起因於何》在日本沒引起關注，藝術在亞洲是無關痛癢的。我像從海洋游回故鄉河流的鮭魚，需要完成一個完整的生命週期，才能實現自己。時過境遷，同一個展覽，後來在美國和加拿大巡展，反應卻很熱烈，可能由於我正在祕密監禁中。

二〇〇九年八月十二日凌晨三點，在急促的敲門聲中驚醒。本能地，我開了我隨身攜帶的錄音機，並撥通一一〇報警。

再次來成都，是為一位維權人士、作家譚作人的庭審作證，儘管我們不相識。作家譚作人第一個提出要建立一個地震災民的資料庫。二〇〇九年三月他被捕，被指控為「煽動顛覆國家政權」，這可是相當嚴重的指控。

他的律師浦志強請我做辯方證人，我答應了。我們的汶川地震調查，足以證明譚無辜，「豆腐渣」校舍是造成孩子們死亡的直接原因。

八月十一日傍晚，我和朋友、搖滾樂手左小祖咒、工作室的十個同事趕到成都，我們住的「安逸賓館」離人民法院不遠。當地朋友冉雲飛帶著我們去人民公園，附近有一家「老媽蹄花」，去吃燉豬蹄。

酒後回旅店，已是深夜，街道上沒有行人。旅館的路邊停有一輛白色轎車，車窗是搖下的，兩個男人在前座。我的直覺告訴我有點不對勁，徑直走了過去：「你們在等我嗎？」兩人警覺地對視了一秒，並不做回答，啟動車後徐徐離開。

正是這一陣砰砰的砸門聲和喊叫聲，將我驚醒的。

接著，房門被撞開，幾個警察蜂擁而入，在推搡中我的頭遭到一次重擊。一個矮個兒警察，他的手中握著一根可伸縮的鋼棍，正用力地將卡住的一節砸了回去。我的T恤衫在拉扯中被撕破了。我錄下了我和他們的爭吵：

艾：為什麼打人？

警：誰打你了，誰看見啦？

艾：警察是這樣做的嗎？

警：你有什麼證據？誰打了你？

　　哪個人打了你？打你哪兒了？

　　傷在哪兒了？說話要講證據講法律。

艾：我不想跟你這樣爭論。

警：誰打了你？我問你？

艾：誰打我？你們沒打，我的衣服能撕成這樣嗎？

警：那是你自己撕的。

艾：哦，我自己撕的，自己打了自己。

警：對。

右臉灼熱，上下齒無法咬合，我頭暈伴著耳鳴。在我們無間歇地爭吵時，一千萬人口的成都在沉睡中，我無間歇地將我手機資訊上傳，網上有很多守望在手機和電腦前的網友。

凌晨四點三十五分，我發了一條推文：「警方出動警力幾十人，凌晨三時破門而入，要求其出示證件時我被毆打。有志願者被強行帶走。警方說我們明天十二時之前將被控制。」

在警員的監護下，我和左小走向電梯，拉開的電梯門的不鏽鋼鏡面折射出我們，我按下諾基亞的拍照鍵，閃光燈在狹窄空間中很刺眼，我身邊警員沒有反應過來。我將圖上傳，內心的激動驅走了恐怖和壓力。被毆打、限制行動自由，已被我手中的圖片所取代。發出照片後，我說：「這是最好的一張。」照片立刻在網路上瘋轉，我被拘留的消息也流傳開來。

驗傷之後，我被限制在酒店房間。一些同事被警方帶走，而拒絕給予拘留的理由。警察操著濃重的四川腔，無奈地說：「我們在做我們的工作，請你理解。」一直到午後兩點，譚作人案庭審結束，我們才能離開酒店。晚上我飛回北京，可以說是勞而無償。

回京後，我發了一連串推文：「我回來了。」晚上九點五十二分：「成都不一定最壞，但確實沒有希望，毫無善意，無理性，無道德。」晚上十一點二十二分我補充說：「不太痛了，小意思。見識了警方的愚蠢、下流和卑鄙，但和體制比，是小巫見大巫。」「讓人絕望的是他們拒絕討論，他們對生活早有自己的看法：沒得辦法。所以可以做出任何事來。」

我跟公安的事並沒完。第二天早上，律師劉曉原陪我飛回成都的理由是兩件事：一是對我們的拘禁做投訴，其次是弄清助手劉艷萍被關在了哪兒。

沒人被允許在警察局內拍攝過，直到那天下午；更沒有人會料到我與警察的近距離接觸。在沒有明確指示的情形下，警察無法想像我們將怎樣利用鏡頭，默許了我們的攝影機在轉。

我們先是被推向公安局法制辦，向科長徐杰反映問題。當我們到達那兒，沒有看到他的身影。出來一位女政委徐暉接待，聽完我的投訴，徐暉對我所說一無所知，她明顯想讓我們離開，而我決心留下來；一旦離開，將永遠不可能再回來。

勸說未果，明顯沮喪的徐暉把我們交還徐杰科長。在後來的《老媽蹄花》紀錄片中，他不自覺地扮演了一個反派角色，他身上沾染了體制內官員的全部特徵：言不達意，含糊其詞，對任何失職行為都漠不關心。在他看，我們的抗議沒啥大不了的，如果能蒙混過去，他就會這樣做。他只是在拖延時間，嘴裡沒句實話，不正面回答問題，表示這事與他毫無關係。政府的人無論什麼位置，都拿體制做賭注，他們清楚，沒誰拖得過體制，沒人有資源能做到這一點，而體制一定會將你耗盡。要他們對人民負責的爭論，只表明我們還沒看透這一切。

沒有了質疑的權利，就不會有真正的自由；我無法接受國家權威不能對抗、不允許懷疑、不被質問的現實。在權力面前我永遠是弱者，這我是知道的。但是，我是一個天生的反對派，除了反對的立場，我沒有別的存在。那些天，我既不謹慎也不講政治，我只是好奇，我持這樣的態度能走多遠。後來，我的干預有了一些回應，當天晚上劉艷萍獲釋，我們安全地返回北京。

在成都的拍攝紀錄，像雨天打傘一樣自然，這場雨一時不停下，我們就一直撐著傘。我們把所經過的事兒都記錄下來，那是可能記錄的每一刻。

一段時間裡，總有朋友問如何拍紀錄片，我給了三個要領：一是開機，二是繼續拍，第三是不要關機。只要開著攝影機，你就有了鏡頭，沒啥鏡頭是剪輯不出來的。記錄行為是發生的一部分，而記錄正在發生的事兒，一定比預先設定的觀點更加重要；在所有的資訊被壓制的環境中，這點尤為真實。

除去挨了一拳，我徒勞無功，我該怎麼解釋這些荒誕不經的事呢？人們急切想了解，在成都到底發生了什麼，一直瘋狂地轉發我發送的每一條資訊，他們更想聽到一個完整的故事。回到北京後，我不分晝夜地開始編輯，一週內，將片子《老媽蹄花》放在了網上。這部影片成為空前的熱點。我們直面呵斥，令權威無言以對、無可奈何的一幕幕場景，輸出了打擊性的力量，這是人們此前不敢想像的事。線上觀看超過了幾十萬次。

在成都，我觸碰到了暴力，此前只是遠距離監視，我對他們說要麼送我進監獄，否則別再煩我。他們在等待時機。隨著我的抵抗，暴力傾向也越發明顯。在成都的經歷，改變了我對局勢的看法，我不希望我的抗爭危及家人的安全。同時，我想看自己還能折騰幾時；持有同樣的疑問，人們也在觀望。此時譚作人已被判處有期徒刑五年。

後來發生的事，顯示我並沒有從成都全身而退。九月，我飛往德國慕尼黑，在藝術之家(Haus der Kunst)準備一個大型的個展，持續了一個月的頭痛變得異常劇烈。抵達慕尼黑的那個晚上，我的意識已無法集中，口齒不清。第二天，館長克里斯．德肯馬上安排我去路德維希．馬克西米利安大學醫院(Ludwig Maximilians University Hospital)。初診顯示我「大腦表層組織之間有明顯的淤血，腦硬膜右側有清晰的血腫擠壓，右腦半球異位。」我留在了那兒。

腦科醫生同恩博士(Jörg-Christian Tonn)晚上八點回到家，忽然想起，有份文件忘在了辦公室，轉回來取時，他再次對我做了檢查。看到我已在床上昏迷，他做出了立刻手術的決定。幾個小時之後，我從麻醉中甦醒，我的頭顱右側有兩個鑽孔，二十毫升的紅色液體從腦膜下流淌出來，頭不再痛了。

手術的前一天晚上，我的頭痛已無法忍耐，幻想從窗戶飄出去，化解在天空中，這樣我就能從痛苦中解脫出來。現在，我已經從這次瀕臨死亡的經歷中恢復過來，帶著一種釋放的輕鬆感回到了藝術和慕尼黑的展覽。成都的事使我相信，與政府沒有進一步談判的空間。多年來，我一直用我的身體和情感，捲入社交媒體中的政治較量，藝術是我的避風港，是一種溫和的語言，一個自由進出的舒適地帶。

慕尼黑展覽的標題「So Sorry」是克里斯提出的；眼前的一切，存在於無動於衷的掩飾中，存在於毫無誠意的歉意下。為實現我對楊小丸的母親的承諾，我用九千只學生書包，覆蓋了慕尼黑藝術之家的正立面，形成彩色的句子：「她在這個世界上開心地生活過七年」。世上總有各種各樣的悲劇，而最大的悲劇莫過於忽視生命，我希望楊小丸被記住，所有死去的孩子都值得被紀念。

位於慕尼黑公園南緣，藝術之家建於上個世紀三〇年代中期，曾是第三帝國的一座文化紀念碑，稱作人民贈給元首的禮物。納粹時期，這裡每年舉辦「偉大的德國藝術」展覽，以「正宗」的德國藝術取代「墮落藝術」；似曾相識，納粹也認為藝術只是實現政治理想的工具。

多年以來，藝術之家沒有得到很好的維護，展廳中的石板地面被斷裂的斑痕密布。我將它們每一塊拍照後，織來跟地板同尺寸、同色彩，石紋的斷裂和劃痕也完全重合的地毯，覆蓋其上，從而喚起人們意識中的現代歐洲的歷史層次，一層覆蓋一層地涉及歐洲的基礎。然後，我再將一百只乾枯的樹根立於其上，蒼勁的樹根有百年歷史，是從中國南方的山區收集的。

這件名為《根置》(*Rooted Upon*) 的作品，來自我對自然形態的興趣、古老傳統中對石和根的崇尚、人對自然的悟性。最後，大廳四周牆被《童話》一千零一個志願者的肖像環繞，那是卡塞爾的開放和冒險精神。藝術永遠是我的療傷之地。

與同年早些時候，東京舉辦的《起因於何》展覽不同，《So Sorry》終於在我住院不久後開幕了，引起的興趣和好評如潮。

年終，我收到了一個新的邀請，是來自倫敦泰特現代美術館 (Tate Modern)，我將在渦輪大廳中展示一件新的作品；這是一個長一百五十米，寬二十二米，高三十米巨大空間。呈現一件獨立作品是件艱巨的任務，像是用一個單詞表達我的一生。但是很快，我有了一個足以滿足我的想像的創意。

位於江西的景德鎮，自宋代以來既為民間生產陶瓷，也為朝廷燒製優質的瓷器。我對手工藝的著迷始於上世紀的七〇年代末，開始嘗試瓷器的製作。

瓷器有裝飾作用，在私密的收藏中得到讚賞。我在泰特美術館看到將這個概念大規模應用的可能，嘗試一個涉及到與文化和歷史、記憶和身分有密切聯繫的物質對象，一個容易識別但有潛在解釋的主題。

《葵花籽》(*Sunflower Seeds*)是我的選擇；向日葵一直是我的生活的一部分。在我的一張早期照片中，有一個鐵絲衣架彎曲出的馬塞爾·杜象的剪影，放在我的桌子上，杜象的臉輪廓被散落的葵花籽殼填充。作為身無分文的藝術家，我可沒少嗑瓜子。

我在新疆長大時，除了一張床、一個爐子和一張桌子，我們家中幾乎沒有其他財產。但是，即使在最黑暗的日子裡，在我們的口袋裡總有一小撮葵花籽，它們既是精神上的安慰，也是對飢餓的一種適度的回應；人們總是用牙嗑著瓜子。

在毛澤東活著的時候，向日葵有特殊的象徵性地位，隱喻人民。宣傳中不斷提醒我們，人民對領袖的忠誠是無條件的，要勝於生命本身的價值。「敬愛的毛主席，我們永遠忠於您」或「毛主席是我們心中最紅最紅的太陽」，微笑著的毛澤東占據了每張海報的中心，一輪紅日像光環一樣在他腦後，身下是一片向日葵的海洋，它們把迷醉的臉朝向他，沐浴在無懈可擊的思想陽光之下。

二〇一〇年三月，我向泰特現代美術館提交方案時，我的想法已成形：微小之物積累在一起，填滿它的場地，我說的是一億顆葵花籽，它是一個單詞的一部小說。它不是雕塑或裝置，而是關於身分和記憶、辨識和認同。每一粒獨立而完整，一粒與另一粒並無兩樣，聚在一起，淹沒在無數相似的自我中，匯成一片汪洋。

第十七章

河蟹宴

在中國銀行總部，兩個國保前來查帳，理由是我「涉嫌經濟詐騙」；一個在銀行工作的粉絲，用簡訊告訴了我。我將這個信息放在了網上：危險正在迫近。

二〇一〇年二月二十二日，在市場上，我接到助手徐燁的電話，他說，幾個藝術家正在工作室等我，他們來自離我不遠的藝術區。我趕了回來，幾個我不熟悉的藝術家，其中一個頭上纏著紗布，臉上和頭上有乾了的血跡。他們說，昨晚幾十個流氓舉著刀棍，闖進了藝術區，逼迫他們搬出那裡，並將拒絕搬遷的藝術家打了。地方政府依賴土地收入，在夜幕掩護下拆遷是常見的事兒。藝術家很無奈，現在，重型設備正在拆除他們的院落。

他們來找我，是要我出招。想維護你的權利，我如實說，不能在一個封閉的空間裡抗議；人家欺負了你，在屋裡大吵大鬧是不會有結果的，抗議要站在街上，讓鄰里看到。

「去長安街吧，」我說。這個目標聽起來雄心勃勃，那是一條通往天安門廣場的大道。事實上，我想不出能走多遠，尤其在兩個重要的政治會議即將開幕時，北京安保正處於最緊張的狀態。說實話，我熱切期待邁出網路，走上街頭。

從草場地開車前往在市中心的建國門，一路很順，我們在東長安街停下。下車之後，從車裡拽出幾條事先備好的白布條幅，上面是墨寫的維權口號。一個藝術家用輪椅推著受傷的兄弟，其他人打開條幅，由東向西，開始朝天安門方向邁進。我在一側拍照，同時將資訊放在推特上。

長安街是北京最長，也是最寬的街，將整個城市分為南北兩塊。筆直的大道無論朝哪邊看，都似乎沒有盡頭。一九八九年的天安門事件期間，鬧民主的抗議者就在這條大道上遊行。六月四日的清晨，軍隊也在這條血路上進入廣場。

在空曠的大街上，口號呼喊聲音很弱，沒引起過往車輛和行人的注意。奇怪的是，警察沒有出現。一直到我們接近廣場時，開始有人圍觀，武警和便衣也隨即出場，輕易地阻擋住和驅散了我們。與我的預想不同，他們表現得異常克制，並沒有抓人。回家後，我接受外媒的電話採訪，解釋了我們示威的目的，但還是不能排除當局會進行報復的可能。一年後我被關押，才被告知，那次遊行是我眾多的罪責之一。

二〇一〇年三月，在兩個場合中我談到對審查制度的抵抗。第一次是在科隆文學節上，我與出生於羅馬尼亞的諾貝爾文學獎得主赫塔・米勒(Herta Müller)女士對話。在後台，她問我感到緊張嗎？說每次演講前，她都緊張極了。米勒是出色的演講者，瘦小的身軀讓她觀察的敏銳性更顯著。在羅馬尼亞還是共產主義國家的年代，安全部門不勝騷擾，想發展她為線人，她拒絕了。「這麼做，」她告訴警察，「我就不是自己了。」米勒用一生抵制極權主義，為死於極權之手的人們寫作，拒絕忘卻，拒絕妥協。

「你是不是高估了網路的作用呢？」米勒問。她懷疑網路是否會有如此大的影響。她認為年輕人在網上搞得很激動，像是社會將會發生變化，但是，獨裁者是傲慢的，要殺要抓隨他們的心願。她說的不是沒有道理，從認知層面對極權的聲討，並不能完成社會變革，變革需要多重的條件。儘管如此，我說了抵抗的理由：「在一間黑屋裡如果有一支蠟燭，我會燃起這支蠟燭。」無論政府如何試圖封殺，我會設法讓人們聽到我的聲音。

幾天後，在紐約的帕里媒體中心(Paley Center for Media)，推特聯合創始人 Jack Dorsey、科技部落格 ReadWriteWeb 創始人 Richard MacManus 和我做視訊連線對話。我首先問推特，為什麼不提供中文版？Dorsey 解釋，技術問題需要些時間，他並不知道推特在中國受屏蔽。我接著談在中國的社交媒體和數位化的社會運動、中文推特圈、谷歌從中國市場撤出，包括「艾未未」這三個字無法出現在網上。我對他解釋，中國對網路配以嚴厲的審查和封鎖，YouTube、臉書和推特均在被禁止訪問之列。只剩下克隆複製的山寨網站，為政府的意識形態提供服務，即便這樣，它們的內容同樣受到嚴格審查。

我還告訴他，漢語推特相對英文的好處，在相同的空間裡，中文可以多容納三倍以上的資訊。二〇〇九年，飯否被關後，大批用戶轉到推特，雖然推特也被封鎖了，但審查人員還沒能完全撲滅它。二〇一一年初，推特中文圈才因「茉莉花」事件遭到重創，數十名活躍的推友失蹤，數以百計的用戶被公安傳喚「喝茶」，此後許多人再沒有回推特。

幾個月來，我在推特上發布一個又一個有爭議的事件，一直對政府直言不諱地批評，同時設法保持了網上的存在。在聽眾問答時間中，有人問：作為著名詩人的兒子是否為我獲取了眾多的人氣？我回答她，如果推特早些出現，我的名氣可能會比我父親更大。聽起來傲慢，但我在網上引起的普遍關注是個事實。

我說，希望有一天不再上推特。我開始對網上活動感到失望，發條推文顯得太容易了，我不想重複同樣的事情。

在瘋狂發推文和線下緩慢進展的現實面前，我的紀錄片提供了一種平衡。此時我有數不清的紀錄片上傳到視頻網站，剪輯完成後我立刻把片子傳到網上。在這裡，自由表達歷來不是常態，做事兒要被人看到，可並不容易。必須找到一種交流的可能。

那些電影無不涉及敏感的政治話題，我除了把它們放在網上，或寄出磁片，再沒有其他的傳播管道。二〇〇九年底，我們寄出了兩萬份《童話》、兩萬五千份《老媽蹄花》、五千份《花臉巴兒》、兩萬份《一個孤僻的人》，漂亮的盤面設計，像是一件時尚禮品。在二〇一〇年和二〇一一年初，我們製作的《花好月圓》是關於兩名年輕的活動分子遭虐待的故事；《Ordos 100》，是一百名來自外國的建築師，一同參與內蒙古的一個建築開發專案；《平安樂清》，一個南方的村長疑似被謀殺。

我與王分不住在一起，但是我們每天見面，帶著一歲多的艾老去附近的公園，散步、玩耍。空氣品質很差，致使艾老不時地感冒發燒，一次次地去看醫生。照料孩子的空閒時間，王分專注地為我做紀錄片剪輯，那屬於她的專業，儘管她並不那麼關心政治。公民調查以來，草場地工作室成為神話般的自由抗爭之地，這個團隊到底有多少人參與，一直是個謎，同樣我也不知道我的院子裡有多少隻貓。

二〇一〇年四月底，地震兩週年的日子迫近，我發起了一個公眾紀念活動，請網友從五千兩百名死亡學生的名單中，選其中的一個，錄下自己讀名字的錄音，將音訊檔發給我們。很快有三千四百四十四位網友響應。最終，我們將兩千多個音訊混錄，作品《念》被放在了網上，旨在「尊重生命，拒絕遺忘」。

經過兩年的努力，由一千六百雙手繪製的一億顆葵花籽已經在運往倫敦的路上。一粒葵花籽的製作，複雜程度絲毫不亞於任何陶瓷製品，要經過二十多道工序。顯然唯有在今天的中國，我才有可能完成如此規模的作品。一千六百名熟練的手藝人，基本是女性，手工完成同一件事兒，一絲不苟、一筆一畫，種子的數量穩步積累，直到達到所需的數量。

《Sunflower Seeds》，2010年

女工對手工，像對做飯一樣熟悉。她們將葵花籽的胚胎從窯裡帶回家，孩子在身邊玩耍，老人準備著飯菜，閒來無事時，她們就會坐下來，開始動手畫葵花籽。那兩年在景德鎮，家家戶戶都有一片片的葵花籽鋪放在屋檐下。

這讓我想起八〇年代在紐約發生的一件小事。我受超現實主義的影響，將我的一雙皮鞋截去鞋跟，再將它們對接在一起。我準備塗上一層鋥亮的鞋油，那樣會更好看。我走去臨近的鞋店，把這件作品遞給櫃檯後面的一個年長的波蘭鞋匠。他端詳了一番，臉沉了下來，從身後的小屋裡喚出他的妻子，一同仔細研究了一番那件不能穿的皮鞋，結論是：「我們沒有黑色鞋油。」

我說：「沒關係，那就用棕色的吧。」

他看起來有些生氣了，說：「拋光機壞了。」

我恍然意識到，我傷害了他。對他來說，他一生的工作是不容小覷的，並不在乎我的這只奇怪的皮鞋。擁有一種手藝，意味著與社會建立一種良好關係。顯然，我的情形並非如此，我是帶著這種認知製作葵花籽作品的。

每顆種子，是一個獨立的存在；看上去，一顆與另一顆並沒有明顯的區別，可是當一億粒葵花籽聚集在一起，它變成了另一種東西。你看

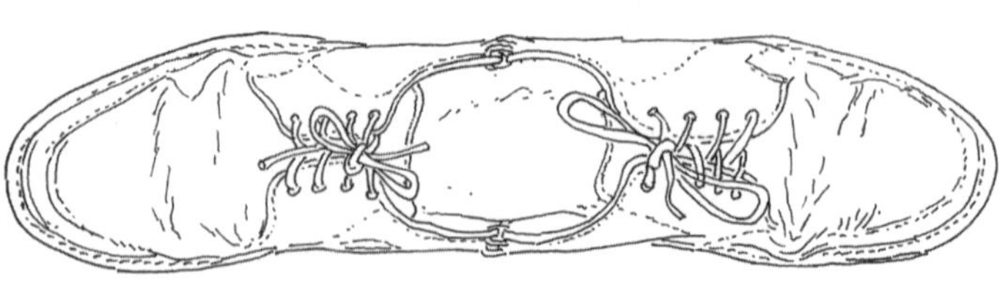

《One Man Shoe》，1987 年
「將我的一雙皮鞋截去鞋跟，再將它們對接在一起」

到它的同時，什麼也沒看到，每粒種子淹沒在無數個相似之中。若要用一個隱喻表達對中國的理解，而且是每個中國人都熟悉的，那就是葵花籽。

現在，眼前的葵花籽像海面一樣浩渺，浮現在泰特的渦輪大廳中。開幕那天，剛過一歲半的艾老，搖搖晃晃地走向我，他的口裡蹦出了「破」字，在他的手心裡，有一粒斷了的葵花籽。這是他頭一次隨我遠行，未來我會帶他走得更遠，去那些我從來沒有去過的地方。

人們輕鬆地在葵花籽上行走，像走在水面上，感受腳下與葵花籽摩擦。

不幸的事發生了，經檢測，葵花籽摩擦產生的粉塵中二氧化矽過量，吸入體內對健康有影響，只能不再允許人們走上去了。我想起兩年前在卡塞爾被風刮倒的亭子，我的藝術總是處於不斷變化中，常在一種約束下呈現。允許自由行走的幾天中，超過一百萬粒的葵花籽消失了，待展覽結束，很可能沒有幾粒會留下。

面對浩瀚的葵花籽，人們總問它們來自哪裡？怎會這麼多？是怎樣製成的？展覽引發了熱烈的討論。評論家付曉東說，這是「年度所有人繞不過去的藝術界的標誌性事件。艾未未用一億顆手工葵花籽，以最耐心、最極端的方式，詮釋了什麼叫做個體的獨立。這些瓜子，每一顆不同，每一顆是獨立的。每一顆個體值得用最耐心的方式創造，每一個生命都很寶貴，不能淹沒在滾滾紅塵中。」

展廳中有網路視頻供參觀者對我提問。有人說，葵花籽是「自由的種子」，問是否可以擁有一顆。另一位網友說，他想像在未來某一天，他手中的葵花籽會在黑暗中發光，那是自由到來的時刻。之後兩年中，我寄出四萬多份葵花籽給我的支持者。《葵花籽》宣告我告別了「不務正業」的時光，我把真實的快樂留在網路上，那已成為一個交流的平台。現在，儘管可能遭遇各種惡劣氣候，我要減少線上活動，航向未知的海域。

我的國際聲譽飆升之際，國內的政治枷鎖收得更緊了。二〇〇九年聖誕節那一天，北京以「煽動顛覆國家政權罪」判處劉曉波有期徒刑十一年。第二年十月，挪威將當年的諾貝爾和平獎授予了正在服刑的劉曉波，中國政府抗議說，將和平獎頒授予一個罪犯是荒誕的。為阻止曉波的親友前往奧斯陸的頒獎典禮，公安部擬出一份百人被限制離境的名單。

十二月二日，我作為光州雙年展的策展人，準備從北京去首爾。通過護照檢查，在候機室，一位女警官向我走來，「你是艾先生嗎？」她問。她說由於電腦出差錯，能否看一下我的護照。

我笑了，「你是不讓我離開嗎？」

她拿出一張手寫的字條：「由於你的出境可能對國家安全造成危害，北京市公安局依法履行職責，限制你出境。」她告訴我，不能留下這張紙條，也說不清禁令的期限是多久。我能做的，僅僅是在網路上發洩我對此事的厭惡：「限制一個公民出行，等於說這個國家已淪為監獄」，「不要愛一個你不能選擇自由離開的國家」。

此時，我剛在上海嘉定區馬陸鎮建成了一個新的工作室，一座紅磚建築，在一條安靜的道路盡頭，相臨一片葡萄園。兩年前，我受嘉定區區長的邀請，在這設計我的工作室，包括一處我的朋友丁乙的藝術工作室。他說，安藤忠雄設計的博物館也正在籌畫中，還有一個由印尼收藏家創立的當代藝術館。不久後，這座葡萄園將被「藝術區」取代。

工作室是個四合院，三面環水。院南側是起居室，它的兩側用作展廳和工作間，北側是客房，獨立的單元通過內院連接。從設計到施工用了兩年整的時間。

二〇一〇年十月，裝修完畢，我的助手呂恆中收到了一份「限期拆除」通知書，理由是「違法使用土地、違法進行建設」。我對政府的蠻橫並不陌生，讓我驚訝的是，像上海這樣的城市會出爾反爾；時值備受關注的二〇一〇年上海世博會(Expo 2010 Shanghai China)的準備之際。那位邀請我的官員說，他感到無能為力，是他的上級領導絕不允許我來上海。他說：「老艾，你不會不懂得你在政治上的敏感性。」

他大概指的是我對弱勢群體的關注。我一再告誡推友要淡定。因為大家想親眼見到這座有魔力的，但將會永遠消失的房子，幾天內，過千人報名前去觀賞。深秋時節吃河蟹是上海的習俗，我準備以辦「河蟹宴」告別我的工作室；既然「和諧社會」是政府的期許，這也將是我的抗議，我的權利才是「和諧」概念的真實對象。

發出邀請的當天，朝陽公安局的一串便衣來草場地，明確表明不希望我去上海的晚宴。

「客人都請了，主人能不出現嗎？」我當然反對。

「那你就告訴他們你被軟禁了，」警察說。

「我不可能這麼做，」我說，「除非你真把我軟禁起來。」

第二天早晨我正準備去機場，十多個警察又來了，他們正式宣布了對我的軟禁：「希望您不要去上海，不許出院子，感謝配合我們的工作。」

他的用詞不對。「不是我配合，我是在你的強迫下。」

那些天中，國保找到了多個準備去「河蟹宴」的「草泥馬」喝茶，一位在上海的推友說：「居委會大媽上門來，要我週日不要出席『河蟹宴』，她咋找到的我呢？我只在推上說了『我在上海』。」

一個學生講他被「喝茶」的經過：「短信報名被盯上了，國保找到學校，我被思想政治老師約談。老師叮囑我不要和人談論劉曉波獲和平獎的事：『好好讀書，將來找份好工作，其他的就不要管了。』他重點詢問我從哪裡得到的消息，有誰和我聯繫，我有沒有聯繫其他人。最後他叫我寫份情

《He Xie》，2010 年

「我準備以辦『河蟹宴』告別我的工作室；
既然『和諧社會』是政府的期許，這也將是我的抗議」

況說明，幾天不讓離開學校。」

我被囚禁在自己家裡。還是有八百多位來自全國各地的網友趕去了馬陸，我的助手用三千隻河蟹款待，大家唱歌、彈吉他、聊天，興奮地將照片和影片放在了網上。

兩個月後，二〇一一年一月十一日，清晨六點，呂恆中接到一個馬陸村民電話，她說工作室周圍來了很多輛工程車，大型拆除機已在工作室南牆上鑿出了個洞。現場的城建辦公室主任確認，他們計畫當天拆除整個建築物。當天下午我乘飛機抵達上海，夕陽西下，四台拆除機正揮舞著它們的巨臂，我的工作室僅剩下在東北角的一堵殘牆。工地的人們正在將鋼筋從混凝土中剝離，將渣土運走，一切有條不紊，他們準備儘快將廢墟清除乾淨，不留下一絲痕跡。果然，一週後再去現場，所見的只是一片新耕耘的田地，此外沒有人活動的跡象。在一場小雪後，地面上有一行鴨子的足印。

如何平衡我的歡樂和痛苦，找出我與他人的關聯呢？假如我將我的藝術視作一個結論，那麼我看到的只是作品被摧毀的時刻。可是不同的是，我把藝術視作是一個開端，由此我可以向前推進，且不計後果，從而，我混亂無章的生活有了意義，我還會有無數的事兒可做。工作室被拆除，準確地概括了我在這個時間點的困境：即便我竭盡全力，也許會是一事無成。

那陣子英國首相卡梅倫 (David Cameron) 來北京，我在《衛報》發表文章，請他就中國的人權問題施壓，同時告誡他，別因短期利益而放棄核心價值。世上沒有任何國家可以禁止自由而同時繁榮。中國不認可文明，由此西方與中國的每一筆交易，都是以犧牲自由和公民權利為代價換取的，這是我們時代最為明顯的道德敗壞之處。重申人權立場是西方應盡的義務，否則是對不發達國家的新殖民主義掠奪。

二〇一〇年的十二月十七日，在地球另一邊的突尼斯北部的西迪布吉德（Sidi Bouzid），一名二十六歲的街頭小販，在遭警察暴力後自焚，這一事件最終引發了總統本・阿里（Ben Ali）的下台。這次被稱為「茉莉花革命」的騷亂，結束了阿拉伯世界中頭一次因民眾抗議而倒台的政權。突尼斯引發了漣漪效應，多個北非、中東國家的民眾走上街頭，抗議獨裁、貪腐，要求改革的運動，推特上稱為「阿拉伯之春」。

一系列突如其來的變革之風也被稱為「推特革命」，社交網路數位科技加速的資訊傳播，顛覆政治平衡的暴亂和革命成為話題。

二〇一一年二月十七日，下午四時，在中文推特上，匿名帳戶「秘密樹洞（@mimitree0）」發布了一則「中國茉莉花革命集會」的信息，隨後公布「茉莉花革命」在各大城市於二月二十日下午二時的集會地點。這位「中國茉莉花革命發起者」沒有表露自己的真實身分。

在這之後的中文網站上，「茉莉花」一詞被屏蔽，「花」字也成為敏感詞，提到「明天」或「今天」的話語都被刪除。花店不再出售茉莉或白色的花。在王府井商業街，一個年輕人因為放置了一束白色小花在地上而遭到逮捕。

二月二十日是個週末，在王府井的警察和便衣遠遠超過參加集會的人。那個戴著太陽鏡，在他的外套左袖上有一枚醒目的星條旗的美國大使洪博培（Jon Huntsman Jr.）也來了現場。有人問他來做啥，他笑著說看一看。警方的逮捕行動也就開始了。

我關注突尼斯、埃及和伊朗的風雲變化。但是抗爭並沒有停留在網路上，街頭和廣場上那些吶喊、哭泣的抗爭者，最終換來的是流血和牢獄。網路的承諾成為自己構建的難以自拔的陷阱，在海嘯般的摧枯拉朽的浪潮過去後，往往岩石峭壁佇立依舊。一次次令人激動的線上革命所引發的社會分化，在許多年之後仍然深陷於怨恨、紛爭和無奈之中；這種情形無一例外地出現在革命風暴之後。

藝術跟網路的關係，涉及我所面臨的困境。一些人說：「哦，極權，極權是怎麼回事？」下雨是怎麼回事呢？當你在雨中就會知道它是怎麼回事，它是一種全息的狀態。真實的困境是難以表述的，因為專制一定會讓人首先失去思考和快樂的能力。

無論如何，草場地二五八號院子裡是平靜的。在小道的盡端，那個直邊直角的灰色磚房，白色的門開了條縫，幾隻貓兒悠閒地進出，有幾隻灰色的喜鵲在柳枝上跳躍。沒人在意院子外面，街上的那輛白色小轎車，也不記得它在那兒停了多久。不分晝夜，車裡總有人不時地記錄著什麼。

有一次，我湊了過去，一個二十歲左右的年輕便衣，正在駕駛座上打盹兒。我將手伸進車窗留著的一道縫隙，輕輕地取出在他腿上放著的筆記本。他醒過來，揉著眼睛，暖洋洋的陽光照在他的臉上，疑惑地看著我，他不知道他失去了什麼。

歪歪扭扭的字跡，記錄了我的每一次進出，和一些往來者的車牌。不知為什麼，我想到的是我的父親，體會到他承受的煎熬。活在一個監視和審查無時無處不在的世界裡，對以思考為生的人來說，是永無止境的苦役。就我而言，日復一日的監視和侵擾已使我深感疲憊。我的體內像是被植入了一個異物，它鉗制著我的自知和判斷，異物會發生病變或徹底消失嗎？我像是在攀登一個陡峭的懸崖，每個動作必須抓牢，才不會從致命的高處滑落。

一月分，我的上海工作室被拆除，接著二月分，有過百人被捕，他們之中有學者、律師和院校的學生，許多人和我熟識。政府對異己是零容忍了。

在柏林，我在建一個工作室。總有人問我為何不離開，我想，該離去的是這個異己政權。

第十八章

八十一天

在草場地出生的一對貓，長毛叫天天，短毛叫呆呆。天天會開門，牠蹲在門下，揚頭縱身一躍，把自己吊在門把手上，「呀」的一聲門的把手轉動了。在一旁觀望著的呆呆隨著竄了出去。

這些日子有些反常，片警進院查戶口、查消防安全，在不同時間段來查身分證，一次是在夜間。十多年前要我「更大膽一些」的村書記，悄悄地對他的朋友說：「提醒一下艾未未，他麻煩大了，讓他少做些讓外國人高興，傷害中國人感情的事。」不久前，一輛車緩緩停在趙趙身旁，那人將車窗搖下，說草場地有十八個人專職監視我。

無論咋地，生活內容就那麼多。刪除那些對危險的想像，是因為我沒有退縮的理由。當然我意識到威脅，我和它生活在一起。我對權利的維護、我的心情、自我意識，包括對世界的看法，全都是被威脅塑造的。十八個或是一千八百個，都不能阻止我做必須做的事情。

二〇一一年四月三日清晨，院子和以往一樣地平靜。司機小胖打開車後備箱，將我的黑色旅行箱放進去。去機場二十分鐘的路程，我準備經過香港飛往台北，為我在台北市立美術館的秋季個展做準備。

我的旅行箱裡有六件T恤衫、六條短褲和六雙襪子，一只手提電腦和相機。出門前會備好血壓、血糖藥，一般十天的量。不知道為什麼，這次，路青將兩個月的藥裝進塑膠袋，處方也放裡面了。然後和往常一樣，送我到院門口。

後座坐著我新來的助手，珍妮是個加拿大青年，幾個月前我在推特上認識了她，這是她頭一次和我出差。

八點，我們辦好了登機手續，拿著登機牌前往邊檢。離境廳裡人不多，我們排在兩條並行的通道上。珍妮先上前，邊檢人員拿起她的證件，他另一隻手拿起了電話，一個警察走過來，將她帶到一側。我意識到要出事。

現在輪到我，邊檢拿起我的護照，抬起頭仔細地看了我一眼，我知道接下來會發生什麼。在廳中散落的警員開始聚攏，一位警員領著我去左邊的一個房間，我問理由，被告知「涉嫌危害國家安全」，我被禁止離境，這時珍妮已不在我的視線內。

小房間裡擠進來幾個國保，一個年長的說要找個地方談談，要我先交出手機。當著他的面，我取出了諾基亞手機電池。我們的電梯降在一層，路的對面停著一輛白色麵包車。我見到了兩天前做人口普查和身分登記的那個國保，「老艾，不好意思」，他拉開了車門。

兩個國保將我夾在後座的中間，前排那個年長者轉過身，他的手中抖出一只黑色布套，上面寫有「疑犯」字樣，示意我將它套在頭上。頭套沉甸甸的，布料透氣性不好，我告訴他之後，他拿過去試著用鑰匙在上面戳了戳，遞回給我，說湊合著吧。此後，我什麼都看不見了。

由於「國保」與國寶諧音，祕密警察在網上被稱為「熊貓」。他們的工作對象是異議人士、非政府組織或是維權者。

在我兩側的便衣緊緊地抓住我的胳膊。這是要去哪兒呢？之後會怎樣？我能做的是放鬆和保持呼吸平穩，由於有些窒息，汗水還是從臉上淌下來。我知道這事兒遲早發生，可發生時，卻有一種很不真實的感覺，像是重演電影裡常見的綁架情景，在觀看一件發生在別人身上的事。

感覺車向北行駛，我認為是前往北郊的秦城，秦城監獄是關押政治犯之地。說來也巧，三天前，我們帶艾老在那附近採摘草莓，我特意地指給他們看，秦城監獄隱藏在一片楊樹林後。我是想讓他們知道什麼呢？要是他們記住這是哪兒就好了，我心想。

我試著默記車行駛中的每個轉彎，很快就放棄這個幼稚的想法，車裡的溫度讓我昏昏欲睡。大約過了一個多小時，

《Panda to Panda》，2015 年

車速放慢，過了幾道關卡後停了下來。身旁的人不作聲地扶著我下車，進入室內，沿著一個弧形、狹窄的樓梯上樓。樓梯窄，只能一前一後地側行。走到一半，他們改了主意，重新回到一層，進了一間有地毯的房間，我被安置在一只圈椅中。

接下來四十分鐘無聲無息。當聽到「站起來」的指令的同時，頭套被拽起，我面前站著一個高大的男子，他的長相與情景十分融洽，感覺得到他在享受這一幕。另一個小個子將我的皮帶、手機和兜裡的錢包搜走，然後，將我右手銬在圈椅的扶手上，金屬冰涼，沉甸甸的。

穿耐吉褲像個體操運動員的一個青年坐在我面前，兩手平置腿上。他有一張清秀的臉，單眼皮，眼睛一眨不眨。這是今後我要面對的標準表情，像埃及石像一樣穿越。

圈椅扶手的油漆被手銬磨得脫落，在我右側，牆上隱約有兩張床和一幅畫被撤走後留下的印跡，左側是一個衣櫥和衛生間，小窗的縫隙中可見室外的斜坡上有電網和攝影機。

晚飯後，兩個男人進屋來。看起來四十上下，較年長的一個身穿剪裁得體的褐色夾克衫，禮貌地跟我打了個招呼。他的伙伴將會對我們的談話做記錄。他說他是北京市公安局刑偵處的預審，隨手將案卷扔在桌上，坐了下來。

「聽說你是知名人士，恕我不知。來之前我特意上網看了一下你的情況。」

我仔細地聽著，揣摩這是咋回事，我人在北京時啥時都能抓，為啥要從機場把我帶走呢？他是說命令來得突然，沒有時間準備吧。

他接著說對我採取的措施是「監視居住」，那是刑法中規定的四種強制措施之一，其他是審訊、拘留和逮捕。

我說我想與家人通個電話，同時請個律師。他直接說不可能，我並不驚訝。外面認為理所當然的事，在這裡會變得荒唐。我的拘留形式為「指定居所監視居住」，容許檢方實施期限為六個月的監禁。這明顯是獄外羈押，不受任何束縛和監督，比正式逮捕更為嚴厲。由此，我被剝奪了法律代表和探訪權。

換言之，我被國家綁架了。他們藐視規則，讓我與世隔絕。我的處境像是礦難發生後被封井下的礦工，地面上的人，不知井下的是否還活著，地下的不知道搜救是否持續，或已經放棄了。我不由得想，八十年前父親也曾入獄、服刑，這讓我有些許安慰，與他的罪名相同讓我感到振作。

預審員一根接一根地抽著菸，煙霧漸漸拉開了我們之間的距離。

我會被他熏死的，我告訴他。

他說，不抽菸是你的自由，抽菸是我的自由。工作期間我必須抽菸。

看得出來他不怎麼喜歡自己做的事兒。他問我叫什麼名字，問我的年齡和住處。在小房間裡他的聲音過大，很像在話劇舞台上念台詞。

「你不會不知道我是誰就抓我進來吧。」

這句話刺痛了他，他必須驗明正身。他說審錯人也不無可能。他試圖讓自己聽起來很講道理，重新開始訊問起我的家人情況。

我反問，該如何稱呼你呢？

他遲疑了一下，說，你無需知道我是誰，我只是一個符號。然後接著說，歷史上有一個著名的工匠，與他同名同姓。他說的應該是一千五百年前建了座拱橋的木匠，他對力學和美感的把握可以說完美無瑕。帶著一絲自豪感，他繼續說，他們的名字間的區別是他的名字還多了四劃。根據他給的線索，我推斷出他叫李椿。不難發現，李預審喜歡展示他的歷史知識和文化素養，這讓我有了些安全感。

當他問我的職業時，我隨口回答：「藝術家。」

「你憑什麼稱自己是藝術家呢？是個人就能稱自己為『家』嗎？你至多算是個文藝工作者。」

對他的說法我沒異議，早沒有人稱自己為藝術工作者了，這個標籤有幾十年沒再用。接下來幾個小時我們來回比拚，我要求他告訴我被拘留的原因，他在各種指控中兜圈子，像是在試哪一款適合我，先說我涉嫌經濟犯罪、藝術詐騙：「你的作品製作幾乎不花錢，它的售價卻是天文數字。」最後乾脆說：「你總罵共產黨，你逃稅，你是個騙子。」

一個自稱「科長」的高個兒開門進來，看著我，他滿意地笑著，像是見到了一個終於落網的獵物。你啊「明修棧道，暗渡陳倉」，他這樣說，還含混地說什麼他要感謝海外的偵查力量。

臨走前，他說我可以在晚上睡覺。審訊結束後，兩個警衛拽來一張床墊，丟在房間角落。摘手銬後，我疲乏地躺了下來，警衛在一旁玩手機。我試著不去想家人，特別是艾老。剛兩歲的他越發可愛了，方頭方腦很有主意。我離開的那天晚上，艾老搖晃著衝出房門，在沒有燈光的樓道裡跳起來，為我按電梯鈕。如果我做得到不想這類事，我相信自己不會垮掉。

之後的每一天，我保持著良好的狀態，面對持續的訊問。進入程序前我曾問過自己，是選擇零口供，還是像從前一樣口無遮攔地做無濟於事的交流。我選擇了後者，由於我對將會發生的事充滿好奇。

李預審說我可能被控「涉嫌煽動顛覆國家政權罪」，說在北京以同罪名被起訴的，當時有三人：劉曉波、胡佳和高智晟。此時，劉曉波十一年的刑期已過去了兩年（二〇一七年六月，獄中的劉曉波患肝癌，急速惡化後病逝，終年六十一歲）；做社會活動的胡佳被判了三年六個月；高智晟是一位被判三年的維權律師。三位都是政治犯，他說我將是第四個。

這是他為我預測的短期前景：「你在這裡待六個月，如果被起訴，在案件審查期間，你會轉到拘留所。如果檢察官想要補充信息，你將被送回進一步地詢問。同樣的情形可以有三次，每次時限一個半月，全過程加起來，大致一年的時間。然後進入司法程序：逮捕、判刑、坐監。」

被捕的第四天，四月七日，在我的堅持下，李預審對我出示了朝陽區公安局發的「監視居住」通知書，居住地一欄寫著「水庫路四十四號」。

「這是哪兒呢？」我問。

預審反問我北京還有哪兒有水庫。

無意間，他洩露了機密。現在，我清楚地知道了自己的行蹤：密雲水庫，是在北京北部的山脈中一處景色不錯的地方。

審訊早上十點開始，遵循同樣的模式：我坐在椅子上等待預審員到來。十點整，預審開始提問，我做回答，記錄員在一旁不吱聲地做記錄。這樣過了一週，李預審對我說，審理這個案子讓他感到「如芒在背，如鯁在喉」，他甚至直言，希望能快些結案，準備做無罪起訴。我無法相信自己聽到了什麼，心想，絕不會如此簡單。

他說，審訊必須嚴厲。但是，無論他如何不留情面地問，凡是我不知道的我應該說不知道，記不起來的就說不記得，不願說的可以不說。大概是看我情緒亢奮，他覺得有提醒我的必要，我心想：他不會是自己人吧。

最後，他還誠懇地說：「艾未未，你知道你的處境嗎？」「你還記得西安事變嗎？」一說起歷史，他明顯精神起來。那是發生在一九三六年的事，蔣介石被手下的兩位將軍扣押，脅迫他與共產黨人聯手抗日。在蔣介石的妻子宋美齡和蘇共斡旋後，達成了和解，蔣簽下兩個將軍提出的「六條」協議後，重獲自由。

「你明白麼，你今天的處境和蔣介石當年的困境是一樣的，罵共產黨足以重判你，你必須認罪才能獲得寬大，不認罪則沒有機會。一旦輸了就再沒餘地地滿盤皆輸。」一九三六年，蔣介石原本不願意簽署與共產黨的聯合協定，但他咬著牙簽了六條協議，否則他會死掉。

「你的情況也如此，」他接著說，「如果你不認你錯，那是在玩火。」這些話顯然與他之前的建議有矛盾，我不明白他為什麼要談這些，他的工作是釐清事實而不涉結論；還是他在告訴我，無論事實如何，結論都是一樣的。那他要的是什麼呢？他似乎有意對我提出各種指控，施加壓力，迫使我認罪。我認真回答他的問題，假設他真想知道我在想些什麼，我會讓他如願以償。

後來，另一個預審告訴我，他的妻子已懷孕三個月，因為工作繁忙而無暇回家探望，他自己的最大願望是和家人待在一起。我面對一個不允許上網，極少與家人在一起，手機必須二十四小時待機，話費還須自己支付的預審員，現實讓我情緒低落。

李預審開始對我的生活展開調查，我們有不少工作要做。

這些天，李預審指控我犯有「重婚罪」。一五一十地，我向他解釋，我與路青在紐約結婚時，沒有告知家人或好友，那是我們的一件私事，無須他人肯許或祝福。那天我陪著路青在曼哈頓下城雙子塔附近轉悠，她說想上去看看。我在離這兒不遠的地方住過十年，那卻是我永遠不會去的地方。在樓頂的觀望台上，望得見紐約上城的犬齒交錯的摩天大樓，在這兒不難想像資本的瘋狂和一個人的渺小。

就在那一刻，路青提起結婚的事；不然，她會選擇留在美國，不回北京了。我們在一起一年多了，她單純、可愛，我沒有再混著過下去的理由，就一口答應了結婚。後來，我們在紐約市政廳辦了結婚註冊手續，證婚人是舊日的牌友。當晚在大西洋賭城的印度皇宮的二十一點牌桌上，我度過一宿。我費勁告訴李預審的是，由於我們在北京沒註冊登記，也自然談不上離婚什麼的。

雖然我和王分並不住在一起，我們之間的情侶關係是公開的，在艾老出生證上寫著我是父親，母親是王分。

「就所有意圖和目的而言，這是一場婚姻，」預審說，「它已構成重婚罪。在中國你必須尊重中國的法律。」

「如果這算是違法，」我說，「那就有無數人違法。」

「那倒是」，他反駁道，「但其他人不會詛咒政府，不像你這樣吵鬧，挑起事端、高高在上、自以為是。不像你有那麼多的追隨者。」他並不掩飾這是報復性的制裁。

「假設我真的犯了法，」我說，「我當然會承認，但至少你應該讓我見律師，讓我熟悉法律條文。」

他拒絕聽我說啥，他說談論法律是沒有意義的，法律是他的專長，而不是我的；他真的是國家機器上的一個齒輪。最後，他突然問我，準備在未來的法庭陳述中說些什麼？

我想了一下，說：「我是為了維護做人的尊嚴站在這裡的，我一定會有尊嚴地走下去。」

這話生硬地讓他發笑。他一字一句地說，你該說的是：「我認罪服法」。

他繼續嘗試其他的策略，指控我「逃稅和擾亂經濟秩序」。可是如果是逃稅，只需查帳，即使指控成立，也只是補交稅款和滯納金罰款，並不需要承擔刑事責任，還至於這樣折騰嗎？

財務問題並不是我被拘留的理由。四月三日，我從機場被帶走後，警方隨即去工作室搜查，扣押了我們的辦公電腦、光碟，但是並沒有碰公司的財務帳本。公安在稅務介入之前首先抓人，顯然不是奔經濟問題而來。

另一項指控是我擾亂了經濟秩序，這更為可疑，涉及我支付來中國的外國建築師的設計款項。預審說，我的付款構成了非法的外匯交易，破壞了經濟秩序。我如果相信他說的，那麼我在機場被攔截是因為一筆外匯交易，未免聽上去太牽強。

鑒於我拒絕承認稅收和貨幣有不當行為，預審員轉而問我，藝術項目中我的那些錢是哪裡來的？是否有「反華勢力」以購買作品掩護資助我政治的活動？「即使反華勢力確實存在，我確信他們沒錢，更不會購買任何藝術品，」我告訴他。

他面對一個毫無掩飾的嫌疑人，願意交流任何話題，但是我的回答只會讓他感到沮喪。他最後坦率地說，自己情願面對一個暴力、詐騙或盜竊犯，那樣事情就簡單得多。他還說，我的心智並不像是一個犯罪的人。

他像一只漏氣的皮球一樣軟下來，不再盛氣凌人。我們就像兩條並行的軌道，保持著不變的距離向前延伸。回到藝術項目上，李預審問，你帶這麼多的人去德國的目的何在？他指的是《童話》項目。

「我想要的是把他們帶到那裡，然後，再把他們帶回來。」這樣一個看似無厘頭的答案，很難讓任何人滿意。如果不給出一個更好的解釋，那意味著我一定有個隱蔽的計畫。為了減輕他的焦慮，我從什麼是觀念藝術開始講，再說到我為什麼這樣做，諸如如何幫助辦理簽證和機票，打點人們在卡塞爾的衣食住行。我告訴他，藝術無法用語言邏輯徹底解釋，因為作品是在矛盾中發展的，和我們正在進行的審訊一模一樣，全然不會有個水落石出的時候。我說，藝術皆是陰謀；我準備這樣一直說下去時，他提醒我就此打住。

「真奇怪，提藝術你就侃侃而談，停不下來，而說起別的，你總是說你不清楚、不記得或忘了。」我說，除了藝術，其他事真的不值得記憶。

還有一個問題，他相當謹慎地提出來：有網友說，你的每粒葵花籽都代表著一個四川的死難兒童，真的是這樣嗎？

這也許是對的，《葵花籽》作品的確從悲慘的事件中獲取了某些靈感。他讓我清楚地解釋一件作品，這讓我煩惱；我不經意地回答：「荒唐。」後來我見到「荒唐」兩字清楚地記在我的審訊紀錄裡，但是沒有記錄我隨後說的：「地震中有五千三百多名學生死亡，而我的葵花籽卻有一億多粒。」每次審訊結束，我必須在審訊筆錄的最後一頁簽名和按指紋，確認談話的準確性。

對我的指控變得更加尖銳了，李預審指控我「聚眾淫亂以及傳播淫穢物品」，這是同樣荒謬的指控，但是我無法確定他這是聲東擊西，還是屬於個人興趣。二〇一〇年夏季，有一位為愛滋病人維權的性工作者來草場地會我，適逢三個女網友在場，我倡議大家拍張裸照，放在網上起哄。大家毫無顧忌地脫了衣服，這張不雅照立刻在網上引起騷動，輕佻和低俗是我消解一本正經的良藥。

話說回來，那張照片沒有任何不雅的內容。我告訴他，我們之間並不熟悉，誰沒碰誰一下，更沒雜念。看得出來他變得相當焦躁。「你為啥不和你母親拍張裸體放在網上呢？」他這樣問我。說的也是，如果這張裸照被我母親看到，她一定會認為我低俗不堪。而粗鄙正是我做這事的動機，我的中指透視學、路青在天安門前撩起裙子，也大多出於同樣的理由；可是每個人都心甘情願地做了。按照他接下來的說法，就此舉動可以判處我五年以下的徒刑，即使我的所為與色情無關。

第二天，預審說，昨晚他在網上看了紀錄片《一個孤僻的人》，可以明顯感覺到他的情緒難以抑制。「楊佳是個瘋子，一個瘋子。」他這樣重複了多遍，說被害警察是無辜的，他們被殘害了，留下他們的家屬活在痛苦之中。他講得如此激烈，似乎不是在對我說話，而是對樓裡的所有人說話。某種程度上，我同意他的觀點；楊佳是不是瘋子我無法得知，是法庭斷然拒絕為他提供精神鑒定，拒絕把實情公布於眾。

「你批評政府，你的攻擊使國家看起來很糟糕。」他說：「你面前這張桌子是一張很好的桌子，它有平整的桌面和堅固的四條腿。而你不斷地說這張桌子有問題，造成了人心混亂，大家開始認為這張桌子真的有問題。」

在我和他之間是他說的那一張簡易辦公桌，朝向我的那一側附著一層厚厚的灰塵和蜘蛛網。我指出後，他起身看過便承認：「哦，是很髒，是該擦一下。」

像一輛衝出道路的車在荒郊野嶺中闖蕩，審訊始終在迂迴中挺進，偏離了預設的路線，掙扎著回到主路上。彎來繞去，問題轉向了中國茉莉花革命的民主抗議活動，這一定是他們真正關心的，也事關對我指控「煽動顛覆國家政權」能否成立。在我被監禁前後的幾個月裡，當局拘留了所有在網上發表政治見解、討論茉莉花革命的人。

實際上，那段時間我的上網時間減少了，每天帶艾老去公園溜彎兒。他剛會說話，開始玩文字遊戲；他會說，爸爸媽媽，你們都算我的朋友，我說的「算」是大蒜的蒜。他還不太習慣坦率地表達他對我們的依戀，總是開玩笑。他說在湯姆貓和傑利鼠之間，他更喜歡湯姆，因為湯姆一直被騙，他為湯姆感到難過。

預審說，有人出來指證我與茉莉花運動有關，我只能說，那你相信他得了，我的所有活動都在網上，推特涵蓋了所有內容。

一天，出乎預料，李預審開口說：你現在的狀態讓你母親很傷心，所有關心你的人都說要幫助和引導你，但是那些德國、美國、法國和瑞士的反華勢力卻恨不得我們把你槍斃。這是在我被關押以來第一次接觸外面的資訊，他的語氣緩和而不設防，或許是讓我鬆懈下來的策略。

接下來的日子找不出新話題，調查也停滯下來。他似乎也意識到這一點，說：「我們就隨便聊吧」，示意記錄員不需要再做記錄。談話隨著失去了重心，一種似乎在等待著什麼的氣氛。

一天夜裡，預審是一個人出現的，他遞給我兩根皮已發黑的香蕉，說：只剩下這個了。敞開話語，他告訴我他為啥愛上了刑法專業；一次，他的老師在課堂問大家：一個人把月亮打了下來，算不算犯罪呢？大家認為是犯罪，理由無非是月亮是屬於大家的。「錯了，這不算犯罪。」老師說，刑法中並沒有不允許打下月亮的規定，法律沒有確定的行為即不可定罪，儘管所有人都認為那是犯罪。他接著談到了自己：每月拿兩千多的工資，與人無冤無仇，他既不必陷害，也無需袒護任何人。

離開前，他認真地對我說：「你這個案子我會努力做到不起訴，一旦起訴，就十訴九判，必然會服刑。但是，這需要雙方等待一個合適的時機，我黨很好面子，有時做事很絕，常常難以預料結果。這件事將會有一個過程，像一條拋物線要經過很長一段距離才會落下。」他的手在空中畫了個長弧。

接著他暗示，我可能待在這兒，也可能換個地方。「無論在哪兒，在任何時候，你都要堅持，要有毅力。」我想，我會一直記著這些話的。

我問他，這間屋子裡有監控嗎？

「當然有，」他明確回答。

在嚴酷的環境中，有些人仍然保留做人的尊嚴。社會正是由無數個人的行為塑造的，每個人有自己的價值判斷，並不能完全被專制的原則所取代。

在我身後，門開了條縫，預審在那兒抽菸。我們開始聊炸醬麵的做法，以及黃醬與麵醬的摻合比例，是用雞蛋還是肉丁；做炸醬這事兒只有北京人較勁。想到他說的話，我可以確定我將被轉移到另一處去。

在我被監禁的第十三天，李預審沒有出現。幾個穿著白襯衣的年輕人進屋來，將我圍住後，給我戴上了手銬和頭套，再將我帶到室外上了車。一路再沒人說話，車裡安靜得像只有我一人存在。

我的頭套摘去時，有兩個穿武警制服的年輕人，像雕像一樣僵硬地站在我的面前，在他們的胸前佩有「北京武警」的標識。武裝警察的作用是維護國內安全與穩定。十六年前，我拍過一組在天安門廣場站崗的士兵肖像，現在，我面前的這一對警衛擺出完全相同的姿勢。

首先，我被要求脫光，將我的衣服放在床上接受檢查。一位警衛的領導進屋，兩個警衛整齊地立正，喊：「首長好。」在部隊，排長以上的官職可以稱為「首長」。

警衛開始對我訓誡，諸如：坐著要保持坐姿，不許伸腿盤腿，雙手要平放大腿上，眼睛平視但不得與哨兵對視，不許說話，有事要事先舉手報告，經警衛許可後才能開口。簡單說，除去呼吸，所有的動作都要事先徵得許可，任何時候必須服從命令。最後，他還補充了一句：「你讓我們好過，我們也會讓你好過。」他有明顯的地方口音；在河南、山東和福建這幾個兵源大省，當兵是一種謀生手段。

我的房間應該是在二層的北側，封閉的窗戶有一只換氣扇，無間歇地發出高頻噪音。室內有個衛生間、一張單人床，一張審訊台和兩只套有駝色椅套的靠背椅，並放在桌子旁。屬於我的圈椅被黑色的海綿纏繞。四堵牆被白色泡沫板覆蓋後，用透明膠帶固定，從縫隙間可見深綠色維多利亞款式的牆紙。屋裡的一切被白色泡沫板包裹，在衛生間的馬桶和水槽的水龍頭也一樣。

我的房間號是一〇三五，哨兵用這個號碼而不是名字，記住我是誰。房間地面鋪著棕色木紋瓷磚，每塊六十釐米見方，橫六塊豎十二塊的鋪裝，房間有二十六平方米。依規定，我要在其中六塊地板上走動，每走七步後轉身往回，每天步行五小時。警衛說，在被押者中，我的活動量約是其他被監禁者的一半，而他們每天早上還需要將被子疊成有稜角的方塊。

轉監第二天，李預審意外地出現。進屋後，他好奇地環視了一圈，他說：「這地方滿有意思的哈。你走，警衛跟著你走，這樣好，他們是你的保鏢，你快他們就得快，你慢他們就得慢。有規矩更容易適應。」

我同意他的說法。這裡除去呼吸，不允許有任何其他動作，活著和死去應該差別不大。

李預審是隨徐姓預審進來的，他介紹徐是他的組長，今後將由徐負責我。他離開之前，把手中的紙杯不經意地放在我的手上，這個異常的舉動算是說了再見。

徐預審的風格很不同，他謹慎少話，衣著得體。每天準時進屋，審完抬腿就走。五十多歲的他作風硬朗，屬於「政治可靠」之類，他每個動作都提示著，他是在為政權這架機器的運行而付出。

新一輪的提問是從我拍的一張照片開始的。徐預審手中舉起一張A4打印紙，上面印著我以天安門為背景的黑白中指照。

「解釋一下吧，」他說，「那是什麼意思？」

我說，它是一件標題為《透視學》(*Study of Perspective*)的藝術作品，十六年前我在天安門前的一張自拍，是系列攝影中的一張。

他立刻打斷了我：「胡說八道，還藝術呢，這是赤裸裸的對我們國家的攻擊和詆毀。」

我試圖辯解，那些年，我在白宮和埃菲爾鐵塔前拍過類似的照片。

「好吧，這與我無關。」他說他是中國警察，白宮的事兒由美國警察管。

然後，他繼續問，豎中指是什麼意思？

我說，在美國是fuck的意思。

「那麼天安門代表啥呢？」

我說它是個城樓。

他憤憤地說：「世界百分之九十以上的

人，全知道天安門是中華人民共和國的象徵，打小每個人都會唱〈我愛北京天安門〉。」這是真的。年幼時我也學過〈我愛北京天安門〉這首歌，一首文革期間頌揚毛澤東的歌兒。這首令人作嘔的歌曲，真可能是我豎中指的原因。

歌詞中「天安門上太陽升」的說法並不科學，而天安門不過是一個封建權力象徵，我說。

「什麼叫權力啊，你為什麼不直說中國共產黨？你怕什麼？」

我不打算否認他的指控，也不懼為我的話負責。可是我不認同他對我的作品的政治解讀，如果我認同了，我的藝術就沒有存在的理由。回答什麼是「權力」之問，我說權力是一種強大的話語優勢，它與個人自由相對抗。

他大吼一聲：「扯蛋。」

就這樣，我們之間言語糾纏，懊惱之下，他的嗓門一再提高。我問他，為什麼要喊呢？他說，那只是他說話的方式。我後悔挑戰他，因為當他壓低聲音說話時，更會讓人不安。語氣是對禮節的選擇性部署，總能體現出制度自信。

他說：「其實你很慫，你沒有勇氣承認自己的目的。」

他不打算停止探詢。他手裡的那一摞打印紙都是我的部落格文章，他要求我念其中的一篇。之後，他打斷我：「你寫的這個『政府』是指誰？」

我有耐心地說：「這篇文章是用標準中文寫的，所以，我寫的政府指的就是政府呀。」我拒絕了他「所寫不是所指」的說法：「實話說，我還真不確定『政府』是誰。明顯地，它既不是人，也不是一個可視之物。」

他傲慢地挑釁：「膽小，不敢說，你害怕什麼呢？」

我說：「我不怕什麼，我指的是中國共產黨。你是想讓我重寫這篇文章並重新發表嗎？我可以把這些都清楚地寫上去。」

他乾脆自己讀起我另一篇文章中的一句話：「這世上只要有昏君就會有人扔石頭，除非百姓沒了胳膊或世上沒有了石頭。」在這裡，他還是要我解釋「昏君」是指誰？

我採取同樣的策略：「是否我說『政治局常委』你才會高興呢？」

「你這樣說話不是煽動顛覆嗎？你何止惡毒，簡直是喪心病狂。」一時找不出一個適當的詞來表示憤怒，他說：「我想你絕對是瘋了。」顯然，他不是在作戲，他在自我說服，自己是正確的。他的身體前傾，回到了大聲喊叫的狀態，要我相信我的行為是煽動顛覆國家政權，要我知罪認罪。又說了一遍：「我看你是瘋了，那句話怎麼說來著？」

我猜他想說的是：「神欲使之滅亡，必先使之瘋狂。」

他說對，就是這話。我們在對立中形成了一種默契，一種共享文化，雖然解釋不盡相同。

他引出「煽顛」的另一個證據，是出自我在香港中文大學的一次談話，當時百十個學生在場，我不願做演講。「想問什麼問什麼，」我說。香港學生比想像中更關心時政，從提出的問題中可以看出，他們對香港成為中國一部分的前景有多麼不安。我無所不談，大意是說，沒有任何一個極權是自行消亡的，不要給它時間，指望它發生變化毫無意義，我沒耐心等它壽終正寢。

徐預審問，你說的「非正常死亡」是一個怎樣的死法呢？

他的問題難以準確回答。我告訴徐預審，非正常死亡的方式很多，如果是一個民選政府，民眾想讓它怎麼死，它就該怎麼死。

審訊中從來沒提及四川地震、公民調查、被拆除的馬陸工作室和「河蟹宴」，或是那次在長安街的遊行。他在避免問及我被關押的真實原因，羞於重提那些不光彩的事，也不願助長我的囂張氣焰。

徐警官總結：「你將用你的生命為你的每句話付出代價。依你的這些言論在文革期間，可以槍斃你一百次。」之後騰地站起來說，今天就到此。發生在這個新址頭兩天的事，大致如此，

那天晚上，時間在我腦海中往回延伸，我不由得想到父親，意識到我對他的了解是多麼不完整。徐預審的話並不誇張，我是否會為活在不同的時代感到慶幸呢？父親經歷的年代要更艱難，有太多人為他們說過的話付出了生命代價。而我從來沒有過問他是怎麼想的，甚至沒想過，他用一隻眼睛看到的世界是怎樣的。現在，我為自己與父親間無法逾越的那一道溝壑感到遺憾，這讓我徹夜難眠。這之後，我萌生了寫一本書的念頭，為的是不讓艾老有同樣的遺憾。

寂寞的拘禁中從不孤單。清晨，換氣扇的縫隙間漏出的一束晨曦，像座鐘指針一樣斜射在床前的牆上，當它移到那個位置，即是六點三十分。站在我的床前的兩名警衛，一秒不差地並列向前移動了半步，核對手錶，示意我起床。整個夜晚他們輪換著，一人直立床前，另一人像機器人一樣在房間中以正步來回行走，以驅走困倦。

從六點半到六點五十分，是二十分鐘的整理內務。我首先向班長申請洗漱，兩個警衛一前一後跟隨我進入衛生間，一項一項的，我申請小便、申請沖馬桶、申請刷牙，每個動作要預先得到認可。我以四十五度角面對水盆，牙刷的手柄被一根繩子捆綁，繫在水龍頭上，我要彎腰才能搆著。在我兩側的哨兵會靠向前，仔細盯著牙刷在我的口中轉動。

從六點五十分到七點四十分，是晨練時間，我被允許在六塊地磚上來回地行走。哨兵在兩側並行，一同行走、轉彎，保持不變的位置，並隨時調整與我的距離，防止發生任何不測，儘管那是多麼不可能。這樣，我們組成了世界上最小的儀仗隊，隨時間磨練達到了極度的協調，對哪怕節奏的微小變化都會異常敏感。

早餐前，有位醫生進屋來，他伸出手給我號脈，測量血壓和血糖。之後，將備好的藥片倒在我手上。這些藥已不是我出門時帶的，有兩粒血壓藥，一粒血糖藥，餘下三粒是維生素。為了緩解我出現的失眠和耳鳴困擾，他還附加了兩粒白色的神祕藥片，用於調節我的神經。

早餐在七點四十分供應，與上一頓晚餐間隔十三個小時，我已餓得頭暈。飯菜通常早五分鐘送到，用餐時間八分鐘，並無誤差，做到了每個動作都是機械的，從報告班長、將椅子挪到桌旁那一刻開始。我有一只白色塑膠湯勺，也是唯一的餐具。

早點包括一個去了殼的雞蛋、兩小袋牛奶和一個饅頭。有多種小菜：酸豇豆肉末、花椒油拌菜絲。我喜歡吃的白菜海帶絲在我多次腹瀉後不再配給，這樣節省了大量的衛生紙；衛生紙不但供應有限也不合理，它是從警衛的供應中分配的，致使我每次入廁，警衛都會盯著我擦屁股。

早餐的雞蛋總是缺了豌豆大小的一塊，饅頭也如此，不能不說是一件讓人疑惑的事兒。直到後來警衛透露出，那是留作化驗用的取樣，假設我有意外的話。

從八點十分到十一點四十分，三個半小時留給「反省問題」，是提審的另一種說法；因為我還只是一個嫌疑人。提審員通常在九點十分準時出現。

午餐在十一點四十分至十二點十分間。標準的四菜一湯：海帶燒肉、魚香肉絲、芹菜百合、青菜豆腐，外加上一份蛋花湯。我用八分鐘吃完，剩下五分鐘洗刷飯盒，將飯盒交給警衛。換崗時，警衛將空飯盒給門衛檢查。

換崗在指定時間進行，門從外面開鎖，進一個出一個，兩分鐘間隔，完成另一組輪換。可還是有意外：有一次，一個警衛班長突然肚子痛，急著要上廁所。按規定，警衛不允許用疑犯的廁所。他一手捂著肚子，另一隻手朝攝影機鏡頭揮舞，他出的狀況並沒引起觀測室的一絲反應。眼見他即將崩潰，我不得不命令他使用我的專廁。他衝了進去，出來時，衛生紙都被他用光了。

從十二點十分至下午一點是五十分鐘的走路時間。

一點至兩點三十分午睡。

兩點三十分到五點四十分是第二次提審。

五點四十分至六點十分是晚餐時間。餐前，醫生再次進屋發藥，警衛先檢查藥，醫生看著我將藥放進嘴裡。醫生離開後，警衛要求我張嘴，伸出舌頭，確認藥片嚥下。可以吃晚飯了。

然後是一天當中最後五十分鐘的走路時間。

七點十分到九點留作寫「反省材料」。

九點三十分洗澡，九點四十五分上床。我需要五分鐘洗內褲、T恤和襪子，用一分鐘刷牙，餘下九分鐘用作淋浴。當我完成這些雜務時，兩名警衛站身邊，每一次淋浴，水都會濺在他們的軍服和鞋子上。之後，我把自己擦乾的同時，把洗淨的衣服晾起來。他們掐著表等我上床。九點四十五分我準時躺平。如果我洗漱太快，要光著身子立在床邊，等那一刻到來。那之後，監控室的螢幕上不再有移動之物。

躺下之後並不輕鬆，我渴望睡眠，可是疲憊卻往往讓我整晚處於警醒。那只排氣扇的噪音，像濤聲一樣無休止地刷洗著我的大腦。無數個無眠之夜裡，我仰面平躺，雙臂放在兩側，一只節能燈的白光照在我的臉上。當天發生的事兒，逐漸消失，我只有用回憶填充時間。人與事，像一根長線上的風箏，越飛越遠，一直到啥也看不見。往事像包裹裡的東西，被我一件件地翻出來，最後再一抖，啥都不剩了。在寂靜中，我一旦想起艾老，淚水就會順著臉頰流下來。

站在我的床邊的兩名警衛像兩尊木雕，在陰影中一動不動。我意識到夜晚給了他們放鬆的機會，用交談緩解孤獨，那是一種非凡的技巧，使他們能不動聲色地保持微弱的對話，聲音比風扇的聲音更輕，輕到牆壁中隱藏的採音麥克風無法辨識。我聽著他們的傾訴：談家鄉、家中的老人和他們的未婚妻，童年往事以及對未來的擔憂，一句句落入我的夢中。我像一具慢慢沉入海底的屍體，直到在黑暗藻群中再沒有明亮之物。

警衛逐漸顯現出飽滿的人性。午夜餐，對這些農村青年來說，是一天中最適宜享用蛋炒飯的時刻了，儘管他們的胃很難適應；屋子裡彌漫著打嗝釋放出的濃重的蒜味，一直到天明。

他們的骨節，常會發出類似蘿蔔掰斷的響聲，無論是握拳、甩臂、下蹲、扭動腰，或晃動頸部，幾乎身體的每部分都能出聲。站立時突然甩頭，頸部就咵咵作響。那些動作的柔韌性，真的像是表演雜技。一個警衛的上身後仰，以手反向接觸到自己的腳踝。另一個跨著馬步急速左右轉身，他做的動作太詭異了，像是宣稱另一種存在，多半在發洩自己的挫敗感。

某種程度上，他們與我有相同的處境：被禁錮和束縛、現實與過去斷裂、杜絕對未來的想像。我遲早會離開，而他們會繼續站崗，那是他們僅有的技能；直到驟然離開的一天，發配回之前的農村。

每個警衛都付出代價來適應這種怪異的日子。為了變更貧窮的命運，用青春換來的是一身綠軍裝。他們像被丟進魚缸中的魚，命運不受自己控制，被使用或拋棄都隨他人的支配。

我們彼此更熟了。寂寞中，他們有很強的傾訴衝動，哪怕可能會帶來不堪的後果。他們告訴我，他們的父母是誰、家鄉在哪兒、成長的歲月，和為什麼要入伍、在看守我之後還做些什麼。我一合上眼就能看到他們的親人，步入他們青澀的童年，想像他們的未來。

「大腳」，我這樣稱呼他。他是個「一胎制」的倖存者。在村子裡，計劃生育村官並不知情的境況下，母親懷了他。被強迫墮胎之前，他的母親避開了監視，從廁所翻牆而走，躲在鄉下的遠親家生下了他。他是頂著罰款、家裡房屋被扒，來到人間的。眼前，他是一個扎實的警衛，結實得像一只啞鈴，一次能完成五百個俯臥撐。缺憾是他的腳異常大，走在我側面，他的腳總要踢在我的床框上。他愛這裡的生活：一身乾淨的軍裝，餐餐溫飽。他唯一擔憂的是如果有一天不得不離開隊伍，回去貧困的河南農村。

那次「大腳」值班，正值年輕的女醫生進屋來，她要為我驗血。當她手裡的一管血漿搖晃了一下，只見大腳臉色蒼白，仰面昏了過去。接下來更不可思議，女醫生掐了他的人中穴後，大腳奇蹟般地恢復了神志。我聽到醫生漫不經心地撂了一句「我們的警衛很多都暈血」之後，和護士一起離開了。我正納悶，這算是洩露軍機嗎？接下來的日子裡，大腳是軍營裡最令人羨慕的對象。傳說中的他倒在了女護士的懷裡，頭還抵著護士的胸脯。

除了房間裡的兩只監視探頭，另有一只裝在廁所的角落。據說有兩個監控間，分屬於武警和公安。警衛總提醒我別與之對視，說一隻眼睛可以放大在牆面一樣大的螢幕上。他們守候著一個不附帶任何資訊的人，為了滿足好奇和刺激，我覺得他們遲早會做出冒險的事兒。

他們告訴我，這裡是一座黑暗的帝國，在等級森嚴之中藏汙納垢。那個曾對我微笑的排長是這裡的太上皇，每天訓練結束時，他都邊走邊脫去軍裝，丟在地上，警衛一件件地撿起來，為他洗淨晾乾，之後整齊地疊放在他的床頭。更為不堪的是，每夜他都鼾聲如雷。

這些二十歲左右的警衛來自山東、河南、安徽和福建，幾個省的人口超過整個美國的人口。服役的月薪是三百六十元。除訓練和看守任務，每晚睡四、五個小時。他們說：「你看，你躺著我們站著；你吃飯時，我們站在一邊；洗澡我們也站在一旁；你走路，我們還得跟著走；等你坐下，我們還是站著。我們到底得罪了誰，要受這樣的罪？」

他們來到基地後，不允許走出一步，沒有人知道駐紮的確切位置。五一勞動節是一年唯一的休息日，實際上只有半天的時間，他們被密封的軍車運去一個觀光點，在那兒待了幾個小時。回來後，他們說，在那座山上他們遇到一個女孩，女孩的領口敞開，露出了內衣的花邊。這個話題，在接下來的日子，滋養著他們最為隱私的幻想。他們試探性地問我，有無與其他民族的女性交往的經驗，當我說出一些難以啟齒的情節時，他們心潮澎湃，思緒飛出了禁閉室。由此，他們私下喚我「親愛的性大爺」，懇求我傳授那些事兒，遺憾的是時間過得飛快。

他們還透露了曾經關押在這裡的幾個知名的嫌疑人裡，那個大型民營電企的老闆，出價五十萬元，作為替他走私一盒香菸的代價。另一個是人壽保險公司的老總，每天疊被子數十次，直到疊出的方塊像刀切的一樣。他總是趴在地上將地板縫刷洗乾淨，還用手伸進馬桶裡刷洗。

時間沒頭沒尾地走著，每一天和另一天沒兩樣，嚴格、固定的程序。在這兒待多久不再有含義，我已成為他們中間的一個，一個沒有時間意識的人。我的步伐也變得更有節奏，來回踱步配合得天衣無縫。每當看到我失神，他們一定會想方設法讓我高興起來。總建議唱首歌吧，音樂可以超越痛苦。「性大爺，你倒是唱支歌說個笑話呀，這麼大年紀怎麼會想不起一個笑話呢。」

我笑不出來。大腳說，他離退伍只剩下一百五十九天，兵役中沒度過假日，想家已想了三年。我的母親，會怎樣掛念這個不見了的兒子呢？艾老不見了的爸爸會走多久呢？無法入睡，疑慮總是悄然而至：這樣的現狀會如何結束？我是怎樣落到這一步的呢？

五月二日，早崗的「打嗝」進屋，他的情緒超低落，說是他的偶像「沒了」。一個從沒讀過書，不分晝夜地待在電子遊戲廳的孤兒，他的「偶像」會是誰？之後他洩露的資訊足以讓任何人震驚，他一字一句地說：「本拉登被幹掉了，是美軍特種部隊做的。」之後我們之間再無語，在房間來回地走，腦中一片空白。這個瘋狂的訊息沖刷著一個囚徒的現實，正義與死亡間沒有直接的關聯，我的心隨之沉重起來。

切斷與現實聯繫的記憶，乾枯到可以揉碎。而夢卻變得豐富而絢麗，我遊走在一個風景區，一個古村落裡面住著一個神祕的族群。我看到在美麗的湖面遠處，漂浮著幾具屍體，他們並不完整，沒了頭或是缺少部分肢體。也有一些遊人在湖邊圍觀。我的內心開始不安，告訴自己一定要將所見所聞記錄下來。我開始不停地拍攝，發現拍得越多，就一定會讓我更加無法脫身；我無論怎樣努力也不可能離開這兒，因為我見到的太多了。最令我難過的是，那些遊人也都目睹了正在發生的事兒，他們卻絲毫不介意，唯有我，相信自己能把這黑暗揭示給外界。醒過來時我很難受，同樣的夢在進來前已經出現過。

五月中旬，確切地說，是我關押的第四十三天，徐預審突然說，路青希望見我。這是他頭一次承認外面的世界仍然存在。

不假思索地，我說不見。這個反應讓他吃驚，他想像我一定渴望見到親人，但是他錯了。我可以忍受這裡的一切，卻不願在家人面前遭受戲弄。我甚至無法向她解釋自己被拘禁的真實原因，也不願告訴她我的現況，更情願發生在我身上的事與任何人無關；問題僅僅涉及我自己。我不需要同情，相反地，我需要的是正義。

自從我的權利被剝奪的那天，我對這個世界就不再存有幻想。面對指控，我讓自己做了最壞的心理準備。預審曾告知，我六個月內不得見人，這才過了四十三天；他們要對外界證明我還活著。最後，他以命令的口吻說，我必須見路青，說，這是極不尋常的，是例外。他說，這是程序的一部分，是不可抗拒的。

他也說，以下四點我必須向路青傳達：第一，我涉嫌的是經濟犯罪。不能提及對我做的調查和審訊，尤其不能提及煽動顛覆罪。第二，我受到的待遇公正，沒有酷刑發生。第三，我自願配合調查，同時相信政府會做出公正結論。最後他要我告誡家人，不要接觸外國媒體，別聽信謠言。

第二天一早，警衛要我先洗澡，再換上一件白襯衣。再次被戴上頭套，坐上車。我被領進一棟樓的一間會議室中，在一把椅子的背面，有個「朝陽區公安局」的標牌。我想，這兒離我母親家不遠。

會議室中央有兩張拼放在一起的桌子，覆蓋了一塊紅色天鵝絨。守衛讓我坐左邊，徐預審和助手像是賽前的裁判，坐在另一側。在他們身後的牆上有架攝影機，他們再次對我強調紀律，要我重複說一遍我將要說的那幾句話。

路青進來了，穿著一條暗紅色花褲，她身上的氣息很引人注目，像是為了告訴我失去了什麼。她目不轉睛地看著我，像是不相信自己看到了什麼，更像是隔著一層厚厚的玻璃。

我只能用我的行為證明，真實的我不存在，這極為荒謬，但是我相信很快就會過去的。我的反應木訥，掩飾任何提示，任何情感的流露一定會造成誤導。我開始複述那幾句編好的句子，一句接一句。路青努力傾聽我在說些什麼，想從我的面具之下找出一個真實的我。她永遠無法想像我從哪兒來，每天經歷怎樣的日子。或許，她以為我就住在附近，不然的話，為啥會在這裡見她呢？在這次極為難得的交流中，我的每句話都是在對她說謊。也許她會把不真實的資訊傳遞給外界。

路青說，來之前她見到了王分和艾老，一切均好，要我勿惦念。不難想像在她見我之前，也像我一樣受到國保的訓誡。十五分鐘的見面結束了，路青站起來和我做了個擁抱。一小時後我回到了我的拘禁地，心情平靜了許多，至少人們知道我還活著。

六月三號，一個雷鳴電閃、風雨交集的夜晚，我沉浸在對二十二年前天安門廣場屠殺之夜的想像中。每當氣候變化，我都深陷在對親人的思念中。沒有他們的我只是一個空殼，像春雨過後，留在樹幹上的蟬衣一樣，透明、空寂。

監禁的第五十天，徐預審他再無話可談。他要求我對自己的處境做評估，問我想過沒有，依我犯的罪將會面臨多少年牢獄。我說不知道，我不認為自己犯了罪，更無從判斷他們將怎樣量刑。

徐預審直截了當地對我說，我將面臨十年之上的徒刑。他不止一次地提示我不要存有任何幻想。他說，待我出獄的那天，艾老已經長大，我的母親恐怕早已離開了人間。這番話使我痛苦，聽他這樣談我的親人，讓我感到厭惡，這是在逼我屈從。他繼續說，作為「國家的敵人」，我不能再繼續拖延下去，必須悔過才能被拯救，爭取獲得減刑。

現在，作為國家的敵人，我終於能與我的父親平視。在同一片土地上相隔八十年，我和他分享著相同的指控。

徐預審說，你錯了，時代不同了。他不再有急切的問題，只是更多的告誡。「來到這裡的人，沒有不屈服的。一個殺人犯明明知道坦白之後等著他的就是死，但是最終還是會坦白。」

為什麼呢？我問。

他的眼神迷茫，看著遠方說：「我們之間較量的就是耐心和毅力。」第二天，徐預審坐下後，他竟然說出了一些與我夢裡相似的情節。最後他說，我應該相信他，如果我不這樣，就會失去最後的機會。他說完就沉默了，像是一只軟下來的漏氣皮球。

他說，他了解我不是一個壞人，而是一個搗蛋鬼。令我驚訝的是他居然茅塞頓開，說我做的那些事兒完全可以歸於達達主義，是一種文化顛覆。最後他提到了杜象，說那是個有破壞性的傢伙。

他繼續說，以他對我的了解，即使判我十年，出來後仍然不會改變。「是這樣嗎？」他問。

我回答他：「是的，你現在拉我去槍斃，也無法改變我。」

第十九章 好好活著

幾天沒提審，警衛說我有兩種可能，要麼換「黃馬甲」，要麼回家。黃馬甲是看守所的號服。

二〇一一年六月二十二日，預審進屋說：「收拾一下，回家。」遞給我一個黑色塑膠袋讓我放衣物，同時給我一張購物清單：牙刷一支、牙膏一條、肥皂一塊、洗衣粉一包、臉盆一只、六只晾衣架和一雙塑膠拖鞋。他說，費用已從我被扣押的錢包中提走了，護照暫不還我。

戴上眼罩。押送我的那個警衛，曾悄悄對我說，在這裡，每個人說的都是假話，沒句真話。他說他參軍當天就後悔了。

摘掉眼罩，我在一間會議廳中。我身旁那個警衛身體直挺，他面部表情嚴肅而疲憊，凝視著前方，也許意識到他們的獵物要自此消失了。

一條走廊的盡頭，在廁所洗手池的燈光下，從鏡子裡我看到自己，鬚髮淩亂，一隻手提著褲子的老人。

晚上八點過後，樓道裡傳來腳步聲。進屋的是徐預審，我母親和路青緊隨其後。母親十分憔悴，她在我身邊坐下。徐預審開始宣讀「取保候審」決定書。作為擔保人，我母親在取保書上簽字。這個「取保候審」的決定與我失蹤的緣由一樣無從說起。

在這裡和母親見面，出乎我預料。她緊緊拉住我的手，像是找回了一個走失了的孩子，她的手柔軟、溫暖，皮膚下的筋脈清晰可見。

我坐在車後座，汽車穿過我熟悉的街道，在行人和自行車間靜悄悄地行駛，窗外小雨淅淅瀝瀝。開車的那位，是八十一天前帶我離開機場的便衣警察。這是「歪門邪道、陰陽怪氣」的政權，母親忿忿地對我說。昨天已成為過去。我搖下車窗，濕潤的空氣撲面，我期望快快地見到王分和艾老。

取保候審要求我不許離開北京，不許上網，不准接觸媒體，每週必須接受警方約談。可以說，我很幸運，像一個從旋轉著的輪盤中蹦出來的球。

回到工作室，我見到珍妮，她說，我被拘留在機場之後她去了香港，司機小胖在同一天被帶到南皋派出所接受調查。當天草場地已是一片混亂，有一百多個警察覆蓋了整個村子，他們用高音喇叭對院子裡喊話，將梯子架在圍牆外準備衝進院子。之後，他們用金屬撬棍撬開房門，挨個的搜查。我的十多個工作人員被帶走，訊問到凌晨三點。

我的助手劉艷萍說，一個魁梧的便衣沒等坐下來，就開始了吼叫：「你們這些傻逼，調查什麼名單，你們給地震捐過一分錢一滴血嗎？房子塌了你們救過嗎？要信息公開有什麼用呀？還嫌災區不夠亂嗎？你們只會給政府添亂。」

劉艷萍要他嘴乾淨點，提醒他，說的每句話將會出現在網上。

便衣說：「如果你放到網上，就別怪我用個人的方法來解決，派出所裡不打你，我出去打。你禁得起我一巴掌嗎？打你還嫌髒了我的手。」

警察試圖收買我的助手做線人，讓他繼續留在工作室，說可以額外給他一份工資，而只須「偶爾見個面」。

我被帶走的第二天是清明節，做雜務的小韋，回安徽老家給父親上墳。鄉野的霧色中有一輛警車橫在路上，兩個警員下車，問小韋是否從北京來。此後，小韋被帶回縣公安局，有兩位從北京飛抵的公安開始對他訊問。小韋是個老實巴交的農民，問及發課公司的事，他說他只管看門和接電話，除每天買菜其他一概不知。

訊問折騰了三個小時。在一陣沉寂後，警察突然問他：「你知道茉莉花嗎？」小韋的腦袋像馬頭一樣仰起來，說：「是的，知道。」

豎起耳朵的警察懇切地望著他，小韋說：「茉莉花是一種很香的花，在家鄉隨處可見。」

突擊訊問暫時結束了，警察要帶他回北京繼續審查。那晚小韋睡得很香，他平生頭一回住上了賓館，兩個警察睡在門前地板上，以防他半夜溜走。第二天，他第一次坐上了回北京的飛機。

發課公司的合作者劉正剛和公司的會計被帶走後，沒有人知其下落。十多個警察湧入王分家進行搜查、拍照，她兩次被警方傳喚。兩歲的艾老站在她身旁，反覆對警察說「再見」，想讓他們快些離開。

我失蹤的第二天，網上開始出現攻擊我的信息。新華社說我涉嫌漏稅，拿外國人的錢：「艾未未名義上是藝術家，實際上是政治投機家。」政府不但編造故事，詆毀我，還侮辱我的母親和王分。

四月五日，推特上有網友發起「釋放艾未未」的網路徵名，立刻有一千七百多人的回應。艾曉明在公開信〈今天，人人都可以成為艾未未〉中寫道：「艾未未被抓走，也許幾天後會回來，也許幾年不回來。而他身後的觀眾可能有幾十萬，八零後九零後是其中大多數。艾未未留下了他的觀眾，無數人會繼續艾未未的理想和實踐。在這個意義上，艾未未不戰而勝。」

為營救我，許多人付出了努力。網友用我作網上的頭像，許多境外藝術家和藝術機構還聯名簽署了抗議書。倫敦的泰特美術館樓頂置放了一個「釋放艾未未」的標誌。香港的年輕人將我的形象噴塗在人行道上、地鐵中，夜間投射在中國的駐港部隊樓面上。美國國務卿希拉蕊，公開表示她對我的關注。德、英、法三國首腦連署了一封給北京的信，歐盟也多次發聲。警方不以為然地說，如果不是由於這些「噪音」出現，我可能早就被釋放了。

我的失蹤勾起了母親的痛苦記憶，沒有沉默，她在網路上發出「尋人啟事」。近八十歲的母親開始「翻牆」，閱覽境外網站，想多了解一些我的事。

我被釋放與被帶走一樣，引起了騷動。六月二十二日上午，推特最先出現了一條我將會於當天下午被釋放的信息。晚間十一點，守在草場地二五八號門外的一家外媒，確認我已回家。新華社電訊：「公安機關已查明艾未未實際控制的北京發課文化發展有限公司存在逃稅、故意銷毀會議憑證等犯罪行為，鑒於艾未未認罪態度較好、且患有慢性疾病等原因，現依法對艾未未進行取保候審。」

似乎一切恢復了正常。走去左右工作室的小路上，清脆的金屬敲擊聲遠遠傳來，匯成了一片。一年前，我開始將汶川中學廢墟中搜集的兩百噸鋼筋運回北京，將這些扭曲的鋼筋一根根敲直，直得像剛出廠時一樣。一陣陣敲擊聲讓我釋懷，我沒有停下應該完成的事，這件《直》(*Straight*)的裝置，後來運往威尼斯展出。

除去在草場地周圍增添監控攝影機，在二五八院牆的南側新建了一座兩層小樓，它的窗口面對我的院子，用來觀察我的活動。每天早晨，有兩個提著一只黑箱子的陌生人上樓，他們會待在那兒一整天。我每次出入家門，都要先向警方備案。

在那些日子裡，愛與憎，幸福與悲傷交織，每天具有神話般的意義。種種的愚蠢和謬誤構築了我的掙扎，而它僅僅是巨大的畫面中的一個微小部分。但是，在此時此地，我可以感受到我的對手的存在。我不存幻想、不負期望，而是為每一刻而活著。

在我釋放後的第四十四天，我在推特上公布了我的同事被拘留期間遭受的折磨，這樣做極有可能使我再次入監。但是，失去自由表達與監禁並無兩樣。推特上，我有十萬人關注，再次發推文的瞬間，一切變回從前一樣。當然一切都變了。

不久前，王分向艾老解釋為何我突然消失了，她說我留在了倫敦工作。再見到艾老，他認真地對我說：「爸爸，以後不要再去倫敦工作了。」我發誓不會再離開他。

我們一起躺在床上，艾老看著我，說：「艾未未，把你的眉毛這裡打開，你的高興就會來的。」他總是這樣稱呼我。他還甜蜜地說：「你是一個好爸爸。所以呢，我以後也會生一個兒子，兒子又會生兒子，兒子又生兒子。」

我問：「你對艾未未被抓走，怎麼想呢？」他想了想說：「這個麼，沒有啥呀，他們為你做了個廣告，你就變得更有名了。」

另一次，他對王分說：「笨蛋也有自己的節奏，我的意思是，就算是個笨蛋，也應該讓他按他的方法來。我發現，壞蛋也有壞蛋的節奏。」

望著窗外，艾老問我：「爸爸，我們現在有多久了？有一百天了嗎？」

「你說什麼有多久，從什麼時候開始算呢？」

「從我們是猴子的時候算起呀。」

他送給網友的話是：「鞋是歪的，你是好的」，說那是一首關於春天的詩。

艾老的媽媽問艾老：「你覺得愛有用嗎？」艾老回答：「愛能給我們心情。」「那你覺得愛到底是什麼？」他慢慢說：「愛啊，愛是一個很容易碎的水瓶，摔在地上卻沒有碎。」

總有新的發現，他說：「所有能逃跑的，都會裝死。」
「艾老怎麼了，好像不高興了呀？」我問。
「爸爸，你知道我為什麼不高興嗎？因為，我覺得這個世界的時間過得太快了。」
「那你就想辦法讓時間變慢點，你是一個那麼有辦法的昆蟲學家。」
艾老的回答是：「只有難過。難過能讓時間變慢……」
有一天，在我的工作室，艾老轉過頭來，一本正經地告訴我：「我不是想做什麼就做什麼，我是做了，再看它是什麼。」他給他的奶奶寫了首詩：「火啊，為什麼燃燒得很厲害？火星沒有回答，它繼續燃燒。水星和火星在很遠的地方根本沒相撞，沙漠在它們的中間，沙漠上有座塔。」
一次我給他講完一個故事，我問他：「我們要寫點什麼在一個英雄的墓碑上呢？」艾老說：「爸爸，寫這樣一句話：希望有一股喜歡他的風吹到他的墓碑上。」這句我超喜歡。心想，這句還是留給我吧。

言歸正傳，我的護照仍在公安手中，不能去十月在台北市立美術館的《缺席》開幕式，自然也不能出席接下來的其他展覽。我的缺席證明了言論自由的必要，不論要付出怎樣的代價。
警方與我之間的糾結，並沒有因保釋了結。他這樣對我說：「艾未未，你攻擊國家和政府，我們要讓你死得很難看，告訴大家你的生活作風有問題。你偷稅、漏稅，要讓大家知道你說的話是不可信的。」他們用對付任何政治對手的方式恐嚇、栽贓於我。我問他：「年輕人會相信你們的話嗎？」他想了想，回答：「百分之九十的他們會信的。」

二〇一一年十一月一日，在我被保釋的幾個月後，政府以「偷稅漏稅」控告發課公司。北京市地方稅務局的執法人員，將一張一千五百二十二萬元的稅務帳單送到了草場地，要求發課公司十五天內繳納全部稅款，包括滯納金和罰款。警方的解釋是：「不罰，你是不會消停的。」

如此罰款應該是史無前例，金額比中國鐵路集團每一年的利潤還更多。發課公司的帳上只有兩千元的餘款。「無法支付全額，可以分期付嘛，或宣布倒閉，不就得了，」他們如是說。

我無法接受無端的指控，提出了上訴，儘管不難預測將會有怎樣的結果。依規定，上訴須先交一筆納稅金，巨額的稅金通常會阻擋任何人提出上訴。我不放過這個澄清的機會，聘請了浦志強律師做我的法律代理之外，還聘請了一個稅務師。我們啟動了狀告北京稅務局的法律程序。

面對一場必輸的博弈，不畏艱辛地使程序公開，對簿公堂，我認為這將會是一部完整的政治迫害的劇本。而不幸的是，法院斷然拒絕了我們的律師閱讀和複印原始案卷的訴求，同時也拒絕審理的公開聽證。他們直說，稅案是不可改變的，因為那是來自「上面」的指示：「國家說你偷稅，你竟然爭辯，你是傻嗎？你什麼時候見過國家改變過自己的說法？它要你死，你就死定了。你就絕望吧。」

可是奇蹟總在絕境中出現，出乎預料。我在網上公開了稅案的消息，並將我用法律措施來維護自己權利的事告知於眾。當邪惡遇到了對抗，正義才出現。

網上一片譁然。自籌集訴訟基金的帖子發出後，第一天，有五千多筆現金，注入我設的帳戶中，它的總額有一百一十萬元。第二天清晨，我的院子裡，草地上落了許多粉紅的紙折飛機，那是一些用百元人民幣折疊，從院牆外飛進來的。行動再次征服恐懼，衝出取保候審對我的制約。

更為神奇的是，往後十天，我一共收到兩萬八千四百七十九筆匯款，總金額超過了九百萬元人民幣。每一筆款進來，我手機的螢幕會閃爍一下，徹夜閃爍不息。每筆捐款後附著樂觀、堅定、熱情的留

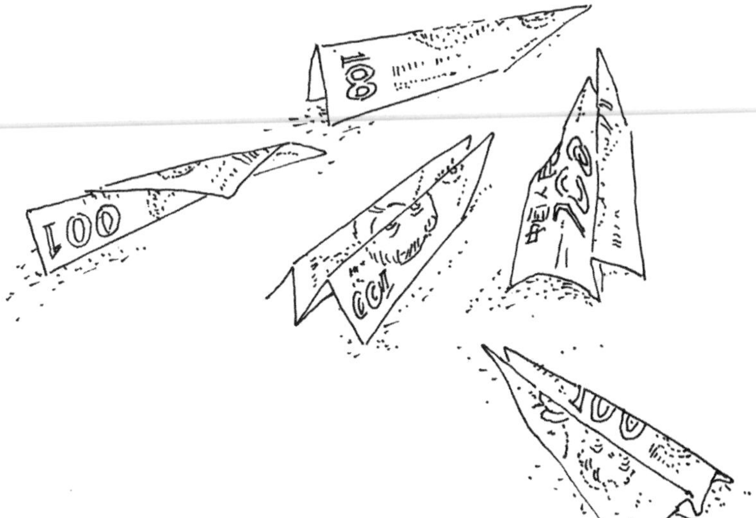

言。人們說我不是一個人在戰鬥，捐款是對我投出的信任票。

王小山夫婦給我帶來一個行李袋，裡面的現金，是他們為買車所儲蓄的。在街上、公園裡，每天都有年輕人走過來對我說：「我們是站在你這邊的。」人們聚在一起護住火焰，絕不讓大風將它撲滅。

南方的深圳，一位素未謀面的網友給我發了一條信息：「嬸兒您好，知道您太忙，不方便打電話給您，我寫信來討借條了。

「昨天我把一百萬元分幾次全轉過去了。我不是商人，是一個工作了近二十年，從事財務工作的職員，不算是有錢人。這個錢是我這個中年婦女近一半的積蓄。但是，我還是想借給嬸兒，以解燃眉之急。

「雖然我也挺害怕受影響，但我還是做了。是不是很『二』呀？二就二吧，反正都二了四十年，多二一次又如何。

「麻煩你給我這個最大的債務人，親手寫個借條，把我真名寫進去，以防說你是『非法借貸』。

「我的真名叫孫維冰。二〇一一年十一月九日。」

「嬸兒」是我網上的許多綽號之一，「嬸」與神字諧音。在二〇〇九年為譚作人出庭的前夜，我問警察為什麼打人，警察說我「裝神」，意思是我故弄玄虛。此後「艾神」開始在網上流傳。孫維冰的行動，讓我汲取力量，就像是她從我的行動中看到了未來。

瞬間出現了三萬個「債主」，我成為令人羨慕的欠債人。我每天伏案寫借據，每張借據是一件精心設計的作品，借方和貸方的名字以及貸款金額手寫在整齊的豎欄中，附上我的親筆簽名和印章。在它的右上角，貼上一組草泥馬和葵花籽票據呈明契約。草泥馬是想像中的貌似羊駝的可愛生物，用來象徵對審查制度的抵抗，名字聽起來突兀。然後我們將借據、兩顆葵花籽，和我的紀錄片寄給債主。作為一場罕見的公民運動，再一次將我的藝術滲透其中。

二〇一一年十一月十六日，通過提交納稅擔保文件，我獲得了行政覆議和行政訴訟權。一年的最後一天，公安部門再次找我約談，談話的警官很意外稅案發展到如此地步，儘管他對我早有認識，並接受我不會被改變的現實。這次，他懇切地對我說：「艾未未，你知道你只是一個棋子嗎？也許是一個不可多得的棋子，但是棋子終究是棋子。你出身於紅色家庭，熟悉西方文化，英語流利、有知名度，你成為西方反華勢力攻擊中國的一粒棋子。棋子是遲早會被捨棄的，你知道嗎？你真的可憐。」他的這番話顯然不是出自他口。

「你真認為是因為西方的支持，我才產生了影響嗎？」我忍不住地問他。

「三萬個捐助者，和十三億人口相比，他們僅僅是極少數，」他反駁道。

過去六個月，他說我違背了所有的承諾：上推特、聲援維權者、接受外媒採訪、網路直播、網路借款晒借據。接著說到律師浦志強和劉曉原，說他們只是受我利用，劉曉原是發起網上借款的第一人。「我動不了你，但可以動他們。我要將你身邊的棋子，一個個拔掉，然後再收拾你。」

我不能不欣賞他的坦誠。「但是，警方為什麼要關心稅務呢，司法公開有啥不好呢？」我問。

克制地，他放慢了語速回答：「本來，我們之間，是可以相安無事的，你懂嗎？相安無事。」他重複了一遍。接著他再次強調，稅案的結果是不會改變的：「你就不能受點委屈嗎？」接下來，他的基本要點是如果我不出聲，他們會既往不咎。最後補充，我如果再進去，別說他沒有警告過我。同樣的話，他反覆講過。

稅案在十八個月間沒有進展，直到二〇一三年六月，北京朝陽法院做出宣判，認為北京稅務的程序合法，處理適當，駁回我的上訴請求。我再次提起上訴。八月四日，北京中級人民法院二審駁回了我的上訴，維持一審判決。稅案以我上訴失敗告終。

那天，我和劉曉原律師一同前往法院聽宣判結果，這是我有生以來第一次被允許進入法庭。法官大聲地宣讀了判決之後，我問法官，是黨員嗎？他低頭不語。我忍不住大喊：「恥辱，這不會被忘記。」結果並不出乎預料，他們扣除了我的高額上訴押金。接下來兩年的時間，我給債主們一一還款。

多年處在警方的監視之下，我要告訴關心我的人，沒有隱私的生活是怎樣的。我準備送給監視與被監視者一件禮物，讓所有的人看我每時每刻在做什麼、與誰接觸，在電腦前，或是床上的睡姿如何，恢復我在被關押中的狀態。「你不是對我的隱私感興趣麼，現在你可以看到我的全部。」

我失蹤一週年那天，在草場地二五八號門外，我給每個攝影機掛上了一只紅燈籠，這條灰色的街道有了節日的喜慶。二〇一二年的四月二日，一組監控攝影機裝在院子裡、書桌前和我的臥床上方，我啟動 weiweicam.com 的網路即時直播，點擊後，可以即時觀看我的生活。我的不雅睡姿，為線上瀏覽提供了娛樂的瞬間，接下來是截圖、黏貼和轉播。四月四日夜間，weiweicam.com 線上直播突然失去顯示，顯然，這並非出自我的意願。困境是難以表述的，當日常經驗和理性出現障礙時，我的藝術才能呈現它的力量。網上直播的四十七個小時，weiweicam.com 被點擊五百二十萬次，有一〇〇ＧＢ的下載。

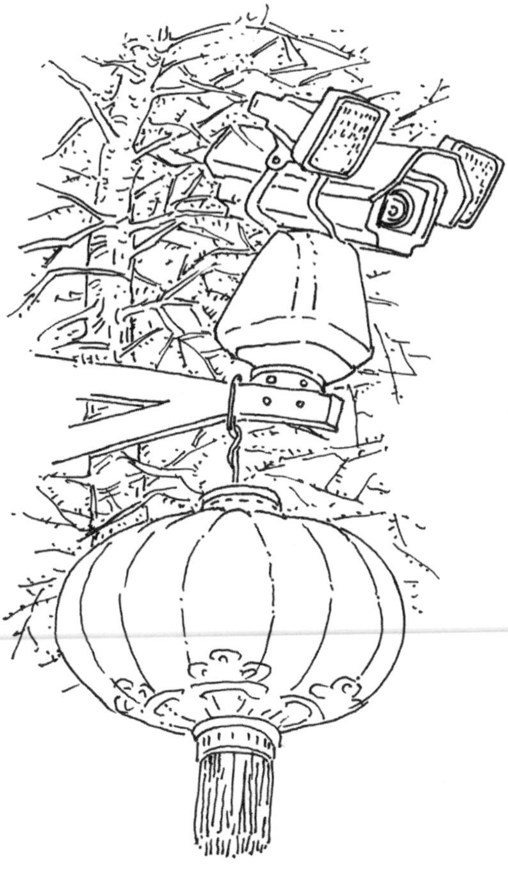

「在草場地 258 號門外，我給每個攝影機掛上了一只紅燈籠」

王分、艾老和我，每天在霧霾中去朝陽公園散步，夏星總是伴陪著。公園西門一家書店的陽台上，有兩個對書籍了無興趣的男子，他們點了壺茶，一支接一支地吸菸，不時地看一眼樓下停車場，對著我們拍照。這是我早已熟悉的場面。

二〇一二年春天。一天，我們和夏星在同一個公園散步，艾老趴在王分的身上睡著了，他的雙臂環繞著她的肩膀。忽然，小胖匆匆地過來說：「看到那邊那兩個人了嗎？整個下午他們都在跟蹤我們。」一種莫名的煩躁情緒驅使了我，夏星隨我徑直追過去，很快地我追上了其中的一個幽靈：一個藍色T恤衫、背攝影包的中年男子。

在他身後我喊道：「喂，你的東西掉了。」他並不回頭，只是加快了腳步。我一把拽住他的攝影包，在之後的一陣拉扯中，有一台小奧林帕斯相機滑落。夏星迅速撿起，取出記憶卡，將相機遞還給它的主人。

我回到工作室已是黃昏，工作人員都已離開。將記憶卡插進電腦，接下來看到的讓我很吃驚。螢幕上閃出的照片，有閒坐在公園條椅上的小胖，有幾張他背部和腳部的特寫。接下來我看到我們昨晚就餐的「鼎泰豐」餐廳，它的外觀、走廊、付款台和包廂。真正讓我震撼的是，我眼前出現了艾老的嬰兒車。我心裡不由得顫動，嗅到了一個潛伏的攻擊者的氣息。這張記憶卡讓我窺見敵手的心態，他們強迫性地監控我的生活，將血肉之軀數位

《Ashtray》，2011年

化、平面化，甚至格式化。

權力伸向每一處的觸角，也觸到了我的軟肋。而無處不在的控制，不只是針對我，它碰觸到每一個柔軟的、隱蔽的、無聲無息的個體。

威脅始終存在，恢復一個挑釁者的角色，多少有些像網路上的遊戲；網友說我總能一次次地滿血復活，每一次對我的打擊都被我化為公開的藝術對抗，我成為他們最不希望看到的角色：一個面向大眾的、無畏的藝術家。表達是藝術的核心，而自由是我理解的最高價值。悲觀之處，正是我的樂觀之處。處在一個做任何微小改變都異常艱難的時代，我對自由的嚮往，並不能被取代，它一定會找到另類方式呈現出來。

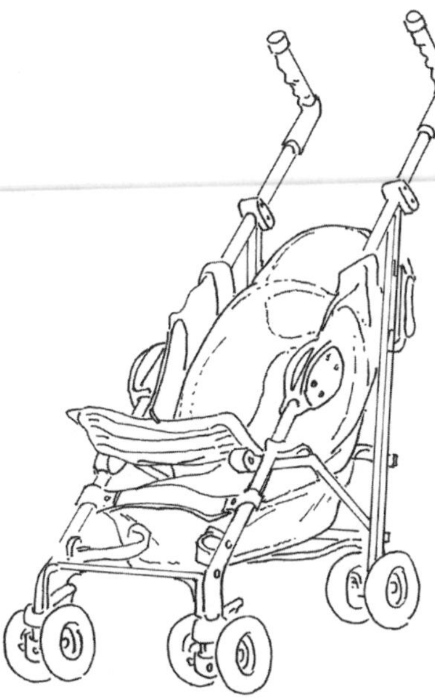

《Marble Stroller》，2014年

二〇一二年底，我應邀去看一場艾爾頓．強的首次北京音樂會。演出前，我們帶著艾老去後台探望這位英國歌手。休息間裡，衣架上掛滿了演出服裝，桌上放著各色眼鏡，是可能想像到的各種款式。見到我們到來，艾爾頓非常開心，他給了艾老一個溫暖的擁抱，還與他合影。最後，他將一只酒紅色的眼鏡送給了艾老。

台下有近五千名聽眾，場面情緒激揚。在他演唱了幾首歌之後，艾爾頓．強從鋼琴前站起來，開始對著台下的粉絲們說話。他說，他將此次演出獻給一個人，獻給在他身上體現出的勇氣和靈感。我沒有聽錯，他說了我的名字，接下來，他的話被淹沒在掌聲中。

這事兒突如其來。一位非凡的藝術家，在一個最需要自由的聲音的地方，以非凡的信念和勇氣，無忌地表達出對自由的承諾。艾爾頓的舉動，讓我想起父親，想起他與聶魯達之間的友誼，可以越過千山萬水。遺憾的是，艾爾頓再也無法回到北京演出了。

二〇一三年五月，左小祖咒幫我完成了音樂短片《傻伯夷》的錄製。再後來，我在YouTube上發布的《神曲》，也是左小祖咒為我製作的一張搖滾專輯。同時我完成了《S.A.C.R.E.D.》，一個重現監禁的微縮景觀，六只鐵盒子中的場景與人類學博物館對猿人的生存展示相似。在威尼斯展出時，我母親是第一位觀眾，這也是八十多歲老人的最後一次遠行。她從一只只鐵箱子的窗孔中，窺視到她的兒子如何度過那八十一天。

工作室的門外有一輛自行車，靠在一棵年輕的銀杏樹下。每天早晨九點，有一束鮮花會被放進車籃，接著我會拍一張照片放在Instagram上。那是我分享合影或自拍的網站。一束美麗的鮮花為我的自由祈願，一直到護照歸還我的那一天。鮮花對自由缺失的提示，無聲而美麗。藝術去來無影無蹤，自覺自在地像詩歌一樣地超越；有一天我會消失，而藝術卻不會。

二〇一四年四月，我的《起因於何》在布魯克林展出，這是多個城市巡展的最後一站。與此同時，我正忙於準備秋天在惡魔島展出的新作品。惡魔島在美國舊金山灣，是座以關押「壞中最壞」罪犯而著名的舊聯邦監獄。這個難得的機會將我的困境與全球的政治反抗聯繫在一起。為此，我製作了多組裝置，其中值得一提的是一組由一百七十六名不同國籍的政治犯的肖像，組成一張巨型肖像群，是由千千萬萬塊樂高拼在一起的，像古代羅馬的馬賽克鋪展在地面上，向失去自由的良心犯們致意。

在新疆流放期間，我的父親曾經意外地收到過一份驚喜：一張陌生人寄來的明信片，告訴他，他的詩歌沒有被遺忘。這讓人很難忘。政治囚徒期望他熱愛的世界還存在。《Yours Truly》展覽為參觀者提供了選擇，讓他們在留有囚禁地址的明信片上，寫下自己想留下的信息，許多人都這樣做了。

我的抗爭僅涉及我自己，但是並不孤單；困境非但不是束縛，恰恰相反，我從中汲取快樂。可以說，自由作為一

「每天早晨九點，有一束鮮花會被放進車籃，
接著我會拍一張照片放在 Instagram 上。」

種優惠，只可能來自抗爭，若沒有抗爭，我將徒勞無功。幸運的是，我有一個真正的強大的對手。於我，自由從不是一個空洞的符號，它來自我為實現它所付出的努力和代價。人的局限往往來自內心的恐懼，藝術正是化解恐懼的一劑良藥。一捧鮮花使我的較量美麗可觀，我需要的不是同情，而是美感和勇氣。將真實的情感視作被普遍理解的事，藝術才不會枯竭。

二〇一四年，我在柏林籌備大型個展的同時，也參加在日本福島的《Don't Follow the Wind》展覽。在三年前的福島核洩漏事件隔離區，我和十二位藝術家一同工作，我做了一件紀念這個悲劇的作品。在《Ray of Hope》中，我在一戶被遺棄的福島人家的房間中，將我與艾老的合影重置在櫥櫃和書架上，裝置了一只太陽能設備，為這間屋子提供電源。每當夜晚降臨，這間空屋的燈準時亮起。未來某天，核汙染清除之後，三十萬安全返鄉的人們會首先看到這一束燈光。

二〇一一年二月，我在北京尤倫斯當代藝術中心（UCCA）的個展開幕前，策展人告知我展覽被取消了，他沒有詳細解釋，只說是「你知道的理由」。多年來，外來文化機構貌似致力於促進中國社會開放，而展與不展，卻終歸取決於它們與審查制度的勾兌。巧合發生在我被拘留的同一天，香港蘇富比拍賣了蓋伊・尤倫斯(Guy Ullens)的部分中國藝術收藏，拍出了四億兩千七百萬港幣。

回到現在，二〇一四年四月二十六日，上海當代藝術博物館（PSOA）「CCAA中國當代藝術獎十五年」的展覽開幕二十分鐘之前，有幾個身分特殊的人出現在展廳，上海市文化廳官員堅持要將展牆上的藝術家名單中的我的名字覆蓋。藝術獎創始人，同是頒獎典禮嘉賓的烏利．希克走進展館時，撞見布展人員，正用吹風機將粉刷牆面上我被除去的名字吹乾。瑞士友人對此困惑，用手機錄下影片，同時發給了我。我的兩件參展作品兩箱葵花籽從展廳中被撤出。在希克致開幕詞時，他委婉地表達了不滿：「特別遺憾，開幕前我們突然得知：一位重要藝術家不能參展。」中文口譯員，她有意地漏翻了這句話。

我是該獎的「終身成就獎」獲得者，曾經擔任該獎項的前三屆評委。一個有四十位藝術家參展的大型回顧展，每個藝術家都了解我，但是沒有人站出來表示質疑。他們習慣於被審查，而我被剔除，是一件再正常不過的事。

容忍對歷史的歪曲，是接受羞辱的前提。我的抗議僅僅是在 Instagram 上發一張照片：被移出展廳的葵花籽鎖在了一間辦公室裡。

下一個月，《戴漢志：5000 個名字》在北京的尤倫斯中心開幕，是關於上世紀九〇年代中國藝術活動的身分和意義。我的朋友崔燦燦說，我的名字在新聞稿中參展藝術家名單上被省略，他遞給我看手機上的截圖：排名從C到Z，A並不在其列；對戴漢志的描述中提到，他與「其他人」合作建立了中國藝術文獻庫，隱去他與我的合作。

撥通尤倫斯中心藝術總監的電話，我向我的朋友表示，無法接受他的辦事方式，準備將我的作品從展覽中撤下，為的是忠實於歷史的記憶。此後我問警方，我的名字為什麼不能在展覽中出現？他說，你知道的，我們不管外國畫廊，那純屬他們自己所為，你去告他們吧。

外國的畫廊雨後春筍般擠進中國，渴望在全球化盛宴上端出另一道菜。在二〇一一年四月我失蹤的第二天，一個展示中、德合作的重頭戲《啟蒙的藝術》在天安門廣場東側的中國國家博物館開幕，這是世界上博物館中最大的單體建築。耗費鉅資的展廳中沒有觀眾，除去不可能得到任何「啟蒙」的中國官員和德方辦展人員。

不得不想的是，為啥人們遠道而來自取其辱呢？結論必然是專制有無盡的魅力，而西方的朝拜者們祈望這片土地上永無覺悟。另一方面，中國成為西方的生意伙伴後，可以做一些西方夢想做卻無法做的事。所以，偶爾間被羞辱一下也能接受。可悲的是西方以人權作博弈籌碼，所尊崇的自由失去了含義。

自我審查，是專制制度下一個人賴以生存的窘迫現實。我被列入黑名單，源於我視藝術為干預社會、促進正義和平等的價值觀的形式。尤倫斯藝術中心的總監對《紐約時報》說，我提出撤展僅因為我「不喜歡平靜地開一個展覽」，說法有趣，卻不適於他的自我審查現實。

做出選擇是困難的，選擇的意義只在困難中出現。認識歷史同樣是一件難事兒，因為對歷史的認知是自我認知的一部分。今天的政治審查遍及網路、新聞、出版，遍及任何一場音樂會，或是藝術展覽，消解了每個人的存在感和生命的體驗；思想即服從，言說即諂媚，存在即奴役。

專制之下的秩序不是來自競爭，炫耀並非來自對抗，而是來自屈從。審查者給合作者實際好處，他們只需要適從；當主人稍有不適，奴才將無法生存。這樣的遊戲規則原始而重複，但不容忽視。

對言論自由的探究，必然會對國家權力合法性質疑。這是為什麼沒有人談言論自由，也是為什麼我的名字四處被封。一種觀點認為，我否定了藝術家的「消極自由」，換句話說，他們享有不做任何表態的自由。在一個不保證公民的政治權利、沒有言論和結社自由的國家，「消極自由」從何談起呢？在精緻的利己主義的社會中，「消極自由」是玩世不恭的同義詞。我面對的，不只是強大而專橫的政權，更是一片寸草不生的土壤，在這兒自由遭恥笑，背叛遭鼓勵，欺詐遭贊許。

二〇一四年三月二十七日，門鈴響後，兩個陌生男人進了院子，其中一人手中捧著一束康乃馨遮住他的上半身。他的身分是北京公安局的一個處長，介紹了自己之後，他說：「今天是三月二十七日，一個有意義的日子。」

看到我沒有反應，他解釋，今天是艾青先生一百零四歲的誕辰，上面的領導派他來送花，以表達他們對艾青先生的敬意。他問我該把花放在哪兒呢？這兒有尊老先生的塑像麼？

非但沒有塑像，實話說，我不記得父親的生日。

來客接著說，我父親是第一代革命家，他們的頭兒還說：我們今天做的一切，都必須禁得起歷史的檢驗。離開前他說：「你的情形會向好的方向發展，」將歸還護照的日期也透露給我，「請相信我說的每句話，我是不會胡說的。」

在說好的那天，我沒得到護照。我收到了一包牛肉、一盒茶葉，和一條活生生的大鯢——那是一種罕見的生物——以及一份如何烹飪的指南，第一句寫著：首先把大鯢釘在砧板上，然後再將牠肢解。我們把那條大鯢養起來作了寵物。

國保和我站在街上聊了半個小時。他囑咐我不要見加拿大外長，外長下週會來中國。他並不掩飾對我的密切監視；唯一知道這事兒的，是使館的大使本人。離開時，他說：「上面確實擔心。護照不會不給，但要再忍一忍，一切只是一個時間問題。你這麼有影響力，香港『占中』運動，鬧得沸沸揚揚，上面擔心你引起更多麻煩。」

不恰恰是你們讓我有這樣的影響力嗎？我心想。

晚飯前我接到一個電話，那個國保有求於我，讓我幫他收養他的兩隻烏龜，那是他買給父親的禮物，父親年長後再無心照料。他首先想起了我。晚上，在公園門口，小胖從他手裡接過了烏龜。

兩隻巴西龜，待在木箱裡一動不動。餵養指南說，每天中午一點要為烏龜洗溫水澡，以保證牠排便正常，同時觀察牠的排泄物，如果其中不見白色硬塊，那牠就是生病了，要送寵物醫院。小胖不想要這對兒烏龜，我覺得人家求助，算是他的信任，或者沒有其他人

大鯢

可以求助。

儘管當局不再折騰我，但二〇一四年的夏天變得更加晦暗。警方抓了一些我熟識的人。浦志強律師被拘留，理由是他參加八九民主運動二十五週年的一個家庭集會。還有眾多的維權律師紛紛被捕。

六月中，一位中年男子來草場地，他受艾曉明的委託，將一只舊行李箱交給我。他與我年齡相仿，在院外寒暄了幾句。臨別前，他問能否送些葵花籽給他，他想送給一位「右派朋友」。我問，他的父親是右派嗎？他點了點頭。看著他離開的背影，我像看到了自己。

箱子打開，一堆舊報紙裡露出了一塊塊的白色骨頭：一塊殘缺的頭骨、長長短短的肋骨、碎了的椎骨和部分骨盆，還有一些零星的趾骨。這堆人骨來自甘肅省的夾邊溝。在我出生的五〇年代後期，有大批右派被發配到夾邊溝，接受勞動改造，其中大部分人死於饑荒和疾病，被草草地掩埋在荒漠之中。最近，在那兒拍紀錄片的艾曉明教授看到屍骨遍野，想起我為

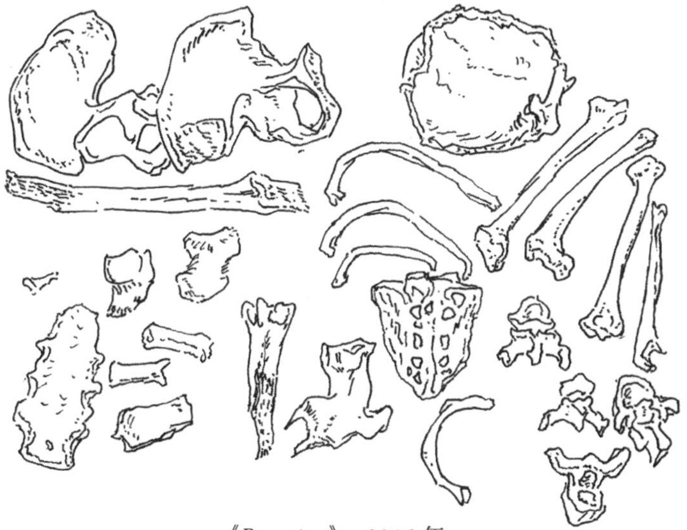

《Remains》，2015 年

「我放棄了將這些碎片拼湊在一起的想像。」

汶川遇難學生做的那些事，將這些遺物收集起來。

我將枯骨一塊塊地擺在條案上，它們被棄於野外半個世紀，與日月星辰為伴，像枯枝一樣了無生命跡象。一塊腿骨上黏連著少許筋肉的纖維，像是一束散開的繩子。我放棄了將這些碎片拼湊在一起的想像。

父親早期的一首詩中寫道：

在幾千年之後，
在無人跡的海濱，
在曾是繁華過的廢墟上，
拾得一根枯骨
——我的枯骨時，
他豈能知道這根枯骨
是曾經了二十世紀的烈焰燃燒過的
又有誰能在地層裡
尋得
那些受盡了磨難的
犧牲者的淚珠呢？
那些淚珠

曾被封禁於千重的鐵柵，
卻只有一枚鑰匙
可以打開那些鐵柵的門，
而去奪取那鑰匙的無數大勇
卻都倒斃在
守衛者的刀槍下了
如能撿得那樣的一顆淚珠
藏之枕畔
當比那撈自萬丈的海底之貝珠
更晶瑩，更晶瑩
而徹照萬古啊！

我們豈不是
都在自己的年代裡
被釘上了十字架麼？
而這十字架
決不比拿撒勒人所釘的
較少痛苦。

敵人的手
給我們戴上荊棘的冠冕
從刺破了的慘白的前額
淋下的深紅的血點，
也不曾寫盡
我們胸中所有的悲憤啊！
誠然
我們不應該有什麼奢望，
卻只願有一天
人們想起我們，
像想起遠古的那些
和巨獸搏鬥過來的祖先，
臉上會浮上一片
安謐而又舒展的笑——
雖然那是太輕鬆了，
但我卻甘願
為那笑而捐軀！

——〈笑〉，一九三七年

二〇一四年八月，我目送著王分牽艾老的手，緩緩走進北京機場離境廳。他們將飛去柏林，在那裡我剛修建了一個工作室。和我一樣，艾老步著爺爺的後塵離開了他出生的地方。也許很多年後，他才會知道邁出這一步是需要勇氣的。

臨行前艾老對我說：「我有一首我八歲寫的詩，提前送給你，這是關於五歲的我。」那首詩是這樣的：

風，往西邊吹
水，往東邊流
我，站在這裡
記住了這美妙的景色。

三年前，
當我還是幼兒，
我就很聰明。

再見了，國家。

望著他們消失在離境人群中，我如釋重負，不再擔心他們的安全。過去五年，除了我被消失的那段時間，每天，我看著艾老長大，心裡期望他永遠不要長大，可以騎在我的肩上，在荷塘旁捉蜻蜓，趴在草坪上抓紡織娘。而此刻，我不確定我們何時能再見。

一次視頻通話中艾老告訴我：他將一個榔頭凍在了冷凍箱裡，說那是一件留給我的禮物；那個錘子是艾未未，無論有多大的麻煩，艾未未永遠是艾未未，他不會改變，像冰化了，錘子還是錘子。

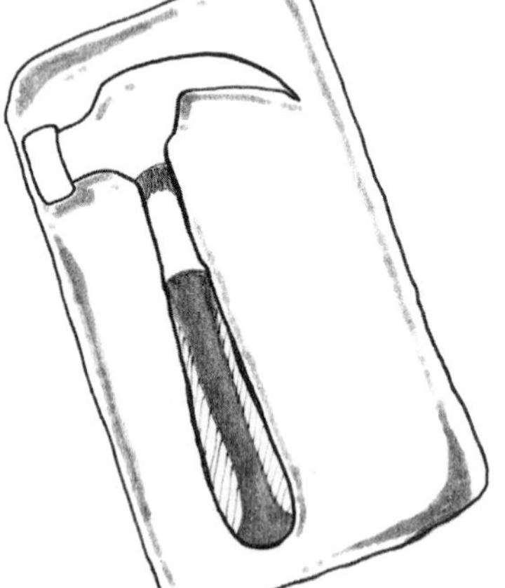

艾老的《Frozen Hammer》，2015年

在他的心裡，我不會改變。有一次在電話中，他要我不要再說想念他了，說：「時間久了，你自然會習慣的。」

掛上電話後他告訴王分：「記得幾個月前有一次通完電話我哭了麼？我知道艾未未出不來了，他們永遠不會讓他出來的。」

還有一次他在電話中問：「艾未未，是警察抓的你？還是共產黨抓的你呢？」一下子，他問住了我。我如果能說清楚，其他的問題就會像脫線的珠子一樣散落一地。這個困擾他的問題，涉及權力合法性，以及我是誰。

二〇一四年十二月十六日，艾老為我寫「心平而好」四個字，是他的自造短語，他稱為「知」，說那是一種更短的詩，意思是內心平靜，一切都會變好。艾老說，他發現壞人都很強壯，壞人想做壞事就要強壯，所以如果我們想要強壯一點，就得做點壞事。但是不能做太多，那樣你就變成真的壞人了。

王分問他：「你爸說這世界上沒有完美的東西，你覺得呢？」艾老回答了她：「有，生命就是完美的。你不要總想著公平和不公平的事兒，有時候，不公平也是公平的，比如說你得到一個東西，另一個人卻沒有，這不一定是不公平，他可能本來就有比你多的東西。」

我被釋放的四週年的前一天，二〇一五年六月二十一日，北京的天氣持續地晴了一個多月，陽光明媚，微風拂面。每天我堅持寫作，將思緒從現實中連根拔起，沉浸在對過去的想像中。長期以來，我的那個祕密關押地困惑著我。它是故事中缺失的部分，它的隱蔽消解了我的存在，像厚厚的雲層，覆蓋於腦海之上，擾亂了我的座標和自我意識。想看它一眼的衝動，讓我和小胖上了車。

我在關押期間並無法獲得關押地的資訊，看守著我的警衛，同樣不知道他們身在何處。我釋放後，一個退役的警衛來看我，給我看了一張他在兵役期間的照片，那是他在宿舍裡的自拍，他身後有扇窗戶，窗外一棟居民樓隱約可見。據他回憶，有一次他的連長無意間提到了「葡萄園」。在他提供的資訊引導下，我把剩下的搜索留給了谷歌地圖。

鬼使神差，我們的車駛向西南方向，穿過半個北京，像是被一塊磁石吸引，幾乎沒有走岔任何路口，來到那個我要找的社區住宅樓的旁邊。它右側是一處小市內公園，門前站有一個衛兵，鐵門緊緊地關著。

那一座照片上的二十多層的單元樓出現在我的眼前，樓下有位中年婦女和一個遛狗的老人在聊天。小道的盡頭是一堵圍牆，另一邊是一座兩層的別墅，在周邊，電網和攝影機依稀可見。小樓環境與我的記憶和想像吻合，像兩塊斷壁無間隙地拼在一起。我爬上單元樓的高層，一邊俯視拍攝那棟小樓，同時迫不及待地撥通了王分的電話，我告訴她我的驚人發現。

二〇一五年夏季，當局似乎不再為香港而焦慮，說我「沒事了」。那時草場地二五八號院外的放花活動整整六百天。七月十八日，國保在他的車裡，悄悄地把護照遞給我，我手持護照的自拍放在了 Instagram 上，四年多的軟禁結束。

我將要去哪兒，是公安關心的問題。他們明說不希望我去美國，而那是我最熟悉的地方。他們認為德國是更好的選擇，要我做一個在德國腦傷手術複查的申請。

中德之間有密切的關係。二〇一四年三月，習近平訪問德國。七月，梅克爾總理任期中，第六次訪問中國。二〇一四年的一至八月，中德兩國的貿易已超過了一千一百七十三億美元，比去年同期增長了百分之十二，有兩千多家中資企業在德國。很快地，中國將是德國最大的貿易伙伴。幾天後，我拿到了德國的簽證。

同時，我需要計畫訪問英國，同年秋天，我要在倫敦皇家藝術學院辦展。然而，申請去英國的簽證時我遇到意外，英國駐華使館聲稱，鑒於我有刑事犯罪紀錄，只能給我一個短期過境簽證。我盡我所能地澄清，我被監禁只是出於政府誣陷，從未被正式起訴。我的解釋對簽證部門毫無意義。最後在輿論的壓力之下，英國內政大臣特雷莎・梅伊(Theresa May)不得不親自出面致歉。

美國駐京使館邀我與大使會面，大使見到我的第一句話是，問我為啥不去美國。我心裡不由得噓了口氣，我正在努力將一隻腳拔出泥濘，而前面的路途還長著呢。

臨行前，那位公安處長提醒我：「未未，出境時箱子裡不要帶那個東西，安檢一定會查的。」他擔心我攜帶從家中的牆上卸下來的竊聽裝置，一再地要我歸還他。我說，竊聽是不存在的，如何歸還一個不存在的東西呢？

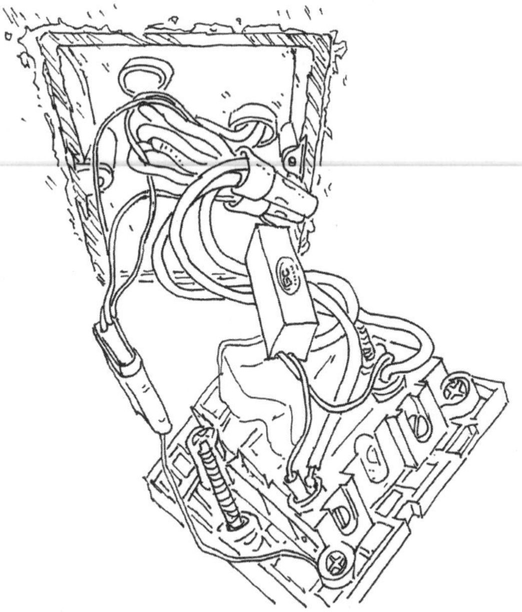

在草場地 258 號發現的竊聽裝置

七月三十日，我在公安「護送」下去機場。經過一個特殊的通道，我被帶入一個不尋常的候機廳，室內裝飾與人民大會堂的會客廳相似，沿牆是一圈環繞沙發，滿鋪地毯和大幅壁畫。我拿到登機牌來到慕尼黑航班的登機口。

如果我渴望見到世界上的一個人，那就是艾老。下午五點，飛機在慕尼黑降落，我很快地過了海關。王分和艾老遠遠地走來，像是從沒有分離過。艾老說，我和王分是他僅有的兩塊拼圖，現在我們又湊在了一起。

艾老跟我的情感與我和我父親的感情相像，他過早地成熟了。我要讓我做的事無愧於他，無論他不冷不熱還是無動於衷，他終究才是我的評判，檢驗我的努力是否有益。每當我想起我父親，總是遺憾在我年輕時，缺乏同情心和理解力。祕密拘留期間，在我內心的恐懼不是無法見到我的兒子，而是失去機會讓他了解我曾存在。我要用我的理解和信念架起一座橋梁，它可以被看到和感受到。如果，有一天他想知道更多，我的故事就在這裡。

過去與現在像死去動物的骨節一樣脫節，我竭盡全力還是無法完整呈現我的經歷。如此困惑，也反映在我的藝術中，我既不能確定環境對我產生的影響，也無法消解我對現實負有的責任。像一個夜間的跋涉者，我相信我邁出的每一步都離我要去的地方更近。可是我要去哪兒呢？

我是誰？看到了什麼？藝術不是一個宣言，它揭示了隱藏在心靈深處的真理，並傳遞出強大的信息。在我看來，對自由的熱愛與實現自由的努力是密不可分的，自由不是目標，而是一個方向。作為藝術家，我將我的信念化為迷人的、令人驚嘆的東西。即使我的藝術與我所面對的一切相比，弱小到幾乎看不見，只是作為實體紀錄的一部分持續存在。我尋求公平，而公平是群體利益中最大的個體利益體現，如同艾老所說的：「公平是讓每一個人都高興。」

我遇到的麻煩不斷，但內心很踏實。我的自覺包含了某種使命，即便是面臨深淵也依然無懼，這是值得感激的。

我不再關心路程有多遠，甚至走向哪裡，不論未來是怎樣的，無疑我將是它的一部分。對我來說，最壞的可能是喪失了自由表達的能力，失去對生命價值的認識和選擇的理由。在我面前沒有其他道路。

權利是共享的，遭遇只屬於自己，這使我在心理上變得更強大。我不由得想起我父親在新疆的絲綢之路的故城遺址寫下的幾句話：

千年的悲歡離合
找不到一絲痕跡
活著的人好好地活著吧
別指望大地會留下記憶。

任何努力和不測，都是活著的回報。

寫到這兒，我還有什麼要說呢？我要停下來。因為這些記憶並沒有什麼是完全屬於我的，我觸碰了一些從來不屬於我的部分，像是一隻再吐不出絲的蜘蛛，我每一下努力，只會毀掉原本漂亮的網。

可以說，我經歷了一個了不起的時代，幸運或不幸共構了我的現實，儘管看上去虛幻無常。這樣說吧，在見到艾老之前，我寫下了我情願忘記的東西，回憶意味著忘卻。

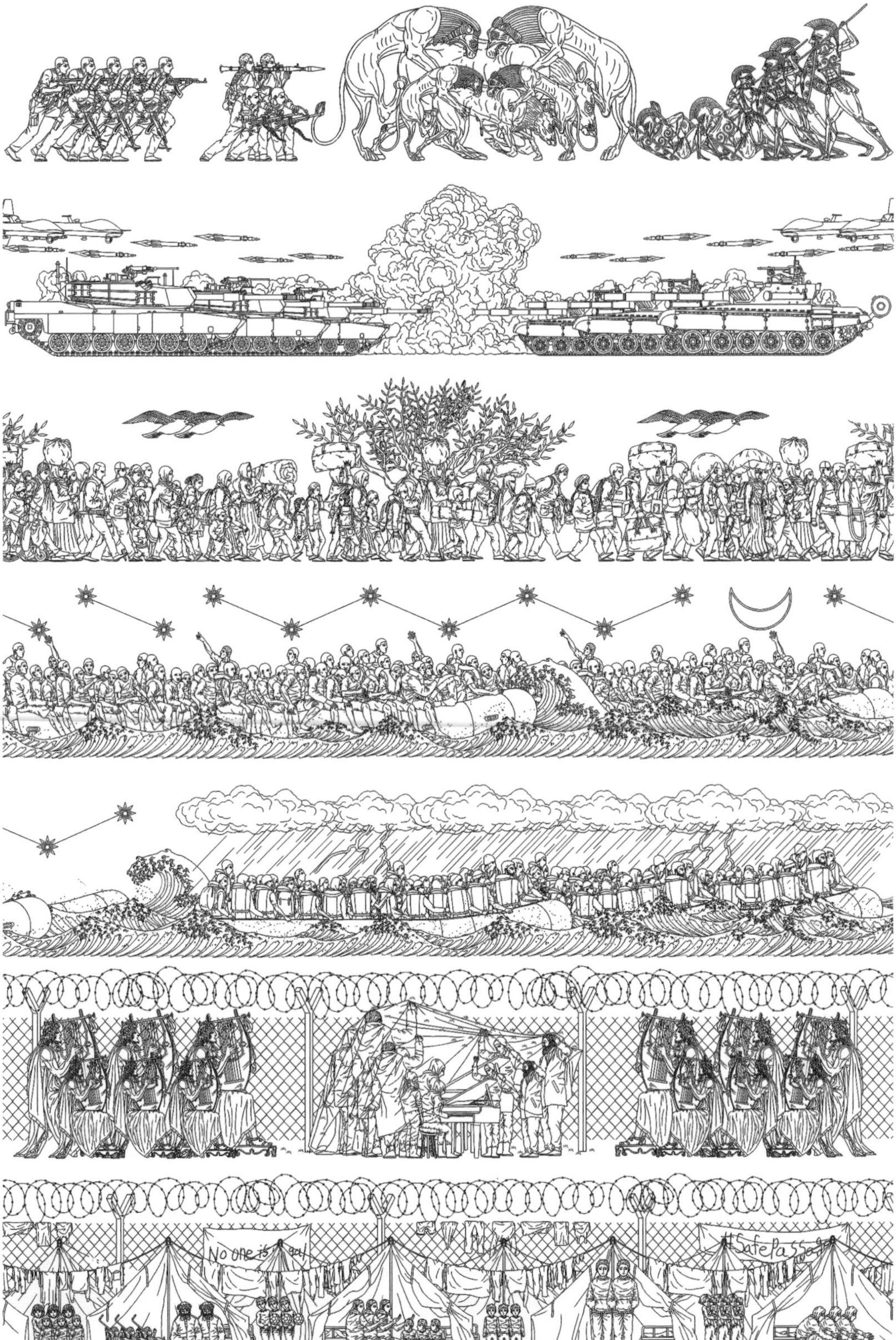
No one is
gal
#SafePassa

後記

二〇一五年的十二月底，我們一起去希臘的萊斯沃斯島旅行，這個決定改變了我，我的視線從此無法從一件陌生事務上再挪開。在過去的幾個月中，每天有十多條載著難民的船在這裡靠岸，作為逃向歐洲的入口。

蔚藍天空下，平靜的愛琴海像是一面鏡子。我們看到遠方的海面上，有一件漂浮物，它緩慢地向我們靠近。這是一艘橡皮艇，塞滿了穿著橘色救生衣的男女老幼。

在船靠岸那一刻，嬰兒哭聲和成人的喊叫混為一片，死裡逃生的裹著罩袍的婦女、留著鬍鬚的老人、將嬰兒舉過頭頂的青年逐個地爬出橡皮艇，將垂死的老人拖上了岸，癱倒在碎石上。

這是我第一次面對逃難人群，一時失語，無法描述當時的心情。這次偶遇，有某種神聖的旨意，它不僅撕裂了我固有的許多想法，也將我推向一個不熟悉的範圍。

如果這一切不是我親眼見到，也許我會認為它並不真實，而超越現實的體驗並不會影響我，它無法被納入可以理解的範圍。我有太多的疑問，諸如他們是誰？為什麼出現在這裡？在喧囂和哭泣的表象之下，他們的內心深處，有一種堅實的沉默和深邃的絕望。這些屬於彼岸的人，祈求的遠不只是同情和認同，而是生命本身。一股原始的悲憫觸動我，那是一種極度的陌生和排斥的感受，我意識到自己的一部分正在死去。

接下來的很長一段日子裡，我決定拍攝一部關於難民的紀錄片，詳盡呈現事情的前因後果。為此，我們啟動了一次次真正的旅程。我去了萊斯沃斯島對岸，訪問那裡的土耳其和其東部的難民營，然後去黎巴嫩探訪一個有六十多年歷史的巴勒斯坦難民定居點。此後趕赴約旦北部的無人區，拍攝從那裡過境的敘利亞難民。從耶路撒冷，我進入以色列封鎖下的巴勒斯坦的加沙。最後去了美國與墨西哥的邊境。

柏林閒置的滕佩爾霍夫舊機場，已變為臨時一處收容區，德國沒人願意承認它是難民營。二戰後，歐洲心理上難以接受悲劇再次出現。在希臘與馬其頓邊界，伊多米尼(Idomeni)阻塞了一萬幾千個來自敘利亞、阿富汗、伊拉克和巴基斯坦的逃亡者，通向歐洲北部的途徑被關閉，粉碎了逃亡者的夢想。漸漸地我意識到這是一場人道主義危機。

一段時間中，幾乎每天都有難民溺水的消息，二〇一五年平均每天有兩個兒童溺死在愛琴海中。媒體厭倦報導這類資訊，在歐洲的多數國家，難民得不到援助，被拒絕的同時他們也被汙名化；對戰爭受害者的歧視、各種暴力並不亞於迫使他們逃離的戰火。種種神話般的危難，並沒有削弱他們前行的決心，難民仍然如洪流一樣湧來。無盡的歧視總好過死於廢墟之下，這是他們最後的選擇。人為活下去的付出，比想像中更艱危和慘烈，它經常是生命本身。

無論出自怎樣的原因，難民的結局大致如此。災難不僅是來自施害者，更是來自人性被遺忘和拒絕，是對人性的拷問。此情此景勾起了我對離我很近，卻一直被我忽視的人和事的回想；回視我的父親，探究困境中他做的那些選擇。後代是最後的希望，失去了後代的逃亡，終究是徒勞。我父親與艾老出生雖然相距百年，但是踏上了同一條路，離開了自己的故土。歸屬感，既是生命所需，也是尋找精神歸宿之路。失去它，就失去了語言，所剩的只是惶惑不安。

萊斯沃斯島之行，使我意識到我如何演變成一個殘缺之物。我父親經歷的流亡，塑造了我和我的孩子，如影隨形，儘管我們身處不同的時代。自二〇一一年的敘利亞衝突發生以來，幾百萬難民被迫離開家園，隨之消失的，是他們記憶、語言和情感。記憶無法延伸時，悲哀是一個無底的黑洞。

記憶是抵抗，也是我的使命：用幾千只救生衣包裹住柏林音樂廳的石柱；《Law of the Journey》，一艘長六十米的難民船，承載了兩百六十只橡膠人形，懸浮在布拉格國家美術館的大廳中。二〇一七年我們製作完成了《Human Flow》紀錄片的同時，我收集了難民從一處被驅趕到另一處時丟棄的衣服；在旅途中，這些衣服給了人們溫暖和慰籍。在一處處清空的營地，我們撿起兒童的鞋、婦女的圍巾、男人的夾克，將所有被丟棄之物，運回我的柏林工作室，再將它們一件件洗淨、熨平、記錄在案。《Laundromat》作品給安逸的生活留下警示：一個個血肉之軀，唯有處境不同。

對難民群體關注，延伸了我的志向。無論稱作藝術家還是活動家，我試著將不同的語境做記錄和展示，以新語彙進行交流。它助我衝出身陷政治泥潭的自身，關注普遍的人性，完整我對人權的理解。

藝術創作屬於個人行為。個人，與國家意志有巨大的矛盾。我的創作與現實有一種依賴性，無法超越時代的語言，我將藝術視為一種參照，它是促生更新和重建理解的契機。

作為一個政治難民，我選擇了離開中國，失去歸屬和安全依託，像水中的浮萍，隨波逐流。與此同時，我的國家與我的處境並非兩樣；它拒絕記憶，記憶也拒絕它，既無法面對它的立邦之本，也無法有權力的合法性。它變得日益強大，同時道德淪喪，疑惑不安和不可理喻，處在永久的不安和動盪中。

今天，有更多的人被迫離開他們的家園，戰爭、歧視、迫害、環境惡化、饑荒與貧窮四處蔓延，人們開始懷疑是否能徹底地根除禍患。築於他人不幸之上的文明是否還能延續，保證他們的後代免於暴力，免於被拋棄在陌生的海灘上，在漠然的眼光下乞求一絲憐憫？

這些事兒，首先讓我了解了自己，只有將我、我父親和我兒子三代人的命運，與那些素不相識的人的命運連為一體，我才有一個合適的理由，說出心裡要說的話。與人共享或被人聽到，表達是存在的全部含義，失去聲音、溫度和色彩，就失去了關注的目光，地球不過是一塊懸浮在星際中的石塊。

謝詞

我首先感謝 Peter Bernstein 和 Amy Bernstein，他們的推薦，形成了我與 Penguin Random House 出版社的出版協議，對此我感到萬分幸運，充滿感激之情。

此後十年，完成這件事對我來說意義非凡，我意識到我的能力與我呈現的歷史與現實承受的重負相距甚遠。此期間，我十分感謝我的工作室同仁，他們的無私奉獻和難以想像的繁複的查對、核實百年國史、家史，而這段歷史一直處於含混不清，缺少確鑿的表述。感謝早期為艾青寫傳記和年表的作者：程光煒、駱寒超、葉錦和周紅興，是他們為我的工作提供了詳實的史料。此外，我要特別感謝自始至終、努力不懈地做歷史核對工作的徐煒。

我在此感謝 Penguin Random House 出版社對我的信任，也感謝台灣時報文化的信任。我要感謝本書的英文翻譯 Allan Barr，他的英文翻譯版是繁體中文版重要的參考依據。

在這裡，必須提到我的工作室的其他同事，Jennifer Ng、孫未對史實和文字核對，陳韻華對中文的編輯，宋禧孜、Chin-Chin Yap、李東旭對插圖、照片編輯方面付出了努力，崔星對封面和插圖的貢獻。

最後，我感謝我的母親高瑛和我的姊姊玲玲，她們核對史實和尋找資料做出了奉獻；我的弟弟艾丹在文字上曾給予指導；感謝王分和我們的兒子艾老，沒有他們的認同和支持，本書難以成形。

我將這本書獻給我的父母和我的兒子。

艾未未

二〇二二年五月二十五日

PEOPLE 484

艾未未：千年悲歡

作　者—艾未未
主　編—何秉修
編　輯—陳彥廷
校　對—魏秋綢
企　劃—陳玉笈
封面設計—艾未未工作室
封面中文化設計—賴柏燁

總編輯—胡金倫
董事長—趙政岷
出版者—時報文化出版企業股份有限公司
一〇八〇一九台北市和平西路三段二四〇號七樓
發行專線—（〇二）二三〇六六八四二
讀者服務專線—〇八〇〇二三一七〇五
（〇二）二三〇四七一〇三
讀者服務傳真—（〇二）二三〇四六八五八
郵撥—一九三四四七二四時報文化出版公司
信箱—一〇八九九臺北華江橋郵局第九九信箱
時報悅讀網—http://www.readingtimes.com.tw
時報文化臉書—https://www.facebook.com/readingtimes.fans
法律顧問—理律法律事務所　陳長文律師、李念祖律師
印　刷—勁達印刷有限公司
初版一刷—二〇二二年七月一日
定　價—新台幣五二〇元
（缺頁或破損的書，請寄回更換）

時報文化出版公司成立於一九七五年，
並於一九九九年股票上櫃公開發行，二〇〇八年脫離中時集團非屬旺中，
以「尊重智慧與創意的文化事業」為信念。

艾未未：千年悲歡/艾未未著. -- 初版. -- 臺北市：時報文化出版企業股份有限公司, 2022.07
面；　公分. -- (People；484)
ISBN 978-626-335-576-7(平裝)

1. CST: 艾未未 2. CST: 傳記

782.887　　111008762

圖片來源
封面英文標題字型
Late-1800s Venetian wooden type font, selected for the cover by Margarita Fjodorova and Pierpaolo Pregnolato (Damocle Edizioni)
頁 34，法國郵輪安德列・勒邦 (André Lebon)
M. M.—CCI Aix Marseille Provence Collection, photography copyright © Marie Caroll. Reprinted by permission of Marseille Cultural Review.
頁 51，江豐的《審判》，木刻版畫，1936，江豐提供
所有插圖皆為艾未未原創，除非另有註明，插頁所有照片皆為作者提供

ISBN 978-626-335-576-7(平裝)
Printed in Taiwan